Anne de Lenclos, genannt Ninon de Lenclos, geboren am 10. November 1620 in Paris, ist dort am 17. Oktober 1705 gestorben.

Als große Kurtisane ihrer Zeit wurde Ninon de Lenclos in die beste Pariser Gesellschaft aufgenommen und bestach durch ihren Geschmack, ihre Bildung, ihre Schönheit, aber auch durch ihren Sinn für ehrliche Freundschaft.

Die 98 Briefe über Frauen und Liebhaber, über Liebe und Leidenschaft, über Tugenden und Verirrungen zeigen, daß die Autorin offen, aber auch selbstkritisch ist. Für sie war Schönheit ohne Grazie ein Angelhaken ohne Köder. Sie sagte, eine verständige Frau dürfe nie einen Liebhaber nehmen, ohne das Herz, nie einen Gatten, ohne die Vernunft zu befragen.

»Ich habe viele Liebhaber gehabt. Ich habe mich aber nie Illusionen hingegeben. Ich habe stets verstanden, sie zu durchschauen. Ich war davon überzeugt, daß, wo etwa die Vorzüge meines Geistes und Charakters bei ihrer Liebe mit in Betracht kämen, dies nur ihrer Eitelkeit zuzuschreiben wäre. Sie waren in mich verliebt, weil ich ein hübsches Gesicht hatte und weil sie ein gewisses Verlangen hatten. Daher haben sie auch immer nur einen zweiten Rang in meinem Herzen eingenommen. Den ersten reservierte ich für meine Freunde.«

Ninon de Lenclos

insel taschenbuch 1173
Briefe der
Ninon de Lenclos

Das Fußbad

Briefe der
Ninon de Lenclos

Aus dem Französischen
von Lothar Schmidt
Mit zehn Radierungen
von Karl Walser

Insel Verlag

insel taschenbuch 1173
Erste Auflage 1989
© dieser Ausgabe Insel Verlag Frankfurt am Main 1989
Alle Rechte vorbehalten
Hinweise zu dieser Ausgabe am Schluß des Bandes
Vertrieb durch den Suhrkamp Taschenbuch Verlag
Umschlag nach Entwürfen von Willy Fleckhaus
Satz: Fotosatz Otto Gutfreund, Darmstadt
Druck: Nomos Verlagsgesellschaft, Baden-Baden
Printed in Germany

1 2 3 4 5 6 – 94 93 92 91 90 89

EINLEITUNG

Ninon von Lenclos wurde im Jahre 1620 zu Paris geboren. Sie war die Tochter des Herrn von Lenclos, eines Edelmannes aus der Touraine, und einer Sprossin aus der im Orleansschen bekannten Familie der Abra de Raconis.

Herr von Lenclos, der unter der Regierung Heinrichs IV. und Ludwigs XIII. gedient hatte, galt für einen der tapfersten Soldaten seiner Zeit. Luxuriös erzogen, füllten ihm Lieben, Essen und Trinken die Zeit aus, welche sein Waffenhandwerk nicht in Anspruch nahm. Er war von lebhaftem Charakter und mischte sich gerne in allerhand Intrigen. Das erklärt zweifellos seine Vorliebe für den Kardinal von Retz, dem er sich anschloß.

Frau von Lenclos war ziemlich beschränkt; sie hatte ein gewöhnliches Gesicht und ein schüchternes Wesen; sie lebte Gott ergeben und sehr zurückgezogen.

Fräulein von Lenclos war die einzige Frucht dieser Ehe und wurde von den Eltern sehr verzärtelt, doch jeder von beiden liebte sie auf seine Art und wollte sie zu seiner eigenen Denkweise erziehen. Frau von Lenclos unterrichtete die Tochter in frommen Bräuchen; ihr religiöser Eifer gestattete ihr nicht, die mäßigen Rechte zu beanspruchen, die sie auf den Gehorsam ihres Zöglings hatte. Die junge Person bekam bald eine Abneigung gegen fromme Bücher, und da sie nicht umhin konnte, die Mutter in die Kirche zu begleiten, so nahm sie anstatt der Erbauungsbücher Romane oder andere Bücher ähnlicher Art dahin mit.

Herr von Lenclos dagegen hatte keine andere Sorge, als seine Tochter zu einer liebenswürdigen und in die Gesellschaft passenden Person zu erziehen. Sein Augenmerk war darauf gerichtet, ihren Geist auszubilden und ihre Talente zu pflegen. Er gewöhnte sie frühzeitig daran, ein gesundes Urteil zu haben und sich gewisse Lebensanschauungen anzueignen. Seine Tochter war so glücklich veranlagt, aus seinen Ratschlägen und Bemühungen Nutzen ziehen zu können. Er wollte ihr eigener Musiklehrer sein. Da er sehr gut Laute spielte, lehrte er sie, dieses damals sehr beliebte Instrument zu handhaben, auf dem sie bald große Fortschritte machte.

Frau von Lenclos starb im Jahre 1630. Obgleich die Tochter nicht immer ihren Weisungen gefolgt war, hatte sie doch sehr an der Mutter gehangen. Die lebhafte Trauer über den Tod der Mutter war Beweis ihrer kindlichen Gefühle.

Herr von Lenclos überlebte seine Frau nur um ein Jahr. Auf dem Totenbette ließ er die Tochter zu sich kommen und richtete an sie folgende Worte, die beweisen, daß die Lehre Epikurs immer seine Lebensregel gebildet hatte. »Meine Tochter«, so sprach er zu ihr, »du siehst, alles, was mir in diesem letzten Augenblicke übrigbleibt, ist nur eine traurige Erinnerung an die Freuden, die mich jetzt verlassen. Ihr Besitz war nicht von Dauer, und das allein ist es, worüber ich mich bei der Natur beklagen könnte. Doch, ach, was nützt mir jetzt der Kummer! ... Du, mein Kind, die du mich noch um viele Jahre überleben wirst, nütze sobald als möglich deine kostbare Zeit und mach dir weniger Skrupel über die Zahl als über die Wahl deiner Vergnügungen.« – Mit elf Jahren war Fräulein von Lenclos ihre eigene Herrin. Ihr Vermögen war nicht beträchtlich; der Vater hatte einen großen Teil davon verschwendet, aber sie ordnete ihre Verhältnisse so klug, daß ihr immer noch acht- bis zehntausend Franken Rente verblieben. Ihre Freiheitsliebe ließ sie später an keine Ehe denken. Sie erwarb durch jährliche Teilzahlungen ein Haus auf Lebenszeit in der Rue de Tournelle au Marais. Ein anderes besaß sie in Piépusse bei Paris, wo sie den Herbst zubrachte. Ihre Ausgaben regelte sie so, daß sie immer ein Jahreseinkommen beiseite legte, um im Notfalle ihren Freunden Hilfe zu leisten.

Fräulein von Lenclos blieb nicht lange unbekannt. Schon als Kind gab sie schlagfertige, witzige Antworten, von denen man einige sehr gern als Bonmots zitierte. Mit zehn Jahren hatte sie bereits Montaigne und Charron gelesen. Später lernte sie Spanisch und Italienisch, was sie beides wunderbar verstand und sprach.

Als sie in die Gesellschaft eintrat, war sie an Geist und Charakter so vorbereitet, als wenn sie bereits viele Jahre darin gelebt hätte. Sie war mehr als mittelgroß und wohlproportioniert. Eine wunderbare Frische verlieh ihr ganz besonderen Reiz. Ihr Gesicht war keineswegs blendend, und doch konnte man sagen, daß Fräulein von Lenclos bei näherer Betrachtung schön war. Ihre Augen waren voller Empfindung und Lebendigkeit; Zurückhaltung und Sinnlichkeit machten sich in ihnen den Rang streitig. Der Ton ihrer Stimme war sanft und angenehm. Sie sang mit mehr Geschmack als Kunst und hatte für den Tanz eine ganz besondere Begabung.

Man fand im Verkehr mit ihr ebensoviel Sanftmut und Liebreiz als Feinheit und Ungezwungenheit in ihrer Unterhaltung. Ihre Briefe waren leicht und gefällig geschrieben. Sie plauderte gern, gebrauchte aber niemals Zitate. Ihre Abneigung gegen das Zitieren war sogar so stark, daß, als eines Tages der berühmte Mignard sich darüber beklagte, daß seine

Tochter zwar sehr schön sei, aber kein gutes Gedächtnis habe*, Fräulein von Lenclos ihm erwiderte: »Wie glücklich Sie sind! Sie wird also niemals zitieren.«

Die Sorge um ihre Toilette beschäftigte sie wenig; sie hatte ganz andere Mittel, um zu gefallen. Sie war indes sehr vornehm gekleidet, und da sie einen sicheren und feinen Geschmack hatte, so waren ihre Toiletten immer sehr gewählt, ohne daß Ninon jedoch eine Sklavin der Mode gewesen wäre. Mit einem Worte, die schönste Seele und der schönste Körper machten sie zum Gegenstande der Anbetung der Männer und des Neides der Frauen**.

Fräulein von Lenclos fand Aufnahme in der besten Gesellschaft, deren Entzücken und Zierde sie bald wurde. Ihre Schönheit verschaffte ihr Verehrer von höchster Geburt; durch ihren Geist, durch ihre Talente und Charaktereigenschaften erwarb sie sich sehr verdienstvolle Freunde. Je weniger sie Bedenken trug, unbeständig und leichtsinnig in der Liebe zu sein, desto beständiger und anhänglicher war sie in der Freundschaft, und man kann sagen, daß, wenn sie auch nicht gerade die Tugenden ihres Geschlechts hatte, sie doch wenige seiner Fehler besaß. Da sie viel und gut gelesen hatte, war durch diese Lektüre ihr Geist gebildet, ihr Geschmack geläutert und ihr Urteil geschärft worden. Doch wiewohl sie viel gelesen hatte, suchte sie doch immer sorgfältig ihre Bildung zu verbergen.

Immerhin aber taten einige kleine Fehler ihren guten Eigenschaften Eintrag. Fräulein von Lenclos war von Natur eifer-

---

* Sie hat später den Grafen von Feuquières geheiratet. Ihre Marmorstatue befindet sich in der Kirche der Jakobiner Rue S. Honoré. Es ist eine der schönsten Skulpturen von Lemoyne.

** Indem wir ihren guten Eigenschaften Gerechtigkeit widerfahren lassen, stimmen wir deshalb noch *lange kein Loblied auf ihren Hang* zu galanten Abenteuern an.

süchtig auf die Vorzüge anderer Frauen. Diese Eifersucht beeinflußte oft ihr Urteil. Sie konnte keinen Mann mit großen Händen und dickem Bauch leiden. Und obwohl sie ausgezeichnet Laute spielte, mußte sie immer erst lange gebeten werden, ehe sie sich hören ließ.

Unter der großen Zahl ihrer Verehrer genoß zuerst der junge Graf von Coligny ihre Gunst. Man schildert ihn als einen Mann von reizvollen Zügen, von feinem, heiterem Geiste und sehr elegantem Wuchs. Indessen verdankte er nicht allein diesen Vorzügen den Vorrang unter seinen Rivalen. Er hatte auch sonst noch genügend Verdienste, um der Freund eines Weibes wie Ninon de Lenclos zu werden. Daher war sie ihm von Herzen zugetan und bewies ihm das durch die Mühe, die sie sich gab, um ihn viele Fehler ablegen zu lassen, die ein unüberwindliches Hindernis bildeten für sein Avancement und für sein Glück. Diese Liebe war sehr lebhaft, aber von kurzer Dauer. Sie hatte eben nicht für die Leidenschaft der Liebe eine solche Verehrung, um, wie viele andere, eine Tugend daraus zu machen. Aber all ihre Hochschätzung bewahrte sie sich für die Freundschaft.

Der Herzog von L. R. F. C., Saint-Evremont, der Abbé von Château-neuf, Molière und andere hervorragende Leute schätzten sie sehr hoch. Die Achtung, die sie genoß, ging so weit, daß, wenn der große Condé ihr begegnete, er seine Karosse halten ließ und an den Schlag der ihrigen trat. Er war ihr Liebhaber gewesen. Ohne Zweifel besaß der große Prinz für die Liebe nicht die gleichen Talente wie in der militärischen Kunst, denn als er ihr eines Tages seine Leidenschaft ausdrücken wollte, rief sie: »Ach, mein Prinz, wie stark müssen Sie sein!« Dies war eine Anspielung auf das lateinische Sprichwort: Vir pilosus aut libidinosus aut fortis*. Die Schätzung,

---

* Ein behaarter Mann ist entweder wollüstig oder stark (tapfer). Anmerk. des Übersetzers.

die er ihr immer bewahrte, gereichte ihr um so mehr zur Ehre, als der Prinz nach dem Zeugnis der Frau von Sévigné so leicht den Frauen keine Komplimente machte.

Fräulein von Lenclos hat ihre Liebe nie für materielle Interessen preisgegeben; sie ließ sich allein von ihrem Geschmack leiten. Der berühmte C. von R. . . .*, der ihre Schönheit rühmen gehört hatte, wollte sie sehen. Der Abbé von Bois Robert, den er mit solchen Aufträgen betraute, übernahm es, eine Zusammenkunft herbeizuführen. Sie ließ sich in Ruel, einer Besitzung des C. . . ., dazu herbei. Der Wunsch, einen Mann in der Nähe zu sehen, der die Aufmerksamkeit Europas auf sich lenkte, bestimmte sie mehr als jedes andere Motiv. Der C. . . . vermochte aber in ihr kein anderes Gefühl als Bewunderung zu erwecken. Die Hoffnung, seiner höchsten Gunst teilhaftig zu werden, indem sie Liebe heuchelte, konnte sie nicht verlocken; bei ihr ersetzte eben nichts die Liebe.

Der C. . . . wollte sich für ihre Sprödigkeit mit Marion de Lormes, einer Freundin des Fräulein von Lenclos, rächen. Diese Frau, die ihrer Freundin an Geist, Schönheit und an Bedürfnis nach Liebe gleichkam, vermochte durch ausgezeichnete Qualitäten die Schwächen ihres Herzens aufzuwiegen, aber der C. . . . stieß bei ihr auf dieselben Hindernisse. Man behauptet, daß er trotz seiner großen staatsmännischen Talente nicht die Gabe hatte, den Frauen zu gefallen.

Er wandte sich nun an Ninon selbst, damit sie ihm behilflich wäre, das Herz der Grausamen zu erweichen. Sie hatte den Auftrag, ihr fünfzigtausend Taler anzubieten, die aber Fräulein von Lormes zurückwies, weil sie dem berühmten Desbarreaux, den sie damals liebte, treu bleiben wollte.

Man hat behauptet, daß die Königin Anna von Österreich,

* Kardinal von Richelieu. Anmerkung des Übersetzers.

damals Regentin des Königreiches, aufgestachelt durch das Geschrei einiger Prüden des Hofes, dem Fräulein von Lenclos hätte befehlen lassen, sich in ein Kloster zurückzuziehen, indem sie ihr allerdings die Wahl des betreffenden Klosters freiließ. Fräulein von Lenclos soll nun dem Gardeoffizier, der ihr die Weisung überbrachte, geantwortet haben, sie sei sehr dankbar dafür, daß man ihr die Wahl freiließe, und sie würde sich für das Kloster der Franziskaner entscheiden. Aber man kann versichern, daß Fräulein von Lenclos ihre Pflichten viel zu gut kannte, als über die Befehle des Hofes derlei Scherze zu machen.

Von allen ihren Verehrern soll sie den Marquis de Villarceaux am längsten geliebt haben. Er hatte aber auch alles, was ihr gefallen und sie fesseln konnte. In seiner Erscheinung, in Geist und Charakter vereinigte er alle Vorzüge. Obgleich er ein zu großer Verehrer der Frauen war, um einer einzigen Frau treu zu sein, lebte Ninon doch mit ihm, der noch obendrein eifersüchtig war, drei Jahre auf seinen Gütern. Ein so gleichförmiges Leben behagte ihr indessen wenig, und offenbar hielt sie nicht sowohl die Liebe dort fest, als vielmehr die Furcht vor der Rückkehr nach Paris, wo sie nicht Zeugin des Unglücks sein wollte, das damals auf ihrem Vaterlande lastete*.

Frau von Villarceaux war sehr eifersüchtig auf Ninon und machte ihrem Gatten häufig Vorwürfe. Sie hatte einen Sohn, den ließ sie häufig in Gesellschaft seines Hauslehrers hereinkommen. Um nun den Geist des jungen Villarceaux leuchten zu lassen, bat sie den Hauslehrer, einige Fragen bezüglich der Dinge, die er zuletzt studiert hatte, an ihn zu richten. Der fragte nun: Quem habuit successorem Belus, Rex Assyriorum? Das Kind antwortete: Ninum**.

* Es war während der Unruhen wegen der Minderjährigkeit Ludwigs XIV.
** Die französische Aussprache des lateinischen Wortes lautet: Ninon. Anmerkung des Verfassers.

Bei diesem Worte, das dem Namen Ninon so ähnlich war, wurde Frau von Villarceaux wütend und sagte zu dem Hauslehrer, es schicke sich nicht, mit ihrem Sohne von den Torheiten seines Vaters zu reden. Vergebens wollte der sich rechtfertigen; man verzieh ihm die angebliche Frechheit der gestellten Frage nicht. Dieses Abenteuer wurde bald die Neuigkeit des Tages: Fräulein von Lenclos lachte am meisten darüber.

Sie lebte damals in innigster Freundschaft mit Frau von Scarron, die die Vertraute ihrer Liebschaft mit Herrn von Villarceaux wurde. Ninon hatte bald Veranlassung zu bereuen, daß sie eine Freundin hatte, die jünger war als sie selbst. Frau von Scarron wurde ihre Rivalin und raubte ihr das Herz ihres Verehrers. Ninon war anfangs darüber sehr pikiert, aber die Idee, die sie sich einmal von der Liebe gemacht hatte, und ihr ausgezeichneter Charakter gaben ihr bald das Gleichgewicht wieder. Sie wurde nun ihrerseits die Vertraute der Frau von Scarron, und die Rivalität, welche sonst die Freundschaft zwischen gewöhnlichen Frauen zu zerstören pflegt, trübte die der beiden Frauen durchaus nicht. Ihre Beziehungen wurden sogar so enge, daß sie monatelang dasselbe Bett miteinander teilten.

Madame de Scarron, die später zu großem Reichtume gelangte, verfehlte nicht, ihrer ehemaligen Freundin Beweise ihres guten Andenkens zu geben. Man hat sogar gesagt, daß sie sie zu Hofe lud, um die Gunst, deren sie sich erfreute, mit ihr zu teilen. Aber Fräulein von Lenclos zog ihre Ruhe und ihre Freiheit einem so verführerischen Anerbieten vor.

Sie tröstete sich bald über die Untreue des Herrn von Villarceaux. Ein anderer Liebhaber folgte ihm. Man weiß nicht recht, ob es Herr von Gourville war, ein Mann, ebenso bekannt wegen seines Geistes als wegen seiner Herzenseigenschaften geschätzt. Er war ihr Liebhaber zur Zeit der Fronde und hielt es mit der Partei des Prinzen von Condé. Als er daher Paris verlassen und sich vom Hofe entfernen mußte, wollte er Maßregeln treffen, um sich den Teil seines Vermögens zu sichern, der in barem Gelde bestand. Da er aber nicht wußte, wem er ihn anvertrauen sollte, entschloß er sich, die eine Hälfte dem Fräulein von Lenclos und die andere einem wegen seiner Sittenreinheit bekannten Groß-Pönitenziar zu übergeben.

Als die Unruhen beendet waren, die Herrn von Gourville zur Flucht gezwungen hatten, kehrte er nach Paris zurück und suchte zunächst den Groß-Pönitenziar auf; denn er dachte, Ninon als Weltdame würde gewiß den ihr anvertrauten Teil seines Vermögens verbraucht haben. Als er nun von dem Geistlichen sein Depot zurückverlangte, antwortete man kaltblütig, man wisse gar nicht, was er wolle; allerdings habe man einige Gelder zur Unterhaltung der Armen erhalten, sie aber sofort an Ort und Stelle verteilt. Herr von Gourville drohte jetzt mit einer Klage, aber man ließ sich weder durch Bitten noch durch Drohungen einschüchtern. Schließlich war man sogar noch wegen seiner Zudringlichkeit beleidigt, so daß er die Klugheit besaß, sich unverrichteter Sache zurückzuziehen.

Dieses Abenteuer bestärkte ihn in seinem Verdachte gegen Fräulein von Lenclos. Er war so fest davon überzeugt, daß er unter anderem Vorwande dieselbe Antwort erhalten würde, daß er sie überhaupt nicht erst besuchte. Doch Ninon erfuhr von seiner Anwesenheit in Paris und ließ ihm Vorwürfe machen wegen seines seltsamen Betragens. Er hielt das erst für grausamen Spott und antwortete nicht, doch sie drängte derartig, daß er sie schließlich besuchen mußte. »Ich habe mir sehr viele Vorwürfe Ihretwegen zu machen«, sagte sie, »es ist mir in Ihrer Abwesenheit ein großes Malheur passiert: bitte, verzeihen Sie mir.« Herr von Gourville zweifelte nicht, daß dieses »Malheur« sich auf sein Depot bezöge. – »Ich habe«, fuhr Ninon fort, »während Ihrer Abwesenheit den Geschmack an Ihnen verloren, aber mein Gedächtnis habe ich nicht verloren. Hier sind die zwanzigtausend Taler, die Sie mir vor Ihrer Abreise anvertraut haben; sie befinden sich noch in derselben Kassette, in die Sie sie hineinlegten. Nehmen Sie das Geld wieder mit, und fortan wollen wir uns nur noch als Freunde sehen.«

Von dieser Handlungsweise überrascht und entzückt, konnte Herr von Gourville nicht umhin, ihr zu erzählen, wie es ihm bei dem Groß-Pönitenziar ergangen war. Nachdem ihm Ninon aufmerksam zugehört hatte, sagte sie: »Mein lieber Gourville, das wundert mich weiter nicht, ich bin nur eine Kokotte und kein Priester.«

Fräulein von Lenclos liebte zärtlich den Marquis von Châtres. Er selbst war ebenfalls in sie vernarrt. Doch gerade, als seine Leidenschaft am stärksten war, erhielt er vom Hofe den Befehl, sofort zur Armee abzureisen. Das war ein harter Schlag für die beiden Liebenden. Vergebens suchte sie ihn mit den zärtlichsten Liebesworten ihrer Treue während seiner Abwesenheit zu versichern. Er wußte sie unbeständig und leichtsinnig; sie vermochte sein Mißtrauen und seine Unruhe nicht zu beseitigen. Zuletzt verfiel sie auf die Idee, ihm ein von ihrer Hand versiegeltes Billett zu übergeben, worin sie sich verpflichtete, nur ihn zu lieben. Er nahm das Billett, küßte es mit Inbrunst und war zufrieden.

Es dauerte nicht lange, da hatte Ninon eine neue Liebschaft. Sie erinnerte sich an das Billett, das sie dem Marquis von Châtres gegeben hatte, und in einem Augenblick unzweideutiger Untreue rief sie lachend in den Armen ihres neuen Liebhabers: »Ach, was doch der Châtres für ein gutes Billett hat!«

Der Graf von Estrées und der Abbé von Elfiat wurden

beide von ihr geliebt, aber sie folgten einander so schnell in ihrer Gunst, daß die Vaterschaft eines Sohnes, den sie unter dem Herzen trug, zweifelhaft war. Beide machten sich ihn gegenseitig lange streitig. Endlich losten sie aus, wem das Kind gehören sollte. Es fiel dem Grafen zu, der später Marschall von Frankreich und Vizeadmiral wurde.

Dieser Sohn wurde später in der Gesellschaft unter dem Namen eines Chevalier von Boissière bekannt. Der Marschall von Estrées brachte ihn bei der Marine unter. Herr von Boissière zeichnete sich hier durch Tapferkeit und Fähigkeiten aus. Er wurde bald befördert. Er liebte die Musik leidenschaftlich, obgleich er keine Note kannte. Er nahm in Toulon Wohnung, wo er einen kleinen, mit allerhand Instrumenten ausgefüllten Lieblingssalon hatte. Alle durchreisenden italienischen Musiker mußten ihm Proben ihres Talentes ablegen. Er bewirtete sie königlich, aber sie mußten freilich seine Manie freundlich mit in den Kauf nehmen. Er starb unverheiratet im Jahre 1732.

Es scheint, als ob alle Leute von Verdienst dem Fräulein von Lenclos ihr Herz zu Füßen legen mußten. Der Graf von Fiesque, einer der liebenswürdigsten Herren des Hofes, zollte ihr diesen Tribut weit eifriger denn irgendeiner. Sie war ihm ebenfalls sehr zugetan. Aber die liebenswürdigste Frau kann sich nicht schmeicheln, ewige Liebe einzuflößen. Die Neigung des Grafen von Fiesque ließ bald nach. Er glaubte ihr das nicht verbergen zu dürfen. Da er ihr es aber nicht persönlich zu sagen wagte, so zog er vor, es ihr zu schreiben.

Fräulein von Lenclos war gerade mit ihrer Toilette beschäftigt, als sie das verhängnisvolle Billett erhielt. Sie frisierte soeben ihr wunderschönes Haar. Von der unerwarteten Nachricht betroffen, nahm sie die Schere und schnitt, weil sie fortan niemandem mehr gefallen wollte, sich das Haar auf der einen Seite ab. Darauf gab sie die Haare dem Kammerdiener und sprach: »Bringen Sie das Ihrem Herrn und sagen Sie, es ist meine Antwort.«

Der Graf von Fiesque merkte gar wohl, wieviel Hingebung darin lag. Er eilte zu Ninons Füßen, suchte ihren Schmerz vergessen zu machen und schwur ihr von nun an heißere Liebe denn je.

Wäre Fräulein von Lenclos nur von Männern geschätzt worden, so könnte man denken, sie habe das nur dem Prestige ihrer Schönheit zu verdanken gehabt. Aber selbst die Frauen vermochten nicht, ihr die Achtung zu versagen. Die Königin Christine von Schweden, die im Jahre 1656 durch Frankreich reiste, wollte sie sehen. Doch das Lob, das ihr der Marschall d'Albert und einige Literaten gespendet hatten, schien ihr noch lange nicht an die Wahrheit heranzureichen. Die Königin fand so großes Gefallen an ihr, daß sie sie mit nach Rom nehmen wollte. Fräulein von Lenclos aber sträubte sich dagegen trotz aller Dankbarkeit, die sie der Fürstin schuldete. Wenn später Christine von ihr sprach, nannte sie sie immer ihre berühmte Ninon! Sie erinnerte sich stets mit Vergnügen daran, wie ihr gegenüber Ninon eines Tages die Prüden als »Jansenistinnen der Liebe« bezeichnet hatte.

Ninon war nicht mehr jung, als der Marquis von Sévigné sich in sie verliebte*. Die Liebe der beiden war vielen Stürmen ausgesetzt. Ninon gab ihm wiederholt den Laufpaß und nahm ihn ebensooft in Gnaden wieder auf. Frau von Sévigné hat in ihren Briefen Einzelheiten über diese beständigen Streitigkeiten mitgeteilt. Sie spricht besonders von der Rivalität Ninons mit der Chammelé, einer berühmten Schauspielerin. Ninon verlangte von dem Marquis, daß er ihr die Briefe der Nebenbuhlerin herausgebe. Das tat er auch. Ninon wollte nun diese Briefe dem offiziellen Liebhaber der Chammelé sen-

---

* Sie war damals etwa sechsundfünfzig Jahre alt.

den, damit dieser ihr, sagt Madame von Sévigné, einige Degenhiebe versetzte*. Doch Frau von Sévigné machte ihrem Sohne begreiflich, daß so etwas eines Ehrenmannes unwürdig sei. Der Marquis eilte zu Ninon, nahm ihr halb mit Gewalt, halb mit List die Briefe der Komödiantin wieder ab und verbrannte sie**. Man sagt, als sie den Marquis von Sévigné verließ, habe Ninon keine vorteilhafte Meinung von ihm gehabt, auch habe sie sich nicht gerade achtungsvoll über ihn geäußert. Sie behaupte manchmal, er sei ein Mensch unter aller Kritik, eine ausgekochte Seele, ein Waschlappen; aber so scheint sie nur gesprochen zu haben, wenn sie sich mit ihm überworfen hatte; denn der Marquis von Sévigné hat in seinem literarischen Streite mit Dacier Proben seiner Fähigkeiten abgelegt. Sein Witz und seine freie Ironie zeugen von mehr Geist, als man nach Ninons Worten in ihm vermuten sollte.

Von der Religion hatte Fräulein von Lenclos keine sehr orthodoxen Vorstellungen. Sie disputierte eines Tages mit dem Pater Dorleans über einen Glaubensartikel, von dem sie nicht viel hielt. »Nun«, sagte der Jesuit, »bieten Sie dem lieben

* Siehe den ersten Band ihrer Briefe.

** Frau von Sévigné ist unter allen Schriftstellern ihres Jahrhunderts die einzige, die ungünstig über Fräulein von Lenclos gesprochen hat. Sie spricht ebenso schonungslos von anderen Leuten, die es ebensowenig verdienten... »Ihr Bruder«, sagt sie in einem Briefe, »ist in Saint Germain; er befindet sich zwischen Ninon und einer Komödiantin und zwischen Dépréaux obendrein.«

An anderer Stelle spricht sie in demselben Tone von Racine: »Er hat«, sagte sie, »eine kleine Komödiantin und lauter Leute wie Dépréaux und Racine und zahlt ihre Soupers!« Die letzte Bemerkung bestätigt die weitverbreitete Meinung, daß Frau von Sévigné mehr als ökonomisch war. Diese berühmte Frau ließ übrigens später dem Fräulein von Lenclos Gerechtigkeit widerfahren. In einem Briefe an Herrn von Coulanges schreibt sie: »Corbinelli teilt mir Wunderdinge mit von der guten Gesellschaft, die er bei Fräulein von Lenclos findet. Was daher auch Frau von Coulanges sagen möge, Ninon sieht auf ihre alten Tage alles von Bedeutung bei sich, Männer wie Frauen.«

Gott immerhin Ihre Ungläubigkeit dar, bis Sie bekehrt sind.« Rousseau hat später aus diesem Bonmont ein Epigramm gemacht.

Sie blieb ihren Prinzipien indessen nicht immer treu. Mitten in ihrem Lebenslaufe zog sie sich in ein Kloster zurück*.

Herr von Saint-Evrement, der besser denn irgendwer das Herz Ninons kannte, bot seinen ganzen Einfluß auf, sie zur Änderung eines so jähen, mit ihrem Charakter und dem Glücke ihrer Freunde in striktem Widerspruche stehenden Entschlusses zu bewegen. Nach einiger Zeit der Zurückgezogenheit kam sie wieder in die Gesellschaft und benahm sich dort wie früher.

Die distinguiertesten Frauen trugen kein Bedenken, mit ihr zu verkehren; sie wußte stets Vergnügen und Dezenz miteinander zu vereinbaren. Eines Tages brachte die Marquise*** ihre beiden Töchter zu ihr, die sie soeben aus dem Kloster herausgenommen hatte. Sie war darauf bedacht, sie mit einer so verdienstvollen Person bekannt zu machen, und wollte ihr die Mädchen vorstellen. Aber Fräulein von Lenclos empfing sie auf der Treppe, küßte sie freundschaftlich und sagte zu der Mutter: »Sie müssen schon erlauben, daß ich die jungen Damen nicht zu mir hereinlasse; reich und schön, wie sie sind, können sie auf die besten Partien Anspruch machen, und ich glaube, sie würden sich selbst schaden, wenn sie zu mir kämen.«

Der Graf von Chois...**, der spätere Marschall von

---

* Nach einem Stücke Scarrons ließe sich vermuten, daß dies nach einer Ermahnung der auf dem Sterbebette liegenden Mutter geschah. Doch als Ninon diesen Verlust erlitt, war sie erst elf Jahre alt, und ihr bisheriges Betragen gab keine Veranlassung zu so lebhafter Reue. Außerdem besaß sie ja damals noch gar nicht all jene Freunde, die sie bestürmt haben sollen, einen solchen Entschluß aufzugeben.

** Choiseul? Anmerkung des Übersetzers.

Frankreich, war auch ihr Geliebter; er vermochte ihr aber kein anderes Gefühl als das der Achtung einzuflößen. »Er ist ein sehr ehrenwerter Herr«, sagte sie von ihm, »aber ich habe keine Lust, ihn zu lieben.« Sie fand damals Gefallen an Pécourt, dem berühmten Tänzer. Die Besuche, die dieser ihr machte, wurden dem Grafen von Chois . . . verdächtig. Er traf ihn eines Tages bei ihr. Pécourt hatte einen zweifelhaften Frack an, der einer Uniform sehr ähnlich war. Nach einigen ironischen Bemerkungen fragte ihn der Graf in spöttischem Tone, bei welchem Truppenkörper er diene. Pécourt antwortete: »Ich befehlige einen Körper, bei dem Sie schon lange dienen.«

Diese Antwort bestärkte den Grafen in seinem Verdacht; er wurde wütend, beklagte sich über sie und war anhänglicher denn je an Ninon. Seine Beharrlichkeit fiel ihr lästig; trotz allerlei ausgezeichneter Eigenschaften hatte er doch das Pech, sie zu langweilen, was sie nicht leicht verzieh. Eines Tages konnte sie sich in einem Augenblicke der Ungeduld nicht enthalten, ihm zu sagen, was Cornelia zu Cäsar sagt:

»Ach Gott, wie viele Tugenden macht Ihr mir doch verhaßt!«

Der Marquis von Gersai war glücklicher gewesen. Sie hatte ihm einen Sohn geschenkt, den er unter dem Namen eines Chevaliers von Villiers erziehen ließ und dem er aufs sorgfältigste das Geheimnis seiner Geburt verborgen hielt. Als der Chevalier alt genug war, die Gesellschaft zu besuchen, wurde er auch bei Ninon eingeführt, von der er auch empfangen wurde wie alle jungen Leute von hoher Geburt, die bei ihr guten Geschmack und gesellschaftliches Benehmen lernten. Sie zählte damals mehr als sechzig Jahre. Ihr Alter verhinderte den Chevalier keineswegs, für sie eine heftige Leidenschaft zu fassen. Stillschweigend verbarg er ihr eine Zeitlang seine Gefühle, aber seine Liebe war zu stark, um länger geheim zu bleiben. Er drückte diese Liebe anfangs in der stummen Sprache von Aufmerksamkeiten und Höflichkeiten aus. Ninon war zu helläugig, um nicht den Zustand ihres Sohnes zu bemerken. Sie liebte ihn sehr zärtlich und war sehr betrübt über seine Neigung. Um ihn zu heilen, tat sie alles, was mütterliche Liebe und Vernunft vermochten. Dieser Widerstand reizte das Begehren des Chevaliers noch mehr. Sie sah sich genötigt, ihm zu sagen, daß, wenn er so fortfahre, sie ihm ihr Haus verbieten müßte. Aus Angst, sie nicht mehr zu sehen, versprach er ihr, sie nicht länger zu lieben. Die Liebe diktierte ihm diesen Eid, und die Liebe ließ ihn den Eid auch brechen. Er wollte mit ihr eine letzte Aussprache haben; seine heiße Leidenschaft verhinderte ihn, länger in Ungewißheit zu bleiben. Die Zeit, wo sie auf ihrem Landsitz verweilte, schien ihm zu diesem Zwecke am geeignetsten. Er suchte sie dort auf; sie war allein, und er sprach zu ihr wie ein Verzweifelter. Vom Mitleid gerührt und vom Schmerze überwältigt, weil sie die Ursache des Unglücks ihres Sohnes war, vermochte Ninon bei dieser Gelegenheit nicht ihre bisherige Sicherheit zu behaupten. Der junge Villiers glaubte die Stunde seines Glückes gekommen; von Worten ging er zu Taten über. Erschreckt wich Ninon zurück: sie sah sich gezwungen, ihm mitzuteilen, daß sie seine Mutter wäre. Man stelle sich vor, wenn man es kann, was für eine Szene diesem Geständnis folgte. Der Chevalier stürzte aus dem Zimmer hinaus. Er ging tief in den Wald, der sich an den Garten anschloß, und bohrte sich daselbst in einem Anfall von Verzweiflung seinen Degen in die Brust.

Da ihr Sohn nicht wiederkam, ließ Fräulein von Lenclos ihn suchen; man fand ihn blutüberströmt. Sie eilte ihm zu Hilfe. Welch ein Schauspiel für eine zartfühlende, liebende Mutter! Er wollte noch einige Worte an sie richten, brachte aber keine Silbe heraus. Der Blick, den er sterbend auf sie warf, drückte noch seine Leidenschaft aus, doch die Aufregung über die Anwesenheit der besorgten Mutter beschleunigte nur seinen Tod. Von nun an hatten Vernunft und Philosophie keine Gewalt mehr über das Gemüt der unglücklichen Mutter. Man mußte alles aufbieten, um sie vor einem verzweifelten Schritte zu bewahren. Dieses Erlebnis machte auf sie einen sehr tiefen Eindruck, und man kann sagen, daß auf die ausschweifende und leichtsinnige Ninon nun das anständige, solide, pflichttreue Fräulein von Lenclos folgte. In der Tat verdiente sie von jetzt an bis zu ihrem Tode diese Bezeichnung.

Die veränderte Lebensführung ertötete nicht gänzlich in ihr den Hang zur Liebe; aber ihre galanten Abenteuer waren jetzt weniger häufig und mehr von der Vernunft geleitet! Der Poet der guten Gesellschaft, der berühmte Abbé von Chaulieu, schmachtete nach ihr, und trotz der Scherze der Herzogin von B... über seinen Mangel an realen Talenten in der Liebe kann man glauben, daß er nicht vergebens schmachtete.

Chapelle, der bekannte Autor des Meisterwerkes von Witz und Charme, der »Reise mit Bachaumont«, hatte weniger Glück bei ihr. Er rächte sich dafür durch Verse, die weder seinem Geiste noch seinem Herzen Ehre machten.

Der Großprior von V..., dem es ebenso übel erging als Chapelle, ahmte seine Rache nach, indem er folgenden Vierzeiler über die Toilette Ninons vom Stapel ließ:

> *Nun trockne lächelnd ich die Träne,*
> *Erschreckend deutlich wird mir's klar:*
> *Verliebt lieh ich dir all das Schöne,*
> *Das nimmer dir zu eigen war.*

Ninon antwortete auf diese Verse mit einem Scherz in demselben Rhythmus und mit den gleichen Reimen:

> *Indem du trocknest deine Träne,*
> *Gib Antwort auf die Frage klar:*

Warum verliebst du all das Schöne,
Das dir doch selbst so nötig war?

Fräulein von Lenclos wurde so krank, daß ihre Freunde sie leider zu verlieren fürchteten.

Der Abbé Régnier Desmarets machte ein Stück in Versen zur Feier ihrer Genesung. Scarron, Saint-Evremont und einige andere Autoren beeilten sich, sie ebenfalls zu feiern. Man kann aus ihren Werken die Stücke erkennen, die sie zu ihrem Lobe gemacht haben.

Molière verfehlte nicht, bei seinen Komödien sich ihren Rat zu erbitten. Als er ihr seinen Tartuffe vorlas, erzählte sie ihm ein Abenteuer, das sie mit einem Schurken ähnlicher Art gehabt hatte. Aber sie schilderte ihren Betrüger mit so viel Kraft und Wahrheit, sie stellte seinen Charakter so glänzend und komisch dar, daß ihr Molière beim Abschiede sagte, wenn sein Stück nicht bereits geschrieben wäre, so würde er sich jetzt nicht mehr daran wagen; für so schwierig hielt er es, mit gleicher Energie ein ebenso charakteristisches Porträt wie seine Freundin zu entwerfen.

Einige Autoren hielten ihr Urteil für so wichtig, daß sie alles taten, um von ihr anerkannt zu werden. Da Herr von Toureille von der französischen Akademie für seine Demosthenes-Übersetzung ihren Beifall nicht fand, rächte er sich durch folgendes Epigramm:

*Dans un Discours académique**
Rempli de Grec et de Latin,
Le moyen que Ninon trouve rien, qui la pique?
Les figures de Rhétorique
Sont bien fades après celle de l'Arétin.

* Woran liegt es, daß in einer mit Griechisch und Latein vollgepfropften Erörterung Ninon nichts Reizvolles findet? Die Figuren der Rhetorik erscheinen ihr eben fad nach denen des Pietro Aretino. – Anmerk. des Übersetzers.

Fräulein von Lenclos wollte eines Tages an einem ihrer Verehrer den Versuch machen, wie weit die Schwäche eines Verliebten ging. Sie wählte zu diesem Zwecke einen hochadeligen Herrn aus, und in einem jener Liebesräusche, die sie meisterhaft zu entfachen wußte, verlangte sie von ihm ein Heiratsversprechen oder ein Abstandsgeld von viertausend Louisdor. Er hätte ihr noch eine weit größere Summe bewilligt, wenn sie es gewünscht hätte.

Einige Zeit später war gerade derselbe Herr zugegen, wie sie Toilette machte. Er war sehr erstaunt, auf einem der Lokkenwickel, deren sie sich bediente, seine Namensunterschrift zu finden. Nachdem er den Zettel ganz entfaltet und genauer geprüft hatte, sah er, daß es ein Stück von dem Papier war, worauf er jene Erklärung geschrieben hatte. Er gab seiner Überraschung Ausdruck, sie aber sprach: »Sie mögen daraus ersehen, wie ich die Versprechungen solcher jungen Windbeutel wie Sie bewerte und wie leicht Sie sich mit einer Frau kompromittieren könnten, die fähig wäre, sich Ihre Torheiten zunutze zu machen.«

Der Baron von Banier*, der Sohn des schwedischen Generals, ein Verwandter des Königs von Schweden, war einer der letzten Verehrer des Fräulein von Lenclos. Sie war nahe an die Siebzig, als er sich in sie verliebte. Noch merkwürdiger aber war, daß sie nahe an die Achtzig noch die Leidenschaft des aus dem Jesuitenkloster hervorgegangenen Abtes Gédouin zu entfachen vermochte. Als er bei ihr eingeführt wurde, verwandelte sich seine Bewunderung bald in ein zärtlicheres Gefühl. Seine Liebe war so lebhaft und stürmisch, daß sie im Herzen des Fräulein von Lenclos noch einmal die frühere Lust zur Sinnlichkeit erweckte. Sie beschloß indessen, sie einige Zeit

* Er wurde 1686 zu London vom Prinzen Philipp von Savoyen im Duell getötet.

zu zügeln, und versprach bloß ihrem Verehrer, daß sie bereit sei, zu tun, was er so leidenschaftlich verlangte, aber sie könnte es nur an einem bestimmten Tage im Jahre. Vergebens wünschte er eine Erklärung für diese so seltsame Antwort; er mußte sich mit Geduld wappnen. Als der Zeitpunkt gekommen war, nahm er sie beim Wort. Sie löste es redlich ein. Darauf drang er in sie, ihm doch zu sagen, warum sie just bis zu diesem Augenblicke sein Glück verzögert habe. »Diese kleine Eitelkeit«, erwiderte sie, »müssen Sie mir schon zugute halten. Als Sie von mir Beweise meiner Liebe verlangten, war ich erst neunundsiebzig Jahre und einige Monate alt. Ich wollte, daß man von Ninon sagen sollte, daß ihr noch mit achtzig Jahren ein schönes Glück zuteil geworden sei, und gestern nacht bin ich gerade achtzig geworden.« Also sagte der Abbé von Chaulieu mit Recht von ihr, daß sich die Liebe sogar in den Runzeln ihrer Stirn verborgen hielt. Der Abbé Gédouin war ihre letzte Leidenschaft. Später blieben sie beide gute Freunde.

Obwohl der Gesundheitszustand des Fräulein von Lenclos sich von Tag zu Tag verschlimmerte, blieb ihr Haus doch der Sammelpunkt der besten Gesellschaft ihrer Zeit. »Das Haus der berühmten Ninon«, sagt ein moderner Autor*, »war der Sammelpunkt alles dessen, was es bei Hofe und in der Stadt an geistig bedeutenden Leuten gab. Die tugendhaftesten Mütter bewarben sich um die Gunst, daß ihre Söhne in eine liebenswürdige Gesellschaft Zugang fänden, die man als den Mittelpunkt der guten Gesellschaft betrachtete. Der Abt Gédouin brauchte nur dort zu erscheinen, um alsbald allgemein wohlgelitten zu sein, und er erwarb sich hier Freunde, die angelegentlich seinen Ruf und sein Glück förderten.«

---

* Das Leben des Abbés Gédouin, in der Einleitung zu seinen 1745 gedruckten Werken.

Herr von Fontenelle, in der Literatenrepublik bereits durch seine talentvollen Stücke bekannt, verkehrte ebenfalls in jener Gesellschaft.

Herr von Voltaire wurde, als er noch ein Knabe war, dem Fräulein von Lenclos vorgestellt. Sie betrachtete ihn sehr aufmerksam, und es macht ihrem Scharfsinn alle Ehe, daß sie schon damals geahnt zu haben scheint, daß aus ihm das werden würde, was er heutzutage ist. Sie empfand für ihn eine so freundschaftliche Neigung und versprach sich so viel von seinen Talenten, daß sie ihm eine Summe vermachte, um sich Bücher zu kaufen.

Fräulein von Lenclos ertrug ihre Krankheit mit bewunderungswürdiger Geduld. Sie kam am Ende ihrer Tage von selbst auf den Gedanken, so oft als ihre Kräfte gestatteten, in die Pfarrei zu gehen. Sie legte eine Generalbeichte ab und empfing die heiligen Sakramente mit dem Gefühl einer wahrhaften Reue. Der nahende Tod trübte indessen nicht die Heiterkeit ihres Gemütes, sie bewahrte bis zum letzten Momente den Scharm und die Klarheit ihres Geistes: »Es wäre sehr angenehm«, sagte sie manchmal, »wenn man wie Frau von Chevreuse glauben könnte, daß man im Tode mit allen seinen lieben Freunden im Jenseits plaudern würde.« Man hat sogar behauptet, daß sie einige Stunden vor dem Hinscheiden, als sie nicht schlafen konnte, folgenden Vierzeiler machte:

> *Nicht eitle Hoffnung tut mir not;*
> *Soll ich zuletzt noch mutlos werden?*
> *Bin alt genug schon für den Tod,*
> *Was täte ich auch noch auf Erden?*

Fräulein von Lenclos starb am 17. Oktober 1705 im Alter von fünfundachtzig Jahren. Man kann sich vorstellen, was für einen Schmerz der Tod ihren Freunden bereitete. Es gibt noch heutzutage Personen, die sie gekannt haben und die mit Bewunderung, ja sogar mit Begeisterung von ihr reden.

Der durch seine liebenswürdigen Gedichte berühmte Marquis von La Fare sprach von ihr in folgenden Ausdrücken: »Ich habe Fräulein von Lenclos nicht in der ersten Blüte ihrer Schönheit gesehen, aber im Alter von fünfzig Jahren und sogar, als sie schon die Siebzig überschritten hatte, besaß sie Liebhaber, die sie anbeteten, und zählte sie die anständigsten Leute Frankreichs zu ihren Freunden.

Ich habe keine achtbarere und der Trauer würdigere Frau gekannt. Sie versammelte bei sich die honettesten Leute von Paris, die durch den Scharm ihres Konversationstalentes herbeigelockt wurden. Ihr Haus war noch in der letzten Zeit ihres Lebens das einzige, wo man Geistesgaben zu würdigen verstand und wo man ganze Tage ohne Spiel und ohne Langeweile zubringen konnte.

Kurz bis zu ihrem zweiundachtzigsten Jahre war sie die gesuchteste Gesellschafterin ihrer Zeit, und man kann sagen, daß sie bis zuletzt ihren gleichsam zur Freude anderer geschaffenen Geist bewahrte. Auch ihre leichte und glänzende Phantasie und ihr wunderbares Urteil blieben ihr treu, jene Gaben, die sie immer nur der Anmut opferte.«

Die bloße Namensliste ihrer hauptsächlichen Freunde ist ein Ruhm für sie. Personen von höchster Geburt und hervorragendem Verdienste rechneten es sich zur Ehre an, ihres Umganges und ihrer Freundschaft gewürdigt zu werden.

Man verfehlte nicht, über sie eine Anzahl Anekdoten in Umlauf zu setzen, mit denen man gewöhnlich das Andenken hervorragend verdienstvoller Menschen verschönern zu müssen glaubt. Ein Nachtwandler, ein kleiner schwarzer Kerl, kurzum ein Gespenst, sei ihr erschienen, als sie noch nicht achtzehn Jahre alt war, und habe ihr ihre ganze Zukunft vorausgesagt.

Fräulein von Lenclos hatte sich Grundsätze gebildet, welche die Redlichkeit und Zuverlässigkeit ihres Wesens charakterisieren: »Wie sind doch die Frauen zu beklagen«, sagte sie manchmal; »ihr eigenes Geschlecht ist ihr grausamster Feind; ein Gatte tyrannisiert sie, ein Liebhaber verachtet sie und entehrt sie oft noch obendrein. Von allen Seiten beobachtet, unaufhörlichen Kränkungen ausgesetzt, immer voll Furcht und immer geniert, ohne Stütze, ohne Hilfe haben sie tausend Verehrer und keinen einzigen Freund. Kann man sich da wundern, wenn sie übelnehmisch, launenhaft und unaufrichtig sind?« Daher sagte sie, daß sie, sobald sie zur Vernunft gekommen wäre, darüber nachgedacht habe, welchem von beiden Geschlechtern die schönere Rolle zugefallen wäre, und da sie bemerkt habe, daß den Frauen nicht das bessere Los zuteil geworden wäre, sei sie Mann geworden. Für sie war Schönheit ohne Grazie ein Angelhaken ohne Köder. Sie sagte, ein verständiges Weib dürfe nie einen Liebhaber nehmen, ohne das Herz, nie einen Gatten, ohne die Vernunft zu befragen. Sie äußerte wiederholt, daß ein richtiger Liebeshandel mehr Geist erfordere als der Oberbefehl über eine Armee. Von diesem Gesichtspunkte aus riet sie den Frauen, Talente zu erwerben und den Geist zu pflegen. »Ein Herzensbund«, sagte sie, »ist ein Theaterstück, worin die Zwischenpausen sehr lang und die Akte sehr kurz sind. Womit sollte man denn die Pausen ausfüllen, wenn nicht mit Talenten?«

Manchmal bemerkte sie zu ihren Freunden, man müsse zwar für Vorrat an Lebensmitteln, nicht aber an Vergnügungen sorgen. Die Vergnügungen müßten von einem Tage zum anderen genossen werden; man solle zufrieden sein mit dem gegenwärtigen Tage. Am folgenden Tage müsse man den vorangegangenen vergessen und auf die Pflege eines häßlichen Körpers ebenso Wert legen als auf die eines schönen. Man sei sehr zu bedauern, wenn man für seine Lebensführung der Hilfe der Religion bedürfe; dies wäre das Kennzeichen eines beschränkten Verstandes oder eines verdorbenen Herzens.

Jemand machte ihr eines Tages ein Kompliment darüber, daß sie bei ausgezeichneten Leuten in Ansehen stände. »Die hohen Herren«, erwiderte sie, »rühmen sich des Verdienstes ihrer Ahnen, weil sie kein eigenes haben; die Schöngeister rühmen sich ihres eigenen Verdienstes, weil sie es für unerreichbar halten; verständige Menschen rühmen sich überhaupt nicht.« Oft nannte sie eitle Dinge den Schild des Achill, den Stock des Herrn von Fr . . . und die . . . eines Bi . . .*

Fräulein von Lenclos bedauerte manchmal die Verirrungen ihrer Jugend. In einem Briefe an Herrn von Saint-Evremont kommt folgende Stelle vor: »Alle Welt sagt mir, daß ich weniger Veranlassung habe, mich über meine verlorene Zeit zu beklagen als irgendeine andere. Nun, wie dem auch sei, wenn man mir ein solches Leben vorausgesagt hätte, würde ich mich aufgehängt haben.«

Sie dankte Gott jeden Abend für ihren Geist und bat ihn jeden Morgen, sie vor den Dummheiten ihres Herzens zu bewahren: »Hätte ich mich«, sagte sie manchmal, »mit dem Schöpfer beraten, als er das Menschengeschlecht schuf, so würde ich ihn gebeten haben, die Runzeln unterhalb der Ferse anzubringen.«

Die Liebe war in ihren Augen kein besonders achtbares Gefühl, aber sie hatte eine große Verehrung für die Freundschaft, daher sie zu ihren Verehrern sagte, sie hätten keine Rivalen so sehr zu befürchten als ihre Freunde. Aber wiewohl sie von der Liebe nicht sehr hoch dachte, so hinderte sie das nicht zu sagen, daß nichts so abwechslungsreiche Freuden verschaffe als diese, obschon es im Grunde immer dieselben seien. »Die Poeten sind Narren«, meinte sie bei solcher Gele-

---

* Bischofs. Anmerk. des Übersetzers.

30

Der Handkuß

genheit, »weil sie dem Sohne der Venus eine Fackel, einen Bogen, einen Köcher gegeben haben; die Macht dieses Gottes besteht nur in seiner Binde; solange man liebt, überlegt man nicht; solange man überlegt, liebt man nicht.« Man wird mehrere Maximen in den folgenden Briefen zerstreut finden.

Wenn die Freunde des Fräulein von Lenclos Unglück hatten, so wurden sie nur um so zärtlicher von ihr geliebt. Sie war allzeit gleich bereit, ihnen mit Rat und Tat zu helfen. Herr von Saint-Evremont wurde während seines Exils von ihr nicht vergessen. Um ihn zurückzuberufen, setzte sie alle Hebel in Bewegung bei den Freunden, die auf die Minister Einfluß hatten. Aber alle ihre Bemühungen hatten erst Erfolg zu einer Zeit, als Saint-Evremont bereits zu alt war, um von seiner Rückberufung Gebrauch zu machen. Er zog es vor, bei den Leuten zu bleiben, die, wie er sagte, an seinen Buckel gewöhnt wären.

Es war immer ihr unantastbarer Grundsatz, weder von ihren Liebhabern noch von ihren Freunden etwas anzunehmen. Als Greisentum und Krankheit ihre Bedürfnisse vermehrt hatten, schickten Herr von La Rochefoucault und mehrere andere Freunde ihr Geschenke und beträchtliche Unterstützungen. Sie wies alles zurück. Mit einem Worte: wäre Fräulein von Lenclos ein Mann gewesen, man hätte sie den ehrenwertesten und galantesten Mann nennen müssen, der jemals existierte. Herr von Saint-Evremont hat in folgendem Vierzeiler ihre Seele wunderbar charakterisiert:

Es hat allgütig die Natur
Geschaffen die Seele der Ninon
Teils aus der Lust des Epikur,
Teils aus der Tugend des Caton.

Briefe der Ninon de Lenclos

Erster Brief

Ich, Marquis, soll mich mit Ihrer Erziehung befassen . . .! Sie in die Laufbahn einführen, die Sie einschlagen wollen! Ach, das heißt von meiner Freundschaft zuviel verlangen. Sie wissen ja, wenn eine Frau, die über die erste Jugend hinaus ist, für einen jungen Mann bemerkenswertes Interesse zeigt, so wird man nicht verfehlen, den schlechten Witz zu machen, daß sie ihn in die Welt* setzen will. Und mit was für Bosheit wird man den Ausdruck würzen . . .! Würde es nun klug von mir sein, mich solchem Gespött auszusetzen? Alles, was ich für Sie tun kann, ist, Ihre Vertraute zu sein. Sie sollen mir von allen Ihren Beziehungen zu Frauen Mitteilung machen, und ich will versuchen, Ihnen behilflich zu sein, das Herz dieser Frauen und Ihr eigenes kennenzulernen. Ich verspreche mir von diesem Pakt Vergnügen; das hindert mich aber nicht, zugleich auch die Gefahren meines Vorhabens vorauszusehen. Des Menschen Herz, von dem meine Briefe handeln werden, vereint in sich so viele Gegensätze, daß notwendigerweise sich in ebenso viele Widersprüche zu verwickeln scheint, wer immer davon spricht. Man glaubt, es zu erfassen, und man hält nur einen Schatten in den Händen. Es ist das reine Chamäleon; betrachtet man es von verschiedenen Seiten, so zeigt es die mannigfaltigsten Farben, und doch gehören sie alle ein und demselben Dinge an. Machen Sie sich also auf recht Merkwürdiges gefaßt. Übrigens werde ich Ihnen ja nur meine eigenen Gedanken darüber sagen; die werden Ihnen oft mehr seltsam als richtig vorkommen. Ihre Sache wird es sein, sich darüber ein eigenes Urteil zu bilden.

* Wortspiel zwischen Monde »Welt« und »Gesellschaft«. Anmerkung des Übersetzers.

Indessen, mich plagt noch ein Skrupel: werde ich immer aufrichtig sein können, ohne manchmal abfällig von meinem Geschlechte zu sprechen? Doch Sie wollen ja wissen, wie ich über Liebe denke und über die, welche Liebe einflößen, und ich fühle mich mutig genug, um offen mit Ihnen darüber zu reden. Sooft ich auf meinem Wege eine Wahrheit finde, werde ich sie aussprechen, ohne erst sorgfältig zu überlegen, ob sie vielleicht einem der beiden Geschlechter mißfallen könnte. Sie begreifen, daß die Menschen mithin nicht sehr auf unserer Seite sein werden.

Doch, ehe ich beginne: Werd' ich bei unserer Abmachung nichts für meine Ruhe zu fürchten haben? Amor ist ein schlimmer Bursche; sollte er nicht etwa einen Strich durch die Rechnung machen? Ich prüfe mein Herz . . . nein: es ist anderwärts engagiert; was es für Sie empfindet, ist weniger Liebe als Freundschaft. Sollte ich mich schlimmstenfalles eines Tages in Sie verlieben, so würden wir uns schon so gut als möglich aus der Affäre ziehen.

Wie? Nun geraten wir gar ins Fahrwasser der Moral! Jawohl, mein Herr: der Moral! Aber das Wort braucht Sie nicht weiter zu beunruhigen; es wird hier nur von Galanterie die Rede sein. Die Galanterie hat einen zu großen Einfluß auf die Sitten, um hier nicht eine ganz besondere Würdigung zu finden. Gibt es eine allgemeinere Leidenschaft als Liebe? Sie ist der Hauptfaktor all unseres Tuns; sie formt und wandelt die Charaktere; sie macht oft das Glück oder das Unglück unseres Lebens aus und ist entscheidend für uns im Guten wie im Bösen. Kann es also etwas Nützlicheres geben, als sie genau kennenzulernen? Eine andere Frage freilich ist, ob es mir gelingen wird, Ihnen eine richtige Vorstellung davon zu geben? Kaum wag' ich es zu hoffen. Mein guter Wille ist alles, was ich Ihnen versprechen kann. Ich fürchte nur eins: werd' ich Sie nicht manchmal langweilen, wenn ich Ihnen zu oft mit Vernunftgründen komme? Denn fang' ich erst einmal zu disputieren an, bin ich eine unerbittliche Logikerin. Mit einem anderen Herzen hätte ich den glänzendsten Philosophen von der Welt abgegeben. Adieu! Wir werden beginnen, sobald Sie wollen.

Ich speise heute abend bei M. T. L. R. F. C. mit Madame De la Sablière und mit La Fontaine. Wird man Sie nicht dort sehen?

Zweiter Brief

Ja, mein Herr, ich werde Wort halten, bei jeder Gelegenheit werde ich aufrichtig sein, selbst wenn es mein Schaden wäre. Fester als Sie glauben, bin ich dazu entschlossen, und vielleicht werden Sie im Verlauf unseres Briefwechsels nur zu sehr erfahren, daß ich bisweilen grausam offen sein kann. Dann mögen Sie bedenken, daß ich von einer Frau nur das Äußere habe und daß ich nach Herz und Verstand Mann bin. Hier die Methode, die ich bei Ihnen anwenden will: Da ich über die Gedanken, die ich Ihnen darlegen will, mir selbst erst klarwerden muß, so habe ich die Absicht, sie zunächst dem ausgezeichneten Manne vorzutragen, bei dem wir gestern soupierten. Er hat freilich keine allzu gute Meinung von der armen Menschheit. Sie wissen, er glaubt ebensowenig an Tugenden wie an Geister. Aber diese durch Nachsicht, mit den menschlichen Schwächen gemilderte Herbheit wird Ihnen, glaub' ich, die richtige Art und das richtige Maß Philosophie angeben, das man im Verkehr mit den Frauen braucht. Doch nun zu Ihrem Briefe.

Seit ich Sie in die Gesellschaft eingeführt habe, hat sie Ihnen nach Ihrer Meinung nichts von alledem geboten, was Sie dort zu finden hofften. Ekel und Langweile folgen Ihnen überall hin. Sie suchen die Einsamkeit, doch ihr Genuß ermüdet Sie; mit einem Worte: Sie wissen nicht, wie Sie sich Ihre Unruhe erklären sollen. Ich will Ihnen helfen, denn meine Aufgabe ist es ja, Ihnen zu sagen, wie ich über solche Hemmnisse denke. Dabei weiß ich freilich nicht, ob Sie mir nicht manchmal Fragen stellen werden, die mich ebenso wie Sie selbst in Verlegenheit bringen werden.

Ihre Unlust hat einzig und allein zur Ursache die Leere Ihres Herzens. Dieses Herz, obwohl zur Liebe wie geschaffen, ist dennoch ohne Liebe. Sie haben, wie man zu sagen pflegt, ein Bedürfnis nach Liebe. Ja, Marquis, die Natur hat uns eine ganze Portion Gefühle mitgegeben, deren Tätigkeit nach irgendeinem Objekt verlangt. Sie haben das richtige Alter für die Aufregungen der Liebe: solange dieses Gefühl nicht Besitz von Ihnen ergriffen hat, wird es Ihnen immer an etwas fehlen und die Unruhe, worüber Sie klagen, wird kein Ende nehmen. Wie für die Entfaltung der Fähigkeiten des Körpers Wärme die Vorbedingung ist, so Liebe für die des Herzens. Lieben heißt ein Gelübde der Natur erfüllen, heißt, um es geradeheraus zu sagen, einer Notwendigkeit gehorchen. Doch, wenn möglich, zügeln Sie dieses Gefühl, damit es ja nicht zur Leidenschaft werde. Ich möchte fast von der Liebe sagen, was man vom Gelde behauptet hat, nämlich, daß es ein guter Diener, aber ein schlechter Herr sei. Wollen Sie ihre Herrschaft vermeiden, so geben Sie von den achtbaren Frauen denen den Vorzug, die lieber amüsant als solide sein wollen. In Ihrem Alter, wo man ja noch nicht daran denkt, ein ernstes Engagement einzugehen, braucht man im Weibe nicht den Freund zu finden; es genügt, wenn man in ihm die Geliebte sucht. Der Umgang mit Frauen von erhabenen Grundsätzen oder mit solchen, die, gezwungen von den Spuren des Alters, sich nur noch durch große Vorzüge Geltung verschaffen können, ist eine recht treffliche Sache für einen Mann, welcher, wie jene Frauen, sich auf dem Rückwege des Lebens befindet. Für Sie aber würden solche Frauen eine zu gute Gesellschaft sein, wenn ich so sagen darf. Uns nützen nur Reichtümer, die unseren Bedürfnissen entsprechen. Attachieren Sie sich also solchen Frauen, die mit einem hübschen Gesicht ein nettes Benehmen, eine heitere Laune, gesellschaftliche Talente vereinen, und die durch eine Liebesaffäre nicht gleich außer Rand und Band geraten. Freilich sagen Sie, daß derartige Damen einem vernünftigen Manne zu frivol erscheinen, aber glauben Sie wirklich, daß ein so strenges Urteil hier am Platze sei? Seien Sie überzeugt, Marquis, daß, wären Sie von soliderem Charakter, beide Teile zuviel daran verlieren würden. Sie verlangen durchaus von den Frauen solide Eigenschaften. Nun, können Sie die nicht bei einem Freunde finden? Um es geradeheraus zu sagen: Ihr Männer habt nicht sowohl unsere Tugenden nötig als unseren Zauber und unsere Schwächen. Die Liebe zu einer in jeder Hinsicht schätzenswerten Frau würde gar zu gefährlich für Euch werden. Solange Sie nicht an ein Ehebündnis denken können, mögen Sie getrost Ihr Vergnügen nur bei den Schönen suchen. Nur eine vorübergehende Neigung darf Sie dann aber fesseln. Beschäftigen Sie sich ja nicht ernster mit ihnen, sonst, das sage ich Ihnen voraus, könnte es ein schlimmes Ende nehmen.

Dritter Brief

Sie haben recht, mein Herr, die Art meines gestrigen Schreibens zeugt von der guten Meinung, die ich von Ihnen habe. Dächten Sie nicht ernster als sonst die meisten jungen Leute, so würde ich in einem ganz anderen Tone mit Ihnen gesprochen haben. Aber ich hatte sehr wohl bemerkt, daß Sie gerade in das entgegengesetzte Extrem verfallen. Haben Sie Vertrauen zu mir; ich weiß, wie Ihr Herz liebevoll behandelt werden muß. Darum wiederhole ich: Schließen Sie sich nur einer Frau an, die Sie durch angenehme Torheiten, durch vorübergehende Launen und durch alle netten Fehler zu unterhalten weiß, welche den Reiz einer Liebeständelei ausmachen.

Soll ich Ihnen sagen, was die Liebe gefährlich macht? Wir haben manchmal eine viel zu hohe Vorstellung von ihr. In Wirklichkeit ist die Liebe, als Leidenschaft genommen, nur ein blinder Instinkt, den man richtig bewerten muß, ein Verlangen, das sich mehr nach einem Gegenstand als nach einem andern richtet, ohne daß man den Grund für solche Vorliebe anzugeben wüßte. Als freundschaftliche Beziehung, unter die Obhut der Vernunft genommen, ist sie keine Leidenschaft mehr, auch nicht mehr Liebe, sondern eine Art Hochschätzung, der Wahrheit teuer, aber in ihrer gleichmäßigen Ruhe unfähig, Sie aus Ihrer seelischen Verfassung zu befreien. Wenn Sie die Spuren unserer alten Romanhelden verfolgen und auf die großen Gefühle stoßen, so werden Sie bemerken, daß solch angeblicher Heroismus die Liebe nur zu einer traurigen und oft verhängnisvollen Narrheit macht. Es ist der reine Fanatismus; doch lösen Sie die Liebe los von allen vorgefaßten Meinungen, die man mitbringt, so wird sie Ihr Glück, Ihren Ruhm und Ihre Freude ausmachen. Würden Vernunft oder Begeisterung die Herzensaffären zustande bringen, dann würde, davon seien Sie überzeugt, die Liebe etwas Dummes oder Wahnsinniges sein. Gehen Sie den Weg, den ich Ihnen weise; er ist das einzige Mittel, beide Extreme zu vermeiden. Es gibt mehrere Arten einer starken Liebe, aber auf wie viele Liaisons, die nichts damit zu tun haben, wendet man nicht verschwenderisch den Namen Liebe an! Ihnen tut ein galanter Handel not, und den werden Sie nur bei den erwähnten Frauen finden. Versuchen Sie es einmal mit meinem Rezept, Sie werden sehr gut dabei fahren . . .

Ich hatte Ihnen Vernunft versprochen und ich habe, glaube

ich, Ihnen sehr genau Wort gehalten. Leben Sie wohl; ich empfange soeben einen reizenden Brief von Herrn von Saint-Evremont; den muß ich beantworten. Ich will ihm gleichzeitig dieselben Ideen unterbreiten. Ich wäre sehr enttäuscht, billigte er sie nicht. Morgen werde ich Molière bei mir sehen; wir werden zusammen den Tartüff nochmals durchlesen, an dem er einige Änderungen vornehmen will. Bedenken Sie, Marquis, daß alle die, welche nicht zugeben, was ich Ihnen soeben sagte, etwas von diesem Tartüff haben.

Vierter Brief

Was ich auch sagen möge, Sie bleiben halt bei Ihrer Meinung. Sie wollen durchaus eine achtbare Person zur Geliebten, die gleichzeitig auch Ihre Freundin werden könnte. Das verdiente zweifellos Anerkennung, wenn es in Wirklichkeit Ihnen zu dem erwünschten Glück verhelfen könnte. Aber die Erfahrung lehrt, daß all diese großen Worte nur Illusionen schaffen. Handelt es sich bei einer Herzensaffäre wirklich nur um ernste Charaktereigenschaften? Fast möcht' ich glauben, die Romane haben Ihren Sinn verwirrt. Die feierlichen Worte, die man da spricht, haben Sie geblendet. Und mit solchen Hirngespinsten wollen Sie eine vernünftige Auseinandersetzung? Ich möchte fast sagen: »Ei, die schöne Münze! Schade nur, daß sie im Handel keinen Kurswert hat.« Wollen Sie sich einen eigenen Herd gründen, dann suchen Sie sich getrost eine solide, tugendhafte Frau mit guten Grundsätzen. So geziemt es sich für die Würde – fast möchte ich sagen für den Ernst – der Ehe. Doch jetzt, wo Sie ja nur einen angenehmen Zeitvertreib suchen, hüten Sie sich davor, allzu vernünftig zu sein. Die Männer sagen gewöhnlich, sie suchen in der Liebe die wesentlichen Vorzüge. Ach, wie beklagenswert wären Sie, wenn Sie das Gesuchte finden! Denn was wäre der Gewinn? Sie wollen doch keine Erbauung, sondern Amüsement. Eine Geliebte von so schätzenswerten Eigenschaften, wie Sie es wünschen, würde eine Gattin abgeben, vor der Sie unbegrenzten Respekt hätten, aber Neigung würden Sie zu ihr keineswegs haben. Eine Frau von solchem Verdienst beherrscht, erniedrigt Sie zu sehr, um lange geliebt zu werden. Je mehr Sie gezwungen sind, sie zu achten oder gar zu bewundern, desto eher müssen Sie aufhören, sie zu lieben. So viel Tugend ist ein zu direkter Vorwurf, eine zu ungelegene Kritik Ihrer eigenen Fehler, um schließlich nicht Ihren Stolz zu empören, und, sobald der gekränkt wird, dann ade Liebe! Analysieren Sie Ihre Gefühle, prüfen Sie Ihr Gewissen, und Sie werden sehen, daß ich die Wahrheit sage. Nicht als ob ich nicht sehnlichst wünschte, daß zartes Empfinden und persönliches Verdienst mehr Macht hätten über eure Herzen. Aber in der Praxis merkt man bald, daß damit wenig anzufangen ist. Ausdrücklich erkläre ich hier: Ich rechte nicht darüber, wie Ihr Männer sein müßtet, sondern wie Ihr wirklich seid. Ich will Ihnen zeigen, wie das Herz beschaffen ist und nicht, wie ich wünsche, daß es beschaffen wäre. Es ist dies mein erster Stoßseufzer über Ihren schlechten Geschmack, wie nachsichtig ich auch sonst mit Ihren Fehlern sein mag, und ich erröte fast vor Unmut darüber, daß ein Gefühl, welches uns Menschen glücklich machen könnte, nur zu unserer Demütigung dienen soll. Doch weil ich einmal an Ihrer verkehrten Gemütsveranlagung nichts ändern kann, so will ich Sie wenigstens lehren, soviel wie möglich Vorteil daraus zu ziehen, und, wennschon ich Sie nicht weise machen kann, so will ich wenigstens versuchen, Ihnen zu zeigen, wie Sie glücklich werden können. Es hat einmal jemand gesagt, unsere Leidenschaften zerstören, das hieße soviel wie uns selbst vernichten. Die Leidenschaften müßten bloß in die rechten Bahnen gelenkt werden; sie sind für uns, was für die Arzneiheilkunde die Gifte sind: in den Händen eines geschickten Chemikers werden sie wohltuende Medikamente.

Fünfter Brief

Wissen Sie auch, mein Herr, daß Sie mich schließlich noch böse machen werden? Wie kann nur ein Mann von Ihrem Geiste so wenig einsichtig sein? Aus Ihrem Briefe ersehe ich, daß Sie mich gar nicht verstanden haben. Wo in aller Welt habe ich denn behauptet, daß Sie ein verächtliches Geschöpf zur Geliebten nehmen sollen? Ein solcher Rat lag meinen Gedanken meilenweit fern. Ich habe gesagt und wiederhole es, daß Ihnen gegenwärtig nur eine Liebelei not tut und, wollen Sie Freude daran haben, so dürfen Sie sich nicht einzig und allein an die soliden Eigenschaften, an die großen Gefühle halten; ich weiß, was die Männer fesselt und amüsiert. Ein unerwarteter Ausbruch der Launenhaftigkeit, eine gut begründete Marotte, ein vom Zaune gebrochener, sinnloser Streit, das alles macht mehr Eindruck auf sie, fesselt sie fester als irgendwelche Logik und Charakterstärke.

Einer, den Sie wegen seiner zutreffenden und kraftvollen Gedanken schätzen*, tat einstmals bei mir den Ausspruch, daß bei den Frauen die Laune stärker vermischt sei mit der Schönheit als mit deren Gegengift. Ich bekämpfte diese Ansicht mit solcher Lebhaftigkeit, daß man leicht sehen konnte, wie ganz entgegengesetzter Meinung ich war. Und ich glaube auch tatsächlich steif und fest, daß die Launenhaftigkeit nur deshalb so eng verbunden ist mit der Schönheit, um ihre Reize nur noch mehr zu erhöhen, sie zur Geltung zu bringen, ihnen

* La Bruyère.

als Stachel und Würze zu dienen. Es gibt kein Gefühl, das kälter wäre und weniger lange dauerte als die Bewunderung. Man gewöhnt sich so leicht daran, immer dieselben Züge zu sehen, selbst wenn sie noch so regelmäßig sind. Gerade diese Regelmäßigkeit, wenn nicht ein wenig Bosheit ihr Leben und Bewegung verleiht, läßt bald wieder den Eindruck verschwinden, den sie gemacht hat. Eine leichte Nervosität allein kann einem schönen Gesichte die nötige Abwechslung verleihen zum Schutze gegen die Langeweile der ewigen Gleichmäßigkeit. Wehe der Frau, die sich immer gleichbleibt; ihre Eintönigkeit ermüdet und stößt ab. Sie ist immer dieselbe Statue; ein Mann hat immer recht ihr gegenüber; sie ist so gut, so sanft, daß sie sogar den Leuten die Möglichkeit benimmt, sich mit ihr zu streiten, und diese Möglichkeit macht ja oft so viel Vergnügen. Setzen Sie an ihre Stelle eine lebhafte, kapriziöse und bis zu einem gewissen Punkte entschlossene Frau, so sieht die Sache gleich ganz anders aus. Der Liebende wird bei ein und derselben Person den Vorzug der Abwechslung finden. Launenhaftigkeit bedeutet in der Liebelei eine Art konservierendes Salz. Unruhe, Eifersucht, Meinungsverschiedenheiten, Versöhnung und Trotz nähren die Liebe. Das gibt eine entzückende Abwechslung, die ein empfindliches Herz weit angenehmer ausfüllt und beschäftigt als jene Regelmäßigkeit des Benehmens und jenes langweilige Einerlei, das man einen guten Charakter nennt. Und so müssen Sie behandelt werden.

Vergebens sträubt sich die Vernunft dagegen; alles weist darauf hin, daß das Ideal Ihres Herzens ein Gemisch von Laune und Torheit sein wird, es wird ein verwöhntes Geschöpf sein, das Sie lieben müssen, ob Sie nun wollen oder nicht. Machen Sie Anstrengungen, ihren Reizen zu widerstehen, so wird die Fessel Sie nur um so enger umschlingen. Die Liebe ist niemals so stark als gerade dann, wenn man im Eifer des Streites sie ihrem Ende nahe glaubt. Sie lebt von Stürmen, in ihr ist alles konvulsiv. Will man sie zur Räson bringen, so ermattet sie und stirbt. Ziehen Sie daraus die Konsequenz für Ihre Frauen mit Grundsätzen.

Sechster Brief

Ich gebe zu, Marquis, daß mit Ihnen eine Frau, welche aus lauter Nervosität und Launen zusammengesetzt ist, einen schweren Stand haben muß. So eine muß Sie schließlich abstoßen; ihre allzu große und allzu häufige Ungleichheit muß schließlich die Liebe zu einem ewigen Zwist, zu einem unaufhörlichen Sturm machen. Daher habe ich Ihnen auch gar nicht geraten, sich an eine Person von solchem Charakter heranzumachen. Sie gehen immer weit hinaus über das von mir gesteckte Ziel; versuchen wir dieses Ziel so genau zu fixieren, wie es die Redlichkeit unseres Briefwechsels verlangt. Ich habe Ihnen in meinem letzten Briefe bloß ein liebenswürdiges Weib geschildert, das durch eine gewisse Unregelmäßigkeit des Benehmens nur noch reizvoller wird, und Sie sprechen mir infolgedessen gleich von einem bösartigen, zanksüchtigen, störrischen Weibe. Weit gefehlt! Wenn ich von Launenhaftigkeit redete, so meinte ich damit einzig und allein jene Launenhaftigkeit, die ein bißchen nach Reizbarkeit, Unruhe und manchmal auch Eifersucht schmeckt, kurz jene Laune, welche aus der Liebe selbst entsteht, und nicht jene angeborene Herbheit, die man gewöhnlich Launenhaftigkeit nennt. Wenn die Liebe eine Frau ungerecht macht, wenn sie allein die Ursache zu lebhaften Auseinandersetzungen wird, so wäre es sehr wenig zartsinnig vom Mann, sich darüber zu beklagen. Denn gerade jene Fehler beweisen ja die Heftigkeit der Leidenschaft. Wer sich immer in den richtigen Grenzen zu halten weiß, ist nur mäßig verliebt. Und kann man denn tatsächlich verliebt sein, ohne durch den Ungestüm einer heftigen Neigung fortgerissen zu werden und ohne all die Erschütterungen durchzumachen, die sie veranlaßt? Nein, gewiß nicht. Und wer vermöchte all diese Aufregungen in dem Gegenstande seiner Liebe ohne heimliches Vergnügen mit anzusehn? Mag man sich auch über Ungerechtigkeiten, über Erregtheit beklagen, man fühlt doch nichtsdestoweniger im tiefsten Innern, daß man geliebt wird, und zwar mit Leidenschaft, und daß gerade diese Ungerechtigkeiten einen überzeugenden, weil unfreiwilligen Beweis dafür liefern. Können Sie danach immer noch glauben, daß ich die Absicht hatte, das unverträgliche Weib zu verteidigen? Wenn die Szenen, die sie Ihnen bereitet, ihre Ursache in einer angeborenen Grobheit haben, in einem Mangel an Geist, in einem hämischen und herrschsüchtigen Charakter, so wird sie nur ein verabscheuenswertes Geschöpf sein, das beständig unleidlichen Zank macht. Eine Herzensneigung würde dann für Sie zur Qual werden, und Sie müßten versuchen, sich ihrer wieder so schnell wie möglich zu entledigen.

Siebter Brief

Glauben Sie nun, mein Herr, mir mit einem unwiderlegbaren Beweise zu kommen, wenn Sie sagen, man sei nicht imstande, sein Herz zu schenken, wem man wolle, und folglich stünde uns die Wahl des Gegenstandes unserer Liebe nicht frei? Die reine Opernmoral! Überlassen Sie derartige Gemeinplätze den Frauen, die damit alle ihre Schwächen rechtfertigen wollen. Die müssen immer etwas haben, woran sie sich halten können, gleich jenem verarmten Edelmann bei Montaigne, der, als die Gicht ihn plagte, sehr böse darüber war, daß er nicht schimpfen konnte: »Das kommt von dem verdammten Schinken-Essen!«

»Es ist eben Sympathie. Was soll ich dagegen machen? . . . Man ist eben nicht Herr seines Herzens . . .« – usw. usw. Da nützt keine Rede und Gegenrede mehr, wenn sie so gute Gründe angeführt haben. Und derartigen Argumenten haben sie sogar zu so allgemeiner Geltung verholfen, daß schon der bloße Versuch, dagegen anzukämpfen, einem jedermanns Feindschaft zuziehen würde. Und warum finden so merkwürdige Maximen so viele Verteidiger? Weil alle Welt ein Interesse daran hat, sie aufrechtzuerhalten! Man ahnt nicht einmal, daß derlei Entschuldigungen, anstatt einer Rechtfertigung, vielmehr ein Eingeständnis der Schwäche sind. Und beachten Sie wohl: man wird immer nur von Schicksalsbestimmung reden, wenn man eine schlechte Wahl getroffen hat. Hochmut! Jeden Mißgriff einer ungezügelten Leidenschaft setzt man auf Rechnung der Natur, um dem eigenen Urteil die Ehre einer vernunftgemäßen Neigung widerfahren zu lassen. Einen freien Willen wollen wir nur haben, wenn wir richtig handeln; sobald wir aber eine Dummheit begehen, hat ein Unstern über uns gewaltet. Wir möchten gar zu gern auf die Natur anwenden, was La Fontaine vom Glück gesagt hat:

Das Gute tuen wir, das Böse die Natur,
Wir haben immer recht und unrecht das Geschick.

Gestatten Sie also, daß ich es nicht mit der Menge halte. Die Liebe ist immer unfreiwillig, ich weiß es. Das heißt aber nur soviel als: Man kann den ersten Eindruck, den das Gemüt empfängt, weder voraussehen noch vermeiden. Zugleich aber behaupte ich, es ist sehr wohl möglich, den ersten Eindruck, mag er noch so stark sein, abzuschwächen und sogar gänzlich zu verwischen. Und das genügt mir, um eine vernunftlose oder unehrenhafte Neigung zu verurteilen. Wie vielen Frauen

49

ist es nicht geglückt, in ihrem Herzen eine unvermutete Neigung zu ersticken, sobald sie merkten, daß ihre Liebe einem Unwürdigen galt! Wie viele haben die zärtlichste Liebe niedergekämpft und geopfert für eine Konvenienzehe! Flucht, Zeit, Abwesenheit, das sind lauter Mittel, denen sogar die heftigste Leidenschaft nicht standzuhalten vermag. Unmerklich wird sie schwächer und schwächer, um schließlich ganz zu erlöschen. Das alles ließe sich durch die einfache Formel ausdrücken: »Die Liebe ist nur durch unsere Schwäche stark.«

Ich weiß wohl, um mit Ehren solch eine Aufgabe zu lösen, muß man seine ganze Vernunft zu Hilfe nehmen. Ich begreife auch, wie der bloße Gedanke an die Schwierigkeiten eines so großen Sieges einen im voraus entmutigen kann. Obwohl ich also fest davon überzeugt bin, daß es in der Theorie keine unüberwindliche Neigung gibt, glaube ich trotzdem, daß in der Praxis die Überwindung sehr selten vorkommt. Und warum das? Weil man nicht einmal den Versuch machen will, ob es gelingt. Da ja aber hier nur von einer Liebelei die Rede ist, wäre es geradezu Torheit, sich damit abzuquälen, eine Neigung zu ertöten, die Sie etwa bereits gefaßt haben könnten. Indessen, Sie sind ja überhaupt noch nicht verliebt, und darum bin ich so frei, dabei zu bleiben, daß ein Charakter wie der Ihnen geschilderte Sie am ehesten glücklich machen könnte.

Achter Brief

Warum«, so fragte ich eines Tages Frau von ***, »haben Sie den Marquis *** aufgegeben und mit dem Komtur ein Verhältnis angeknüpft? Solch ein Benehmen macht Ihrem Geschmacke keine Ehre; nehmen Sie sich in acht, man beurteilt uns nach dem Gegenstande unserer Neigung, und die Überlegenheit des Marquis über seinen Rivalen ist so groß, daß der Wechsel überall Ärgernis erregt.« – »Die Meriten des ersten«, antwortete sie mir, »gaben ihm zu große Rechte über meine Freiheit und erfüllten ihn mit einem Selbstvertrauen, das den Stolz einer sich ihres Wertes bewußten Frau verletzte. Mit einem so liebenswürdigen Manne steht man fortwährend auf dem Qui vive; die Sticheleien der anderen Frauen lassen einem keine Ruhe. Und da ich zu zärtlich bin, um nicht eifersüchtig zu sein, zu eitel, um es nicht zu zeigen, so befand ich mich dauernd in einer heftigen Gemütserregung: Ich wagte es nicht, mir die geringste Koketterie oder die leiseste Laune zu gestatten. Welch eine Marter für eine junge, lebhafte und gefallsüchtige Frau! Meine Lage war zu peinlich, um andauern zu können. Der Komtur stellte sich ein in einem Augenblicke, wo ich die Last meiner Ketten am schwersten empfand. Ich suchte einen mir ergebenen, anspruchslosen Mann, der bei alledem aber liebenswürdig genug wäre, damit ich mich seines Sieges nicht zu schämen hätte, und an dessen Seite ich ohne Gefahr den anderen Frauen alle Pein vergelten könnte, die sie mir verursacht hatten. Der Komtur scheint diesen meinen Wünschen zu entsprechen. Ich werde mit ihm machen, was ich will: Ich werde gegen ihn launenhaft, hochmütig und nervös sein, ohne daß ich weiter Nachteil davon habe. Und schätzen Sie es denn gering, ungestraft unrecht haben zu können einem Manne gegenüber? Nun, werden Sie es immer noch eine Caprice nennen? Ist meine Untreue nicht die Folge meines Scharfsinnes?«

Entnehmen Sie aus dieser Erzählung, Marquis, wie sehr die Frauen im Unrecht sind, wenn sie in der Liebe ein blindes Fatum walten lassen, während ja gewöhnlich ihre Wahl das Resultat sehr gesunder Überlegung ist; sie behaupten, und man glaubt ihnen aufs Wort, von einer unbekannten Macht fortgerissen zu werden . . . Ich muß da die Frauen gegen sich selbst verteidigen. Das heißt ja, die Männer schlechterdings zu dem Glauben berechtigen, daß wir frivol, unklug und unfähig seien, uns selbst wiederzufinden. Ich meinerseits stelle die Behauptung auf, daß die Frauen immer erst nach genauer Erwägung der Vorteile und Nachteile einem Manne vor dem andern den Vorzug geben. Wir handeln so aus Eigenliebe, ohne es selbst zu merken. Fragen Sie zum Beispiel irgendeine Bürgersfrau nach den Gründen, aus denen sie einem Finanzbaron vor einem verdienstvolleren Manne ihres Standes den Vorzug gegeben hat. Sie wird alsbald zu der sehr beliebten Ausrede der Sympathie ihre Zuflucht nehmen. Zwingen Sie sie aber aufrichtig zu sein, so wird sie Ihnen folgendes antworten: »Der Mann meiner Wahl wird durch seinen Luxus meine beste Freundin und ihren Präsidenten mit seiner anmaßenden Armut zur Verzweiflung bringen. Sein Reichtum wird meiner Verschwendungssucht, seine Dummheit meiner Bosheit, sein Vertrauen meiner Koketterie und seine Equipage meiner Eitelkeit in jeder Beziehung Genüge leisten; bei ihm kann ich hochmütig, boshaft, kokett, eitel, faul sein; bei dem andern müßte ich vernünftig, aufmerksam, konsequent, anständig sein; ich würde ja vor Langweile zugrunde gehen.«

Glauben Sie, daß aus Sympathie eine Betschwester sich eher für einen Mönch oder für ihren Beichtvater als für einen Militär entscheidet? Meinen Sie etwa, wenn die Herzogin von *** einen Tänzer von der Oper nimmt, sie tue das, weil es in den Sternen geschrieben steht? Nein, Marquis, da kennen Sie uns schlecht. Wir sind heller und konsequenter, als Sie ahnen. Eine jede von uns stellt im geheimen ihre kleine Berechnung an, prüft, überlegt, was ihrem Geschmacke, ihrem Stande, ihrem Temperamente zukommt, und wir sind weit vernünftiger, als wir selbst denken. Man suche von allem nur den Grund, und hat man ein gutes Auge, so findet man ihn auch. In den Liebeshändeln haben die beiden Geschlechter immer offenes Konto untereinander: Ein jeder berechnet seine Lage und die des Associés, und man engagiert sich niemals ohne zu wissen, warum, oder sogar, sagen wir es offen heraus, ohne die Hoffnung, den anderen hineinzulegen.

Neunter Brief

Wie, wer zweifelt denn daran, Marquis, daß es hauptsächlich die persönlichen Verdienste sind, durch die man den Frauen gefällt? Hier handelt es sich nur darum, was Sie unter Verdiensten verstehen. Nennen Sie persönliches Verdienst Gründlichkeit des Verstandes, Richtigkeit des Urteils, umfassende Bildung, Klugheit, Verschwiegenheit und Gott weiß was für Tugenden, die einen oft mehr in Verlegenheit bringen als glücklich machen? In diesem Falle verstehen wir uns nicht. Sparen Sie sich all jene Vorzüge für den Umgang mit Männern auf; dort haben sie Geltung. Doch in Herzensangelegenheiten vertauschen Sie getrost alle jene Tugenden gegen ebenso viele Annehmlichkeiten! Das ist das einzige Verdienst, welches dort Geltung, die einzige Münze, welche dort Kurs hat. Und hüten Sie sich wohl, es falsches Geld zu nennen. Das wahre Verdienst besteht vielleicht weniger in einer wirklichen als in einer konventionellen Vollkommenheit, und es ist weit vorteilhafter, Qualitäten zu besitzen, die denen, welchen wir gefallen wollen, genehm sind, als solche, die allgemein geschätzt werden. Man muß die Sitten, manchmal sogar die Unsitten der Völker annehmen, unter denen zu leben man gezwungen ist, wenn man angenehm leben will.

Was ist die Bestimmung des Weibes? Welches ihre Rolle unter Euch Männern? Sie soll gefallen. Nun sind Anmut des Gesichtes, Grazie des Wesens und all jene liebenswerten und glänzenden Vorzüge die einzigen Mittel, das zu erreichen. Die Frauen besitzen sie im höchsten Maße, und in jenen Vorzügen

allein wollen sie, daß man ihnen gleiche. Ihr mögt sie für noch
so leichtsinnig halten, sie spielen dennoch eine gute Rolle, da
sie ja dazu bestimmt sind, Euch Männer glücklich zu machen.
Verdankt ihr nicht tatsächlich dem Reize unseres Umganges,
der Anmut unserer Sitten die schönsten Freuden, die gesellschaftlichen Tugenden, kurz, Euer ganzes Wohlbefinden?
Seien Sie aufrichtig: Wäre die Wissenschaft allein, die Sucht
nach Ruhm, die Tapferkeit, ja selbst die Freundschaft, wovon
Sie mit Recht soviel hermachen, imstande, euch völlig glücklich zu machen? Oder wäre auch nur die Freude daran groß
genug, um Euch die Illusion zu verschaffen, daß Ihr es seid?
Nein, ganz gewiß nicht. All das kann Eures Lebens langweili-
ges Einerlei nicht ändern, und Ihr würdet trotz Eurer Würde
die bedauernswertesten Geschöpfe sein. Aber die Frauen
bringen in diese tödliche Einförmigkeit eine pikante Lustigkeit, einen unendlichen Charme hinein; ihre närrische Le-
bensfreudigkeit, ihre liebenswürdige Tollheit, ihr entzückender Rausch sind allein imstande, das Bewußtsein eines Glük-
kes in Euch zu erwecken. Denn, mein lieber Marquis, es ist
ein gewaltiger Unterschied zwischen dem einfachen Genusse
eines Glückes und der Fähigkeit, es mit Bewußtsein auszu-
kosten. Der Besitz des Notwendigen verleiht dem Manne
noch lange keine Behaglichkeit, sondern erst der Überfluß
verschafft ihm das Gefühl seines Reichtums. Nicht die her-
vorragenden Eigenschaften machen einen liebenswert, und
vielleicht ist es sogar ein Fehler, nichts weiter als nur vollkommen zu sein. Um geliebt und gefeiert zu werden, um all die
Vorteile zu genießen, die der Eigenliebe so sehr schmeicheln,
muß man die Gabe besitzen, sich angenehm zu machen vor
den Menschen, muß man sie erfreuen können und ihnen un-
entbehrlich sein. Verlassen Sie sich darauf: nur dadurch reüs-
siert man und besonders bei Frauen. Sagen Sie mir nur, was in
aller Welt sollen sie denn anfangen mit der mathematischen

Genauigkeit Eures Verstandes, mit der Zuverlässigkeit Eures Gedächtnisses usw.? Wenn Sie weiter keine Vorzüge besitzen, wenn sonst keine erfreulichen Talente die Herbheit korrigieren, so weiß ich schon im voraus, wie das Urteil lauten wird. Weit entfernt davon, den Frauen zu gefallen, werden Sie ihnen vielmehr als ein gefürchteter Kritiker erscheinen. Der auferlegte Zwang wird alle Lustigkeit verdrängen, die sonst von Ihnen ausgegangen wäre. Wie sollte man auch in der Tat es wagen, liebenswürdig zu sein in den Augen eines Mannes, der einen durch seine Kaltblütigkeit beunruhigt, der einen prüfend betrachtet und nicht aus sich herausgeht. Man fühlt sich nur behaglich unter solchen Männern, die etwas aufs Spiel setzen und die uns die Möglichkeit gewähren, sie selbst zu gewinnen. Mit einem Worte: Klugheit und gar zuviel Umsicht wirkt auf den anderen Teil wie ein kalter Luftzug auf jemanden, der aus einem behaglich warmen Zimmer heraustritt. Ich wollte damit sagen, daß die Reserve, die man sich auferlegt, die Herzensporen der umgebenden Menschen zusammenzieht; man wagt nicht, sich zu geben, wie man ist. Meiden Sie diese Fehler, Marquis! Hüten Sie sich, in der Absicht, sich nur von der guten Seite zu zeigen, vor dem eisigen Benehmen in der Liebelei. Ich habe Ihnen bereits geschrieben, man gefällt eher durch liebenswürdige Fehler als durch wirkliche Vorzüge. Die großen Tugenden sind wie Goldstücke; sie sind weit weniger im Umlauf als die Scheidemünze.

Das erinnert mich an die Völker, die anstatt Metall Muscheln als Tauschwerte benutzen. Nun, sind diese Völker nicht ebenso reich als wir mit allen unseren Schätzen der neuen Welt? Man wäre fast versucht, den Reichtum für Armut zu halten, wenn man nicht bedächte, daß die Metalle nur einen eingebildeten Wert besitzen. Unser Gold würde bei manchen Naturvölkern für falsche Münze gelten. Genauso verhält es sich mit den wirklichen Vorzügen in der Liebe: sie sind dort Muschelwerk. Und was liegt daran, ob sie nun die konventionelle Prägung tragen oder nicht, wenn nur der Handel zustande kommt?

Hier also meine Schlußfolgerung: Wenn es wahr ist, daß, wie Sie nicht gut bezweifeln können, Sie Ihr Glück nur von den angenehmen Eigenschaften der Frauen erwarten dürfen, so seien Sie gleichfalls versichert, daß sie Ihnen ebensogut durch analoge Vorzüge gefallen werden. Und wie würdet Ihr Männer Euch langweilen und sogar abgestoßen fühlen, wenn Ihr als nur vernünftige Wesen dazu verurteilt wäret, nur gelehrt und positiv zu sein und immer mit Philosophen zu verkehren. Ich kenne Sie, Sie würden das bald satt bekommen, und wie Sie nun einmal geartet sind, werden Sie viel leichter Tugenden als Freuden entbehren. Kann es Ihnen nach alledem noch Spaß machen, sich noch länger für einen echten Mann in Ihrem Sinne auszugeben? Das wahre Verdienst ist das, welches von den Leuten geschätzt wird, denen wir gefallen wollen. Die Liebe hat ihre ganz besonderen Gesetze; in ihrem Reiche, Marquis, sind liebenswürdige Männer weise.

Zehnter Brief

Nichts ist erbaulicher, Marquis, als die Schilderung, die Sie mir von Ihrem Vertrauen und Ihrer Treue entwerfen, wenn Sie verliebt sein werden. Aber möge Ihre Moral noch so schlackenlos sein, sind Sie auch sicher, daß sie allgemein gefallen wird? Sie werden auf Ihrem Wege mehr als einen Ungläubigen finden: Die Sittenverderbnis ist so groß, daß man gegenwärtig alle Vorzüge der Galanterie für problematisch erklären möchte. Wie werden Sie erstaunt, wie werden Sie empört sein, sobald Sie sehen, daß man das Vertrauen als etwas Lächerliches und unfehlbar Beschränktes betrachtet? Die Erfahrung liefert den Beweis dafür. Die Leute, denen Sie gleichen möchten, haben sie jemals die Laune einer liebenswürdigen Frau dazu benutzt, um sich in ihrer Gunst festzusetzen? Das Gefühl ihrer Mittelmäßigkeit hemmt sie, schüchtert sie ein; sie wagen nicht den Versuch zu machen, anderen zu gefallen. Viel zu glücklich darüber, ein Herz überrumpelt zu haben, fürchten sie ein Gut aufzugeben, das sie anderwärts wiederzufinden sich nicht getrauen. Und da nun bei nur einem bißchen Beobachtungsgabe das Weib leicht merken könnte, wie minderwertig sie im Grunde sind, so erheben sie die Beständigkeit zur Tugend und beanspruchen damit ein Recht auf die Herrschaft über ihr Herz. Bei ihnen wird Liebe, Aberglauben und Unbeständigkeit ein entehrendes Verbrechen. So erhält ihnen oft ein falscher Ehrgeiz die Geliebte, die sie nur einer Laune, einer günstigen Gelegenheit, einer Überrumpelung verdanken. Sollte wirklich ein Mann wie Sie mit derlei minderwertigen Persönlichkeiten verwechselt werden wollen? Schwingen Sie sich doch zu edleren Anschauungen empor. Liebenswürdige Leute sind Werte, die der Gesellschaft gehören; ihre Bestimmung ist es, darin zu zirkulieren und das Glück mehrerer auszumachen. Der beständige Mann ist ebenso schuldig wie der geizige, denn er hemmt die Bewegung des Verkehrs; er behält einen oft für ihn selbst nutzlosen Schatz bei sich, während so viele andere einen guten Gebrauch davon machen könnten. Selten hört eine Leidenschaft bei beiden Teilen zu gleicher Zeit auf. Ist in solchem Falle Beständigkeit nicht ein wahres Unglück? Ich vergleiche sie mit jenem Tyrannen des Altertums, der einen Menschen auf die Weise umbringen ließ, daß er ihn lebend an einen Leichnam anschmiedete; die Beständigkeit verdammt uns zu derselben Marter. Ich kenne einen sehr liebenswürdigen Mann, der in dieser Beziehung ganz anders denkt als Sie. Niemals verließ er eine Frau, bevor er den Plan zu einer neuen Eroberung entworfen hatte; die erste wurde immer nur nach und nach vernachlässigt, je mehr er bei der zweiten Fortschritte machte, aber trotz seiner weisen Vorsicht vermochte ein unvorhergesehenes Ereignis seine Pläne einst völlig zu durchkreuzen. Von da an machte er es zu seinem Grundsatze, mit jeder Geliebten erst vollständig zu brechen, damit er eine finden könnte, welche die Zwischenpausen gehörig ausfüllte. Wie oft hat er die Vorteile einer solchen Methode empfunden? Der Liebe treu bleiben, heißt an der Dauer seiner Freuden arbeiten; seiner Schönen aber treu bleiben, das heißt eines langsamen Todes sterben, heißt sie zum Opfer von Tugenden machen, welche sie zwingen, entweder die gleichen Tugenden zu heucheln oder ihren Nichtbesitz zu bedauern.

Elfter Brief

Bitte, nichts überstürzen, Marquis! Was? Bloß weil Ihr Herz durch die Gräfin von *** ein bißchen beunruhigt ist, glauben Sie schon, für sie Feuer und Flamme zu sein. Ich werde mich wohl hüten, so leichtsinnig über Ihren seelischen Zustand ein endgültiges Urteil auszusprechen. Ich habe hundert junge Männer kennengelernt, die gleich Ihnen Gott weiß wie verliebt zu sein glaubten und es keineswegs waren. Mit den Krankheiten des Herzens verhält es sich ähnlich wie mit denen des Körpers: die einen existieren wirklich, die anderen sind nur in der Einbildung vorhanden. Nicht alles, was Sie an eine Frau fesselt, ist immer Liebe. Gleichheit der Veranlagung des Gemüts und des Geschmackes, die Gewohnheit, eine Frau immer und immer wieder zu sehen, die Flucht vor sich selbst, das Bedürfnis nach einem galanten Zeitvertreib, der Wunsch zu gefallen, die Hoffnung zu reüssieren und tausend andere Dinge, die mit einer Passion nichts zu tun haben, haltet Ihr Männer meistenteils für Liebe. Die Frauen bestärken Euch in diesem Irrtum. Weil es ihnen allemal schmeichelt,

Beachtung zu finden, gehen sie sehr selten den Motiven auf den Grund, wenn nur ihre Eitelkeit Vorteil davon hat. Und kann man ihnen darin unrecht geben? Sie würden ja bei genauer Überlegung fast immer zu kurz kommen.

Allen diesen Motiven können Sie noch ein anderes hinzufügen, das Euch fast immer zu Illusionen über die Natur Eurer Gefühle verleitet: die Gräfin ist ohne Widerrede eine der hübschesten Frauen der Jetztzeit; niemand hat sie bislang berühren dürfen; treu dem Andenken ihres Gatten, hat sie die Ritterdienste des liebenswürdigsten Mannes, den wir kennen, verschmäht. Nichts würde zweifellos Ihrer Eitelkeit mehr schmeicheln als diese Eroberung, die sicherlich nicht verfehlen würde, Ihnen jene Berühmtheit zu verleihen, nach der Sie schmachten. Und das, mein lieber Marquis, nennen Sie Liebe! Dabei werden Sie sich von Ihrem Irrtume überzeugen lassen, denn indem Sie sich immerfort einreden, daß Sie wirklich Liebe für sie empfinden, werden Sie es schließlich selber glauben. Und es wird eines schönen Tages sehr seltsam sein, wenn Sie mit einem Aufwand von ungeheuer viel Würde von Ihren angeblichen Gefühlen reden und im guten Glauben noch Anerkennung dafür beanspruchen. Und noch amüsanter wird es sein, wenn man vor diesen Gefühlen Achtung haben wird. Doch leider werden Ihnen schon beizeiten die Augen aufgehen und Sie selbst werden der erste sein, über die Wichtigkeit zu lachen, welche Sie der törichten Affäre beigemessen haben.

Zwölfter Brief

Es ist vollbracht, Marquis! Ihre Stunde hat geschlagen. Sie sind verliebt, ich ersehe es aus der Schilderung Ihres Zustandes, und die liebenswürdige Witwe, von der Sie mir erzählten, ist in der Tat sehr wohl imstande, Gefallen zu erregen. Der

Chevalier von *** hat mir das schmeichelhafteste Bild von ihr entworfen. Doch kaum fangen Sie an, ein wenig unruhig zu sein, da machen Sie mir auch schon Vorwürfe daraus, daß ich Ihnen Ratschläge erteilt habe. Sie behaupten, die Freuden der Liebe wiegen ihre Leiden nicht auf. Allerdings glauben viele Leute, die Leiden seien hier ebensogroß wie die Freuden. Doch ich will mich in keine langweilige Abhandlung darüber einlassen, ob sie recht oder unrecht haben. Wollen Sie meine Meinung hören, so ist die Liebe eine Leidenschaft, die an sich weder gut noch böse ist, die Menschen erst machen sie dazu. Alles was ich zugunsten dieser Leidenschaft anführen kann, ist, daß sie uns einen Vorteil verschafft, der durch keinen ihrer angeblichen Nachteile zunichte gemacht wird. Sie rüttelt uns aus unserer Ruhe auf, und das heißt, einem unserer dringendsten Bedürfnisse gerecht zu werden. Das ewige Einerlei bedrückt uns; die Langeweile ist das schlimmste Gift für unser Glück: unser Herz ist für die Aufregung geschaffen, und es aufwiegeln, heißt ein Gelübde der Natur erfüllen. Was wäre das schönste Lebensalter ohne die Liebe? Eine lange Krankheit: man würde überhaupt nicht existieren oder nur vegetieren. Die Liebe ist für unser Herz, was die Winde dem Meere sind: freilich erregen sie oft Unwetter, verursachen sogar oft Schiffbrüche. Doch auch die Winde machen das Meer erst schiffbar; ihrem beständigen Antriebe verdankt es seinen Bestand, und, wenn sie es bisweilen gefährlich machen, so ist Sache des Steuermanns, den richtigen Kurs zu halten. Doch bleiben wir bei unserem Thema! Sollte selbst Ihr Zartgefühl dadurch verletzt werden, ich darf es nicht unerwähnt lassen, daß wir außer dem Bedürfnis nach Beunruhigung auch einen physischen Mechanismus besitzen, der die Liebe zu einer primitiven und notwendigen Bedingung macht ... Vielleicht ist es nicht allzu dezent, wenn eine Frau über so etwas spricht. Sie begreifen, daß ich nicht mit jedermann so offen davon reden würde. Doch wir treiben ja hier nicht schöngeistige Konversation, sondern Philosophie. Erscheinen Ihnen meine Worte manchmal zu vernünftig für eine Frau, so mögen Sie sich an das erinnern, was ich Ihnen eines Tages sagte. Seit ich von meiner Vernunft Gebrauch mache, habe ich es mir zur Aufgabe gemacht, zu untersuchen, welches von beiden Geschlechtern bei der Teilung am besten weggekommen sei. Ich bin zu der Ansicht gelangt, daß die Männer bei der Verteilung der Rollen durchaus nicht zu kurz gekommen sind, und darum bin ich Mann geworden. Übrigens, welch törichtes Unterfangen, zu untersuchen, ob es gut oder schlimm ist, Liebe zu fühlen! Ebensogut könnte man fragen, ob es gut oder schlimm sei, Durst zu haben und den Leuten das Trinken zu verbieten, weil viele sich betrinken. Da unabhängig von ihrem Willen mit Ihrem Mechanismus (Sie sehen, ich kenne sehr wohl die Kunstausdrücke) ein von den Anschauungen unserer alten Romanciers sehr verschiedenes Verlangen verknüpft ist, so brauchen Sie sich nicht in Grübeleien oder Vergleichen über die größeren oder geringeren Vorteile der Liebe zu ergehen. Lieben Sie, wie ich Ihnen gesagt habe, nur sei Ihnen die Liebe keine Leidenschaft, sondern ein Vergnügen.

Dreizehnter Brief

Ich hatte Ihre Antwort im voraus geahnt, Marquis. Ich habe mir gleich gedacht, daß Sie mich mit einem Hagel von Prinzipien überschütten und mir sagen würden, man sei nicht Herr darüber, haltzumachen, wo man wolle usw. usw. Gemach! Leute, die mir mit solchen Redensarten kommen, betrachte ich mit denselben Augen wie einen Menschen, der es sich zur Ehrensache macht, gelegentlich eines Verlustes oder eines beträchtlichen Unglücks einen großen Schmerz zur Schau zu tragen. So ein Mensch kennt besser als irgendwer die Mittel sich zu trösten, aber er empfindet Wonne in seinen Tränen, er glaubt gern, und auch die anderen sollen es sagen, daß sein Herz der höchsten Gefühle fähig sei, und dieser Gedanke stimmt ihn nur noch weicher. Er sucht seinen Schmerz zu nähren, er macht ihn zu einem Idol, dem er schließlich ganz gewohnheitsmäßig Weihrauch streut. Das sind die Liebenden mit den großen Gefühlen; die Romane haben sie verdorben, und sie halten es für eine Ehrensache, ihre Leidenschaft zu spiritualisieren. Durch ihr allzu großes Zartgefühl gelangen sie endlich zu einer Art galanten Aberglaubens, der ihnen schließlich desto mehr zu Kopfe steigt, je mehr sie das Werk ihrer eigenen Einbildung aufrechterhalten wollen. Sie erblicken nur eine Schande darin, auf das Niveau des gesunden Verstandes hinabzusteigen und wieder Menschen zu werden. Nehmen Sie sich wohl in acht, mein lieber Marquis, in solche Lächerlichkeiten zu verfallen! So ein geschraubtes Wesen ist in unserem Jahrhundert nur das Los der Dummen. Einstmals hatte man sich in den Kopf gesetzt, daß die Liebe vernünftig sein müßte, man wollte, daß sie ernst sei, und man schätzte sie nur nach ihrer Würde. Ach, ich bitte Sie, von einem Kinde Würde verlangen, hieße das nicht ihm all seinen Reiz nehmen? Einen traurigen Greis würde man damit aus ihm machen.

Der Beweis dafür, daß die großen Gefühle nur Hirngespinste des Hochmuts und des Vorurteils sind, liegt darin, daß wir heutzutage keinen Geschmack mehr an galanter Mystik und an gigantesken Passionen finden. Betrachten Sie getrost die festgefügteste Meinung, ja selbst die angeblich natürlichste und edelste Gefühlsweise als etwas Lächerliches. Beide werden bald von der Bildfläche verschwinden, und die Menschheit wird höchst verwundert darüber sein, zu sehen, daß die Ideen, die sie mit einer gewissen Götzendienerei verehrten, in Wirklichkeit nur mit der Mode vergängliche Einbildungen sind. Darum, Marquis, gewöhnen Sie sich ja nicht daran, Ihr Gefallen an der liebenswürdigen Gräfin zu einer himmlischen Angelegenheit zu machen. Sie werden schließlich schon einsehen, daß, um uns glücklich zu machen, die Liebe nicht als eine ernsthafte Affäre, sondern als eine leichte und heitere Sache aufgefaßt werden muß. Nichts wird Sie von der Wahrheit meiner Worte mehr überzeugen als der Verlauf Ihres Abenteuers. Ich halte die Gräfin durchaus keiner tristen Passion für fähig. Mit Ihren großen Gefühlen werden Sie ihr noch recht viel Dampf austeilen; ich sage es Ihnen voraus.

Meine Unpäßlichkeit hält immer noch an. Ich hätte große Lust, Ihnen zu sagen, daß ich den ganzen Tag nicht ausgehen werde; aber hieße das nicht Ihnen ein Rendezvous geben?

Vierzehnter Brief

Wie? Ein Verbrechen ist es, was ich letzthin gesagt habe? Ich hätte die Liebe gelästert, indem ich sie eine Art Hunger, ein Bedürfnis nannte? Was Sie anbelange, Sie dächten weit edler darüber. Was ich Ihnen vorbringe, sei der Beweis dafür; Sie könnten sich nichts Zarteres und Reineres vorstellen als das Gefühl, von dem Ihr Herz beseelt wäre. Die Gräfin sehen, ihr zärtliche Worte zuflüstern, den sanften Ton ihrer Stimme hören, sei Ziel und Zweck aller Ihrer Wünsche. Jene groben Empfindungen, die ich empörenderweise an Stelle Ihrer erhabenen Metaphysik setzte, seien Ihnen fremd. Gefühle wären das von Menschen, die, einzig und allein auf sinnliche Vergnügungen bedacht, am Erdenleben kleben. Wie ich mich doch irre, wenn ich glaubte, die Gräfin sei eine Frau, die sich durch ihrer so unwürdige Motive leiten lasse. Wenn Sie ihr so etwas zutrauen, dann würden Sie sich unweigerlich ihrer Verachtung, ihrem Hasse aussetzen usw. usw.

Sind das nicht vielmehr Unannehmlichkeiten, die bloß Ihre Moral Sie befürchten läßt? . . . Mein lieber Marquis, Sie täuschen sich selbst, weil Sie in lauter Vorurteilen über die eigentlichen Ursachen Ihrer Gefühle befangen sind. Hören Sie sich nur einmal recht aufmerksam zu, ich will Ihnen Ihren Irrtum nehmen, und zwar in einem Tone, welcher der Wichtigkeit der Sache angemessen ist. Ich besteige also jetzt den Dreifuß; ich fühle bereits die Gegenwart des Gottes, der mich begeistert, oder vielmehr, ich nehme die ernste Würde eines Menschen an, der über profunde Wahrheiten nachsinnt und der vielleicht in aller Form eine gelehrte Rede halten wird.

Die Menschen halten es, ich weiß nicht, aus welch bizarrem Grunde, für eine Schande, der gegenseitigen Neigung zu folgen, welche die Natur den beiden Geschlechtern zueinander verliehen hat; sie wissen indessen gar wohl, daß man diese Stimme der Natur nicht gänzlich ersticken kann. Was taten sie nun, um sich aus der Verlegenheit zu ziehen? Sie sind auf den Gedanken verfallen, den Schein einer rein geistigen Neigung an Stelle des erniedrigenden Bewußtseins zu setzen, daß sie nur einen Trieb befriedigen. Unmerklich haben sie sich dann daran gewöhnt, sich mit tausenderlei kleinen sublimen Nichtigkeiten zu befassen. Doch das genügte ihnen nicht. All das frivole Drum und Dran, das Werk einer erhitzten Phantasie schien ihnen das Wesen ihrer Neigung auszumachen. Schließlich hielten sie das für die Liebe selbst, was von ihnen nur erfunden worden war, um deren häßliche Seite zu verbergen. So ist oder scheint wenigstens die Liebe plötzlich eine Tugend zu sein. Doch zerstören wir das Prestige und bleiben wir bei der Logik.

Im Beginn ihrer Beziehungen glauben sich beide Liebende von den zartesten Gefühlen beseelt. Sie ergehen sich in den Finessen, in den Übertreibungen und Verzückungen der erlesensten Metaphysik. Der Gedanke an ihre Vortrefflichkeit berauscht sie. Aber verfolgen wir ihr Verhältnis weiter! Bald verlangt die Natur ihr Recht. Die allmählich durch die Anhäufung spitzfindiger Redensarten befriedigte Eitelkeit gestattet endlich dem Herzen die Freiheit der Empfindung und des Ausdrucks, und trotz aller Verachtung der Liebesfreuden kommt der Tag heran, wo zu ihrem eigenen Erstaunen die guten Leutchen nach langem Umwege da angelangt sind, wo ein schlichter Bauer angefangen haben würde, nämlich da, wo sie aufhören.

Eine Tugendsame, vor der ich einst die gleiche These verfocht, wurde wütend. »Was?« sagte sie mit empörter Miene, »Sie behaupten also, Madame, daß eine tugendhafte Person mit ehrbaren Eheabsichten ebenfalls nur solch sonderbare Zwecke verfolgt? Sie glauben also, daß ich z. B., die ich aus lauter Tugend mich dreimal verheiratet habe, und meinen Männern zuliebe nur von ihnen getrennt geschlafen habe, mir nur das verschaffen wollte, was Sie Vergnügen nennen? Da täuschen Sie sich aber gewaltig! Allerdings habe ich niemals meine Eheverpflichtungen verweigert, doch zumeist erfüllte ich sie aus Gefälligkeit oder Zerstreutheit, und stets brummte ich dabei über die Belästigung durch die Männer. Man liebt und heiratet sie, weil sie Vorzüge des Herzens und Verstandes besitzen, und nie denken Frauen – mit Ausnahme etwas solcher, die ich nicht beim richtigen Namen nennen mag – an irgendwas anderes.« – Ich unterbrach sie, und mehr aus Bosheit als aus Interesse an der Sache setzte ich dann das Gespräch fort, indem ich ihr bemerkte, daß ihre Worte nur ein neuer Beweis für die Richtigkeit meiner Ideen wären. – Ich sagte ihr: »Der Schluß, den Sie aus den legitimen Absichten auf die Ehe ziehen, beweist, daß, wer sie hat, auf dasselbe Ziel losgeht, wie zwei gewöhnliche Liebende, nur mit dem Unterschiede, daß jene eine Zeremonie mehr verlangen als diese.«

Das empörte meine Gegnerin vollends. Leute, die man durchschaut hat, werden leicht böse; ihre letzte Zuflucht sind Beleidigungen. Darum sagte sie zu mir in höchst erregtem Tone, daß ich zur Ausschweifung noch die Gottlosigkeit fügte. Sie ging fort. Hinterher erkundigte ich mich über sie: Sollte man es glauben, Marquis; diese zartfühlende Spröde hat sich mit ihren drei jungen und kräftigen Gatten so oft zerstreut, daß sie sie kurz hintereinander unter die Erde gebracht hat!

Fünfzehnter Brief

Was die Gräfin über die Tugend und das Zartgefühl sagte, die sie von ihrem Verehrer beanspruche, das hat Sie ganz verwirrt. Sie glauben, daß sie immer so streng sein wird wie heute. Meine Versicherungen also haben Ihnen nichts geholfen; Sie glauben mir sogar eine Gnade zu erweisen, indem Sie immer noch an meinen Prinzipien zweifeln. Ich glaube es Ihnen gern. Es ist ja nicht Ihr Fehler, wenn Sie in eigener Angelegenheit immer noch nicht klar sehen. Doch je weiter Sie vorwärts kommen, desto mehr wird die Wolke verschwinden und desto verwunderter werden Sie die Wahrheit meiner Worte begreifen.

Solange man noch kalten Blickes ist oder solange wenigstens eine Leidenschaft noch nicht bis zu dem Grade von Kühnheit gediehen ist, wohin sie allmählich gelangen muß, nimmt man alles sehr tragisch. Die Hoffnung auf die kleinste Gunst ist ein Verbrechen, und nur mit Bangen gestattet man sich die geringste Zärtlichkeit. Anfangs verlangt ein Liebender entweder nichts oder doch so wenig, daß eine Frau sich im Innern ihm für seine Uneigennützigkeit verpflichtet glaubt. Um eine geringe Gunst zu erlangen, behauptet er nie mehr zu wollen, und indem er bei dieser Behauptung bleibt, macht er weitere Fortschritte, wird er immer vorlauter: Er küßt die Hand. Das würde man auch jedem andern Manne gestatten, den man freundschaftlich empfängt. Indessen, das Vorkommnis, das heute so wenig zu bedeuten scheint, im Vergleich zu dem, was gestern gestattet wurde, ist doch sehr bemerkenswert, wenn man es neben die spärlichen Gunstbezeugungen des ersten Tages hält. Eine Frau, die durch Eure Diskretion beruhigt ist, gewahrt nicht, wie sie immer schwächer und schwächer wird. Zu Beginn einer Leidenschaft geht Ihr Männer so behutsam vor, zeigt Ihr so viel Respekt, daß sie gar nicht wagt, Euch zu mißtrauen. Würdet Ihr Euch ebenso benehmen, wenn Ihr sie auf den Weg der Tugend leiten wolltet? Daher hat sie sich anfangs so in der Gewalt, die Kleinigkeiten, die man von ihr verlangt, scheinen ja so leicht zu verweigern, daß sie nachher die gleiche Kraft zu haben glaubt, wenn man ihr etwas Ernstes zumuten wird. Das Vertrauen führt uns noch weiter: Man schmeichelt sich sogar mit der Hoffnung, daß die Widerstandsfähigkeit mit dem Verlangen nach immer höheren Gunstbezeugungen immer größer werden wird. Man hat so viel Vertrauen zu sich, daß man bisweilen sogar durch allerhand Neckereien die Gefahr herausfordert; man erprobt seine Kräfte, man will wissen, wie weit man in seinen Gefälligkeiten gehen kann. Unklug, wie wir Frauen nun einmal sind, gewöhnen wir so unsere Phantasie an Vorstellungen, denen sie schließlich unterliegt. Wie weit kann eine Frau schon gegangen sein, ohne zu merken, daß ihre Situation bereits eine veränderte ist? Und wenn sie durch Nachdenken über das Geschehene selbst darüber erstaunt, alles bewilligt zu haben, wird der Verehrer nicht minder überrascht sein, schon soviel erlangt zu haben? Dahin, Marquis, gelangen die Frauen mit ihren großen Debatten über ihre Tugend. Nun, warum sollte ich Ihnen bei dieser Gelegenheit nicht auch sagen, daß ich mich darauf verlassen kann, daß sie Ihnen zu guter Letzt schon eine andere Meinung von sich beibringen werden.

Sechzehnter Brief

Marquis, nehmen Sie sich in acht! Ärgern Sie mich, dann gehe ich heute noch weiter als gestern und sage Ihnen, daß es unter gewissen Umständen nicht einmal der Liebe bedarf, um zu unterliegen. Das wird Ihnen im Munde einer Frau wie eine Lästerung vorkommen, doch ich habe versprochen, nichts zu verheimlichen, und ich werde Wort halten, sollte ich auch mit meinem ganzen Geschlecht deshalb in Fehde geraten.

Ich kannte eine Frau, die trotz ihrer Liebenswürdigkeit nie in den Verdacht einer Herzensaffäre gekommen war. Eine fünfzehnjährige Ehe hatte durchaus die Zärtlichkeit für ihren Mann nicht verringert; man konnte diese Ehe eine mustergültige nennen. Einst, auf dem Lande, unterhielten sich ihre Freundinnen so gut bei ihr bis in die späte Nacht hinein, daß sie gezwungen waren, bei ihr zu übernachten. Am nächsten Morgen war die weibliche Bedienung gerade damit beschäftigt, den Damen bei der Toilette zu helfen. Die Herrin des Hauses befand sich in ihrem Zimmer allein, als ein Mann, der ganz harmlos öfter zum Besuche kam, bei ihr eintrat, um ihr guten Tag zu wünschen. Er erbot sich, ihr beim Anziehen einige kleine Dienste zu leisten. Das Negligé, worin sie ihn empfing, gab ihm eine durchaus natürliche Gelegenheit, ihr einige Komplimente über ihre Reize zu machen, die noch nichts an Frische eingebüßt hatten. Sie wehrte ihm lachend das Kompliment. Indessen, ein Wort gab das andere, man wurde warm, einigen verfänglichen Redensarten schien man keine Bedeutung beizumessen, bis schließlich sehr unzweideutige Attacken daraus wurden; man wurde aufgeregt, man

Das Frühstück

wurde immer zärtlicher, und schließlich war die Frau schon sehr schuldig, als sie immer noch zu scherzen glaubte. Wie groß war beiderseits das Erstaunen und die Verlegenheit nach der Verirrung. Nie konnten sie begreifen, wie sie soweit hatten gehen können, ohne vorher im geringsten ineinander verliebt zu sein. Ich fühle mich versucht, hier auszurufen: »Sterbliche, die ihr allzusehr auf eure Tugend baut, zittert bei diesem Beispiel! Diese angebliche Tugend ist oft nur eine Farce der Erziehung; sie läßt euch gegebenenfalls arg im Stich, und so widerstandsfähig ihr euch auch glauben möget, es gibt unglückliche Augenblicke, in denen die Tugendhafteste die Schwächste ist!« Die Moral von dieser seltsamen Geschichte ist, daß die Natur, immer auf ihr Interesse bedacht, stets ihr Ziel verfolgt. Das Verlangen nach Liebe ist in der Frau ein Teil ihrer selbst, ihre Tugend ist nur Stückwerk.

Siebzehnter Brief

Ja, Marquis! Ich wiederhole Ihnen, alles was Ihre liebenswürdige Gräfin Ihnen über die Tugend und das Zartgefühl sagt, das sie von ihrem Verehrer wünscht, kann gegenwärtig ganz aufrichtig gemeint sein, obwohl eine Frau in ähnlichen Fällen stets übertreibt. Aber sie macht sich Illusionen, wenn sie solch strenge und zarte Grundsätze bis ans Ende beizubehalten hofft. Mißtrauen Sie allem, was die Frauen über Galanterie reden. Wir Frauen haben zweierlei Empfindungen, erstens die repräsentativen; das sind die, welche anderen Leuten eine hohe Meinung von uns geben sollen, und dann die geheimen, die wir in petto behalten. Wir reden gemäß den ersten, wir handeln gemäß den letzten. Die schönen Systeme, die wir bisweilen so trefflich zur Schau stellen, imponieren den Leuten ohne Erfahrung, aber in den Augen eines klar blickenden

Mannes ist dieser ganze Plunder schöner Phrasen ein Paradieren, worüber er sich lustig macht, und der ihn nicht verhindert, unser Inneres zu durchschauen. Sie mögen also wissen, daß, was die Spröden Schlechtes von der Liebe reden, der Widerstand, den sie ihr entgegensetzen, das geringe Gefallen, welches sie daran zu finden behaupten, die Furcht, die sie davor haben, alles Liebe ist. Sich mit der Liebe beschäftigen, heißt ihr Achtung erweisen. Die Liebe nimmt bei ihnen tausenderlei verschiedene Formen an. Gleich wie der Hochmut lebt sie von ihrer eigenen Niederlage. Sie zerstört sich selbst, um uns desto besser zu beherrschen. Darum seien Sie überzeugt, daß all jene Metaphysikerinnen sich durchaus nicht von anderen Frauen unterscheiden; ihre Moral scheint viel reiner, aber wenn Sie näher zusehen, werden Sie finden, daß ihre Herzensangelegenheiten genau so enden wie die der undelikatesten Frauen. Es liegt etwas Preziöses in ihren Gefühlen wie in den Manieren; sie haben dieses Preziösentum und sind, wie ich einst zu der Königin von Schweden sagte: »Jansenisten der Liebe«*. Soll ich sie noch näher schildern? In den Zeitaltern der Galanterie ist der Platonismus** die Leidenschaft des Greisenalters. Prüfen Sie alle Frauen, welche ihm Kredit verschaffen wollen: zu welcher Zeit besteht die Liebe nur in den großen Gefühlen und in dem Verzücktsein der Seele? In dem Alter, wo jene Frauen nicht mehr die Annehmlichkeiten noch die Fehler der Jugend daransetzen können. Marquis, zeigen Sie mir eine aufrichtige und entschlossene Metaphysikerin im Alter von 18 bis 30 Jahren und ich will Ihnen dafür eine schöne Frau von 70 bis 80 Jahren zeigen.

* Ninon sah jene Fürstin auf ihrer Reise nach Frankreich und sprach tatsächlich zu ihr dies Wort. Vgl. Einleitung.
** Plato, ein alter Philosoph, hat zuerst von der metaphysischen und von der sinnenlosgelösten Liebe gesprochen.

Achtzehnter Brief

Sie täuschen sich, Marquis: Das richtige Mittel, die Frauen kennenzulernen, ist nicht, sie nach dem Scheine zu beurteilen, wie Sie es tun. Bei Ihrer Methode werden Sie zu Anschauungen gelangen, die bald zu günstig, bald zu ungerecht sind. Die Billigkeit verlangt, daß Sie ebenso sorgfältig vermeiden ihnen Fehler zuzuschreiben, die sie nicht besitzen, als Sie scharfsinnig sein müssen, die zu entdecken, welche sie Ihnen verbergen wollen. Ich bin also überzeugt, daß Sie einen falschen Eindruck von der Frau bekommen haben, von der ich Ihnen letzthin sprach: Sie glauben, weil sie sich ohne Liebe und fast ohne Kampf hingegeben habe, sei sie nicht tugendhaft. Ich teile Ihre Meinung nicht. Wieder will ich Ihnen Wahrheiten sagen, die Sie ärgern werden.

Der Widerstand einer Frau ist nicht allemal ein Beweis für ihre Tugend, sondern viel öfter nur für ihre Erfahrung. Wer von uns Ihnen die Wahrheit sagen will, muß gestehen, daß der erste Impuls immer zur Hingebung drängt: Nur die Vernunft leistet Widerstand, die Natur treibt uns zur Liebe; die Erziehung hält uns davon ab, und unser Ruhm besteht in der Bekämpfung unserer Neigung. Da die Lust zum Widerstande nicht naturgemäß ist, so muß sie notwendigerweise das Werk der Kunst sein. Diese Kunst hat ihre Gesetze, aber die Lehre von diesen Gesetzen ist nichts, wenn man die Möglichkeit ihrer praktischen Verwertung nicht kennt. Mit der Eroberung der tugendhaften Frau verhält es sich wie mit der Eroberung aller anderen Frauen; man bringt es darin erst durch lange Übung zur Vollkommenheit. Die Frau, welche keine Erfahrung in der Liebe hat und die zeitlebens nie in heftige Versuchung geriet, wird, wenn sie plötzlich auf die Probe gestellt werden sollte, sich lange nicht so gut verteidigen können, wie eine, die durch langen Widerstand gegen ungeliebte Männer gelernt haben wird, auch dem zu widerstehen, den sie lieb hat. Die erste hat nie ihre Kräfte erprobt, daher hat sie auch niemals die Schwäche kennengelernt und besitzt nicht die Geschicklichkeit und die List als Verteidigungsmittel, über welche die andere verfügt. Gerät sie also in eine verfängliche Situation, so gerät sie vor lauter Überraschung in Verwirrung. Der Zorn und alle anderen Gefühle, welche auf sie plötzlich einstürmen, nehmen sie derart gefangen, daß sie überhaupt erst zum vollen Bewußtsein des Angriffes kommt, wenn ihre Niederlage bereits eine Tatsache ist. Deshalb wird für eine Frau, wie ich sie geschildert habe, die Verführung nicht gefährlich sein, und kein schüchterner und zartfühlender Mann wird sie ihre Pflicht vergessen machen. Lassen Sie ihr Zeit zum Nachdenken, und Sie werden sie gewappnet finden; doch ich stehe für nichts, wenn die Attacke plötzlich geschieht und der Liebhaber unternehmend und kühn genug ist, ihre Sinne aufzuregen und glücklich genug ist, sie in einer schwachen Stunde anzutreffen, wie solche leider gar zu häufig bei uns sind. Derartige Stunden sind so furchtbar, daß, wenn die Männer sie unglücklicherweise voraussehen könnten, es nur noch sehr wenig kluge Frauen bei uns gäbe. Dieses Geständnis braucht Ihnen keine unvorteilhafte Vorstellung von uns zu geben; solche schwachen Augenblicke sind zu unabhängig von unserem Willen, als daß uns ein Vorwurf daraus erwachsen könnte, oft überraschen sie uns bei Beschäftigungen, wo man sie gar nicht vermuten sollte. Wir erröten zu allererst darüber, wir bekämpfen sie mit aller Gewalt, wir fühlen uns durch sie erniedrigt und wünschen uns aufrichtig Glück, wenn wir sie überstanden haben. Wie ungerecht, uns deswegen geringzuschätzen! Ist man verantwortlich für das, was unabhängig ist von seinem Willen? Kann man uns einen Vorwurf machen aus dem mechanischen Spiel unserer Launen?

Sie sehen also, Marquis, eine überrumpelte Frau kann weit weniger schuld sein als eine, die durch sukzessive und schonende Attacken vor der drohenden Gefahr gewarnt ist; sie mußte es voraussehen und sich während des ganzen Verlaufes ihres galanten Handels auf die Verteidigung vorbereiten. Daraus ergibt sich die allgemeine Regel, daß wir, je weniger wir an galante Händel gewöhnt sind, desto leichter zu besiegen sind. Aber hüten Sie sich nochmals, daraus einen Schluß gegen unsere Tugend zu ziehen. Die Frau, von der ich Ihnen neulich sprach, ist ein Beweis dafür: kaum hatte sie sich von der Überraschung über ihre Schwäche erholt, als sie sich dem aufrichtigsten Schmerze überließ, sie überhäufte den Urheber ihrer Schande mit Vorwürfen und Verachtung. Dieser war ein ehrenhafter und gefühlvoller Mensch, der zu allererst über den unglücklichen Vorteil errötete, den er sich zunutze gemacht hatte. Er zeigte fortan für sie ein selbstloses Betragen, und wahrscheinlich hat er sich mehr Mühe gegeben, die gewährten Gunstbezeigungen vergessen zu machen, als vielleicht sonst sich Liebhaber Mühe geben, Gunstbezeigungen zu erlangen, die man ihnen verweigert.

Neunzehnter Brief

Ich war von Ihrem Brief entzückt. Wissen Sie, warum? Weil er mir ein sprechender Beweis dafür ist, daß meine Prophezeiung richtig war. Ah, auf einmal also haben Sie Ihre schöne Metaphysik vergessen! Sie schildern mir die Reize der Gräfin mit einem Behagen, aus dem hervorgeht, daß Ihre Gefühle nicht ganz so zart sind, als Sie selbst es glaubten und auch mich es glauben machen wollten. Sagen Sie offen: wäre Ihre Liebe keine sinnliche, würden Sie dann mit solchem Vergnügen den Wuchs betrachten, die bezaubernden Augen, den

Mund, welchen Sie mir in so lebhaften Farben schildern? Wenn Eigenschaften des Herzens und des Geistes allein Sie lockten, nun so gibt es ja eine fünfzigjährige Frau, die in dieser Hinsicht vielleicht noch mehr wert sein dürfte als die Gräfin; es ist ihre Verwandte. Sie sehen sie täglich; warum haben Sie sich denn nicht in die verliebt? Aus welchem Grunde übersehen Sie hundert Frauen ihres Alters, von ihrer Häßlichkeit und ihren Verdiensten; sie machen Ihnen ja Avancen und würden gern bei Ihnen die Rolle übernehmen, die Sie bei der Gräfin spielen? Und warum sehnen Sie sich leidenschaftlich danach, von der Gräfin vor anderen Männern ausgezeichnet zu werden? Und woran liegt es, daß Sie gleich unruhig werden, wenn sie anderen die geringste Höflichkeit erweist? Sie verlieren doch dadurch nicht an Wert? Kennt man in der Metaphysik Rivalität und Eifersucht? Ich glaube, nein. Ich habe Freunde und zürne ihnen nicht, fühle keinen Groll im Herzen, wenn sie eine andere Frau gern haben, denn die Freundschaft ist ein Gefühl, das nichts mit den Sinnen zu schaffen hat. Die Seele allein wird davon berührt, und die Seele verliert nichts an Wert, wenn sie sich zu gleicher Zeit mehreren hingibt. Nun vergleichen Sie das mit der Liebe und Sie werden den Unterschied zwischen Freundschaft und Liebe bemerken. Gestehen Sie es nur ein: ich bin im Grunde gar nicht so unvernünftig wie Sie anfangs glaubten, und es könnte sich am Ende wohl ergeben, daß Sie eine ebenso irdische Seele haben, als viele andere Leute, die Sie eines zu geringen Zartgefühles beschuldigen.

Doch ich will hier nicht über die Männer allein zu Gericht sitzen, und ich gestehe offen: Wenn die Frauen aufrichtig wären, müßten sie zugeben, daß sie kaum zartfühlender sind als Ihr Männer. In der Tat, verstünden sie unter Liebe nur seelische Freuden und hofften sie nur durch Geist und Charakter Gefallen zu erregen, würden sie dann wirklich sich so ganz besonders viel Mühe geben, durch ein angenehmes Äußeres zu wirken? Was kümmert sich die Seele um einen schönen Teint, um einen eleganten Wuchs, um einen wohlgeformten Arm? Welch Widerspruch zwischen ihren wahren Gefühlen und denen, womit sie sich brüsten! Bei genauerem Zusehen werden Sie sich davon überzeugen, daß sie sich durch sinnliche Reize Geltung verschaffen wollen und auf alles übrige gar nichts geben. Hört man sie aber reden, so sind das alles weltliche Dinge, die sie gering achten. Doch bisweilen entschlüpfen ihnen recht seltsame Naivitäten, und nur davon will ich Ihnen erzählen.

Sie kennen Fräulein ***. Sie werden kaum ein Mädchen von besserer Konstitution finden. Frisch, kräftig, voller Gesundheit und ein bißchen melancholisch; alles Gründe, ihr sobald wie möglich einen Mann zu verschaffen. Niemand sieht diese Notwendigkeit mehr ein als die Mutter, die aber eine Spröde ist, wie sie im Buche steht. Der Präsident von ***, ein vertrockneter, blasser, hagerer Mensch, erscheint auf der Bildfläche. Vermögen, Abkunft, alles paßt der Familie der Schönen. Die Mutter allein widersetzt sich der Heirat und gibt anfangs nur ausweichende Gründe für ihre Weigerung an, weil sie die Wahrheit nicht sagen will. Der Gatte wettert, die Verwandten brummen, das Mädchen wird traurig, aber die Mutter bleibt bei ihrer Weigerung. Doch schließlich bekommt sie es überdrüssig, sich bizarr und ungerecht nennen zu lassen, und eines Tages reißt ihr die Geduld: »Nein«, sagt sie, »nie werde ich es zugeben, daß der Präsident meine Tochter heiratet: Sie soll eine ehrbare Frau werden, und ich will ihr nur einen Mann geben, der ebenso gesund ist als sie.«

Zwanzigster Brief

Ich weiß nicht, Marquis, ist es mein Fehler oder Ihrer, aber Sie haben meinen Gedanken nicht richtig erfaßt, ich muß mich also abermals genauer ausdrücken. Es ist wahr, ich habe gesagt, daß die Liebe der Metaphysikerinnen im Grunde immer ein physisches Bedürfnis sei, mit welchem Zartgefühl dies auch von ihnen verdeckt würde, und ich habe erwähnt, daß Sie bemüht sind, es mit schönen Namen auszuschmükken, nur um nicht darüber erröten zu müssen. Doch ich begreife nicht, wie Sie daraus schließen können, daß ich nur die undelikate Liebe kenne und daß ich Ihnen Gefühle inspirieren will, die weniger der wahren Liebe als der Ausschweifung ähneln. Irgendeine Prüde muß Ihren Verstand verwirrt haben; ich kann nicht glauben, daß Sie mir von selbst ähnliche Vorwürfe gemacht hätten. Ich habe Sie die Sinne als erste Ursache der Liebe betrachten lassen, das gebe ich zu, aber habe ich damit schon gesagt, daß die Liebe nur in den Vergnügungen der Sinne bestünde und daß dies der einzige Zweck sei, den sie bei der Liebe verfolgen sollen? Habe ich nicht im Gegenteil das Elend der Menschheit beklagt, als ich Ihnen sagte, wie sehr ich es bedauerte, daß das für die Glückseligkeit geeignetste Gefühl, genau betrachtet, nur zu unserer Erniedrigung dienen könnte? Habe ich Ihnen nicht gesagt, ich würde Ihnen das Herz schildern, wie es ist, und nicht, wie ich wünschte, daß es sein sollte? Ich leugne, daß Sie in meinen Briefen ein einziges Wort finden werden, woraus Sie entnehmen könnten, daß ich Ihnen geraten habe, den Lockungen der Sinne zu folgen. Jede meiner Zeilen beweist, daß ich Sie über die Reden der Prüden aufklären und aus Ihnen einen galanten und keinen ausschweifenden Mann machen wollte. Sehen Sie denn nicht den Unterschied zwischen beiden ein? Würde ich in der Absicht, Sie vor den großen Leidenschaften zu bewahren, indem ich Ihnen ihre eigentlichen Triebfedern zeigte, mein Ziel erreicht haben, wenn ich mit den zarten Frauen zu Ihnen gesagt hätte: »Sie werden die wahre Glückseligkeit nur in der Liebe finden; sie ist ein edles und von allem Menschlichen losgelöstes Gefühl; sie allein ist imstande, Ihrer Seele einen Aufschwung zu geben, Sie die Herrlichkeit ihres Wesens und seine Überlegenheit über alle anderen Wesen empfinden zu lassen. Glücklich das Herz, das sie in ihrer ganzen Reinheit fühlt. Die Freuden dieser Liebe sind die vollkommene Vereinigung der Herzen, sind die Wonne zweier zarten und füreinander geschaffenen Seelen, sind die Gewißheit eines zärtlich geliebten Wesens; sie ersetzen jeden anderen Gegenstand unserer Neigung. Da all diese Freuden harmlos sind, so sind sie auch rein, zart und nie von Reue begleitet. Die Leiden dieser Liebe sind die Ungeduld, sich gegenseitig zu sehen, der Kummer, sich zu verlassen, die Furcht, nicht heiß genug zu lieben, der Wunsch, noch zärtlicher zu sein. Ihre Bande sind eine unlösbare Abhängigkeit, eine auf der Erkenntnis wahrhaften Verdienstes begründete Achtung und ein vollkommenes Vertrauen.«

Eine solche Chimäre hätte ich Ihnen geschildert, falls ich Sie täuschen und all den Extravaganzen aussetzen wollte, zu denen eine mit so verlockenden Farben geschilderte Liebe führen kann. Bestünde diese Art von Liebe wirklich, wären diejenigen, die daran glauben, ebenso vernünftig, als sie verrückt sind, wären sie immer so zartfühlend, als sie es gegebenenfalls nicht sind, so gäbe es in der Tat nichts Süßeres als diese Art von Liebe. Aber glauben Sie mir, diese schönen Eigenschaften, mit denen man sie schmückt, sind nur eine Maske, um ihre angebliche Häßlichkeit zu verbergen. Und wenn ich aus Ihnen nur einen galanten Mann und keinen Mystiker machen will, durfte ich da zu Ihnen in einem ähnlichen Ton reden wie die Frauen, die Sie täuschen wollen? Konnte ich Ihr Herz mit Sophismen vollpfropfen? Ich wollte es ja nur läutern. Sehen Sie doch endlich das Unrecht ein, daß Sie immer noch etwas Tadelnswertes in meinen Grundsätzen finden. Jedesmal, wenn man uns Enthaltsamkeit predigt, wird man uns sagen, daß man bei den Beziehungen, die wir für die harmlosesten halten, die Überrumpelung der Sinne fürchten muß, ich dagegen werde sagen, daß man uns zur Ausschweifung auffordert.

Einundzwanzigster Brief

Schon zwei Nächte nicht geschlafen? Das heißt aber sich die Dinge sehr zu Herzen nehmen! Ja, das ist die wahre Liebe; eine Täuschung ist ausgeschlossen. Sie haben Ihre Augen sprechen lassen, Sie haben selbst ziemlich deutlich gesprochen, und man hat Ihrem Zustande nicht die geringste Aufmerksamkeit geschenkt! Das schreit nach Rache. Ist es möglich, daß man nach achttägigen Bemühungen und Beharrlichkeiten noch barbarisch genug ist, Ihnen auch keinen Schimmer von Hoffnung zu geben? Das ist kaum begreiflich. Ein so langer Widerstand grenzt an Unwahrscheinlichkeit, und die Gräfin ist eine Heroine aus dem vorigen Jahrhundert. Aber wenn Sie jetzt schon die Geduld verlieren, so stellen Sie sich vor, wie lange Sie erst zu leiden gehabt hätten, wenn Sie bei Ihren erhabenen Gefühlen beharren wollten. Sie haben in acht Tagen schon mehr getan, als der selige Seladon in acht Monaten getan hätte. Doch im Ernst: sind Ihre Klagen berechtigt? Sie nennen die Gräfin undankbar, unempfindlich, ungnädig usw. Aber mit welchem Rechte sprechen Sie so? Werden Sie nun endlich glauben, was ich Ihnen bereits hundertmal gesagt habe? Die Liebe ist eine rechte Laune, unfreiwillig in dem selbst, der sie erleidet. Warum also wollen Sie, daß der geliebte Gegenstand auch nur zur geringsten Erkenntlichkeit verpflichtet sei für ein blindes und von ihm unabhängiges Gefühl? Ihr Männer seid doch zu seltsam; Ihr haltet Euch gleich für beleidigt, sobald eine Frau nicht sofort heftig auf die Blicke reagiert, die Ihr auf sie zu werfen geruht. Euer empörter Stolz beschuldigt sie gleich der Ungerechtigkeit, wie wenn es ihre Schuld wäre, wenn Euch der Kopf schwindlig wird, und als ob sie verpflichtet wäre, zu angegebener Stunde von derselben Krankheit befallen zu werden wie Ihr. Sagen Sie mir bloß: ist die Gräfin dafür verantwortlich, wenn sie nicht von Begeisterung erfaßt wird in demselben Momente, wo Sie aus dem Häuschen geraten? Hören Sie auf mit Ihren Vorwürfen und Klagen; denken Sie lieber daran, Ihre Krankheit auf sie zu übertragen. Ich kenne Sie; Sie sind verführerisch. Vielleicht wird sie nur allzugern für ihre Ruhe von den gleichen Gefühlen ergriffen werden. Übrigens besitzt sie alle Eigenschaften, um Sie zu beherrschen und Ihnen jede Art von Liebe einzuflößen, die ich Ihnen zu Ihrem Glücke wünschte; ich halte sie nämlich einer ernsten Neigung nicht fähig. Lebhaft, toll, inkonsequent, unabhängig, entschlossen wie sie ist, wird sie Ihnen bald was zu raten aufgeben. Eine aufmerksame und zärtliche Frau würde Sie langweilen. Man muß Sie manchmal in militärischem Tone behandeln, wenn man Sie unterhalten und behalten will. Sobald die Schöne die Rolle des Liebhabers übernimmt, läßt er sich gehen, wird tyrannisch und schätzt sie schließlich so gering, daß er sie bald ganz und gar vernachlässigt. Haben Sie daher gefunden, was Sie brauchen? Was für Stürme wird es setzen! Welche Zwistigkeiten sehe ich voraus! Wieviel Verdruß! Wieviel Eide werden Sie schwören, daß Sie sie verlassen wollen, aber erinnern Sie sich wohl, daß all die Aufregung zur Qual wird, wenn Sie die Liebe wie ein Romanheld auffassen und daß Ihnen ein ganz entgegengesetztes Los zuteil wird, wenn Sie sich wie ein vernünftiger Mensch benehmen . . . doch soll ich noch weiter schreiben? Die kostbaren Augenblicke, die Sie aufs Lesen meiner Briefe verwenden, sind lauter Diebstähle an der Liebe. Warum kann ich nicht Zeugin all Ihrer Gemütszustände sein! Gibt es für einen Menschen mit kaltem Blute ein amüsanteres Schauspiel als die Zuckungen des Herzens eines verliebten Mannes?

Zweiundzwanzigster Brief

Prachtvoll, Marquis! Sie fangen an sich zu entwickeln; ich bin sehr zufrieden mit Ihnen. Sie konnten in der Tat kein besseres Mittel finden, sich über die Kälte der Gräfin zu trösten, als diese Kälte nicht für echt zu halten. Ich muß Ihnen indessen gestehen, daß mir der Beweis dafür nicht stichhaltig erscheint. Kann eine Frau nicht in ganz harmloser Weise gut von jemandem reden? Und weil die Gräfin von Ihnen gut gesprochen, glauben Sie sich zu dem Schlusse berechtigt, daß Sie geliebt werden? Aber ich kenne die Männer in dieser Hinsicht. Beim geringsten Wörtchen, das einer Frau entschlüpft, glauben die Männer gleich, sie habe Absichten. Aus allem machen sie sich ein Verdienst; ihre Eitelkeit greift alles auf und schlägt Kapital daraus. Genau betrachtet, liebt Ihr Männer nur aus Dankbarkeit. Und die Frauen sind in dieser Hinsicht ebenso unvernünftig. Darum ist die Galanterie ein Handel, bei dem wir die anderen immer im Vorteil wissen wollen; immer glauben wir ihnen etwas schuldig zu sein, und Sie wissen ja, daß der Stolz weit bereitwilliger ist, sich einer Schuld zu entledigen, als freiwillig zu geben. Indessen, wie oft täuscht man sich? Wie oft passiert es nicht, daß, wer aus Dankbarkeit zu handeln glaubt, der eigentliche Gläubiger ist! Wenn zwei Liebende offenherzig über Beginn und Fortschritt ihrer Leidenschaft sich auseinandersetzen wollten, welch interessanten Geständnisse würden da zutage gefördert werden, Grete, der Hans eine allgemeine Höflichkeit sagte, hat darauf, vielleicht gegen ihren Willen, zärtlicher geantwortet, als es sonst auf solche Fadheiten üblich ist. Das genügt; Hans fußt nun auf seiner vorgefaßten Meinung und er, der vorher nur galant war, wird jetzt zärtlich. Unmerklich fängt auf beiden Seiten das Fünkchen an zu glühen, wird Flamme, wird Lohe und siehe da, die Leidenschaft ist fertig. Wenn nun jemand zu Grete sagen würde, daß sie angefangen, daß sie zuerst Avancen gemacht habe, so würde ihr das als die größte Ungerechtigkeit vorkommen, und dennoch wäre es wahr. Ich schließe daraus, daß, bei Lichte betrachtet, die Liebe weniger das Werk einer sogenannten unwiderstehlichen Sympathie als vielmehr unserer Eitelkeit ist. Betrachten sie die Entstehung aller Herzensbündnisse; sie beginnen mit gegenseitigen Lobeserhebungen. Man hat behauptet, Torheit regiere die Liebe. Ich möchte behaupten, daß es vielmehr die Eitelkeit sei, und daß man sich erst in das Herz einer Schönen einschleiche, nachdem man ihrer Eitelkeit den schuldigen Tribut gezollt hat. Beachten Sie ferner, daß unser allgemeines Bedürfnis nach Liebe uns illusionsfähig macht. Ähnlich jenen Enthusiasten, die durch die Kraft ihrer Einbildung die Gegenstände zu sehen glauben, auf die ihr Geist intensiv gerichtet ist, vermeinen wir bei anderen die Gefühle wahrzunehmen, die wir bei ihnen zu finden hoffen. Ziehen Sie daraus die Schlußfolgerung. Sollten Sie sich nicht durch eine falsche Folgerung haben verleiten lassen? Die Gräfin mag wohlwollend von Ihnen gesprochen haben, in der bloßen Absicht, Ihnen Gerechtigkeit widerfahren zu lassen, und ohne alle Nebengedanken. Und ich weiß nicht, ob Sie nicht ungerecht sind, wenn Sie darin eine Falschheit vermuten. Übrigens, warum sollte sie Ihnen nicht eine Neigung verheimlichen, wenn Sie ihr eine solche eingeflößt haben? Haben die Frauen nicht die Macht, Euch sorgfältig ihre Gefühle zu verbergen, und rechtfertigt sich nicht ihr Benehmen durch den üblen Gebrauch, den Ihr oft von der Gewißheit, geliebt zu werden, macht?

P. S. Nein, Marquis, die Neugierde der Madame de Sévigné hat mich durchaus nicht verletzt; ich bin im Gegenteil sehr erfreut, daß sie meine Briefe an Sie hat lesen wollen. Sie glaubte ohne Zweifel, daß, wenn von Galanterie darin die Rede wäre, sich dies nur auf mich beziehen könnte, und nun hat sie sich vom Gegenteil überzeugen können; sie möge also ruhig wissen, daß ich weniger frivol bin, als sie geglaubt hat. Ich halte sie für billig denkend genug, von Ninon fortan eine andere Idee zu bekommen als bisher, denn ich weiß sehr wohl, daß sie nicht allzu vorteilhaft von mir spricht. Doch ihre Ungerechtigkeit wird auf meine Freundschaft für Sie keinen Einfluß üben. Ich bin Philosophin genug, um mich darüber zu trösten, daß ich nicht die Billigkeit der Leute finde, die mich verurteilen, ohne mich zu kennen. Wie es auch kommen möge, ich werde fortfahren zu Ihnen mit der gewohnten Offenheit zu reden, und ich bin mir gewiß, daß Madame de Sévigné trotz ihrer großen Delikatesse im Grunde ihres Herzens öfter meiner Meinung ist, als es den Anschein haben wird.

Dreiundzwanzigster Brief

Sehen Sie wohl, mein Herr, nach unendlichen Qualen und Sorgen glauben Sie schließlich das anfangs unbeugsame Gemüt gerührt zu haben. Ich freue mich darüber, aber ich muß lachen über Ihre Deutung der Gefühle der Gräfin. Sie teilen mit allen Männern einen Irrtum, den man Ihnen nehmen muß. So schmeichelhaft er auch für Sie sein möge. Ihr bildet Euch alle ein, daß allein Eure Vorzüge die Leidenschaft im Herzen der Frauen entzünden, und daß Eigenschaften des Herzens und des Geistes die einzige Ursache ihrer Liebe zu Euch seien. Welch' eine Illusion! Allerdings glaubt Ihr das ja nur, weil Euer Stolz seine Rechnung dabei findet. Aber prüft einmal vorurteilsfrei, was für ein Motiv Euch leitet. Ihr werdet dann bald einsehen, daß Ihr Euch täuscht und daß wir Euch täuschen, daß Ihr, bei Lichte betrachtet, das Opfer Eurer Eitelkeit seid und der unsrigen, daß das Verdienst der geliebten Person nur Gelegenheit oder Entschuldigung für die Liebe ist und nicht deren eigentliche Ursache. Mit einem Worte: all das erhabene Gaukelwerk, womit man sich gegenseitig blendet, läuft am Ende nur auf die Befriedigung des Bedürfnisses hinaus, das ich Ihnen anfangs als das primum mobile jener Leidenschaft bezeichnet habe. Ich sage Ihnen da eine harte und demütigende Wahrheit, doch ist sie dafür um so zuverlässiger. Wir Frauen kommen mit jenem unbestimmten Bedürfnis nach Liebe zur Welt, und wenn wir den einen Mann lieber nehmen als den anderen, so folgen wir darin offen gestanden weniger den Erkenntnissen etwaiger Verdienste als vielmehr einem mechanischen und fast immer blinden Instinkte oder (was ja durchaus nicht schmeichelhaft für Euch ist) Gründen, die nur für den Gegenstand unserer Neigung demütigend sein könnten. Zum Beweise dessen führe ich nur die törichte Leidenschaft an, die uns manchmal für unbekannte Männer erfaßt oder doch wenigstens für solche, die wir viel zu wenig kennen, als daß unsere Wahl nicht immer, im Anfang wenigstens, eine unkluge wäre. Treffen wir's einmal gut, so ist das ein purer Zufall. Wir erwärmen uns fast immer ohne genügende Prüfung und aus bizarren Motiven, über die wir selbst erröten müßten, wenn wir sie erkennen würden. Darum vergleiche ich manchmal die Liebe mit dem Appetit, den man mehr auf ein Gericht hat als auf ein anderes, ohne daß man sich selbst darüber Rechenschaft geben könnte.

Da hätt' ich nun die Hirngespinste Eurer Eigenliebe grausam zerstört. Aber ich habe wenigstens die Wahrheit gesagt. Euch schmeichelt die Liebe einer Frau, weil Ihr glaubt, daß sie in Euch, dem Objekte der Liebe, irgendwelche Verdienste voraussetzt. Ihr laßt der Liebe zu viel Ehre widerfahren oder, besser gesagt: Ihr habt eine zu hohe Meinung von Euch. Glaubt doch ja nicht, daß wir Euch um Euer selbst willen lieben. In der Liebe suchen wir ja nur unsere eigene Glückseligkeit. Laune, Interesse, Eitelkeit, Temperament, ein Unbehagen, das uns plagt, wenn unser Herz ohne Affäre ist: das sind die Quellen der großen Gefühle, die wir gern mit einem Glorienschein umgeben möchten. Aber hohe Eigenschaften rühren uns gar nicht. Wenn sie aber dennoch etwas zu tun haben mit den Gründen, die uns zu Euren Gunsten entscheiden, glaubt Ihr da etwa, das Herz sei im Spiele? Eitelkeit ist es, und die meisten Dinge, die uns an Euch gefallen, machen Euch sehr oft lächerlich oder verächtlich. Doch was wollt Ihr? Wir brauchen eben einen Anbeter, der in uns die Idee von unserer Herrlichkeit befestigt; uns tut ein gefälliger Mensch not, der unsere Launen erduldet, kurzum, wir bedürfen des Mannes. Der Zufall führt uns eher den als jenen zu: Man nimmt ihn hin, aber man wählt ihn nicht. Könnt Ihr danach Euch noch schmeicheln, der Gegenstand uneigennütziger Zuneigung zu sein oder glauben, die Frauen liebten Euch um Eurer selbst willen? Ach, meine Herren, Ihr seid zumeist nur das Instrument ihrer Vergnügungen oder das Spielzeug ihrer Launen.

Man muß den Frauen indessen Gerechtigkeit widerfahren lassen: Ihr seid es nicht mit ihrem Wissen. Die Gefühle, die ich hier erkläre, werden ihnen nicht deutlich bewußt in ihren Köpfen. Mit der redlichsten Überzeugung von der Welt glauben sie sich nur durch erhabene Ideen bestimmt und geleitet, denen Eure Eitelkeit und die ihrige nur noch Nahrung geben. Es wäre vielleicht ungerecht, sie in dieser Hinsicht der Falschheit zu bezichtigen, aber ohne es zu wissen, täuschen sie Euch und sich selbst.

Sie sehen, daß ich Ihnen hier die Geheimnisse der guten Göttin enthülle. Danach mögen Sie meine Freundschaft beurteilen. Auf Kosten meines eigenen Geschlechtes arbeite ich an Ihrer Aufklärung. Je besser Sie die Frauen kennenlernen, desto weniger Torheiten werden Sie um ihretwillen begehen.

Vierundzwanzigster Brief

Nicht zufrieden sind Sie damit, mein Herr, daß ich so ungeniert über Ihren Zustand spreche. Um Ihren Beifall zu finden, müßte man Ihr Abenteuer als eine sehr ernsthafte Sache betrachten. Doch davor werde ich mich hüten. Bemerken Sie nicht, daß meine Art, mit Ihnen zu verhandeln, die Folge meiner Grundsätze ist? Ich spreche so leichthin von einer Sache, die ich für alltäglich und einfach für amüsant halte. Wird es sich aber um eine Angelegenheit handeln, von der ein dauerndes Glück abhängen kann, dann sollen Sie sehen, werde ich einen geziemenden Ton anschlagen. Ich werde Sie doch keineswegs beklagen, weil ich überzeugt bin, daß es nur an Ihnen liegt, ob Sie zu beklagen sind. Mit einem bißchen Phantasie kann Ihnen zur Freude werden, was Ihnen als Pein erscheint. Um das zu erreichen, brauchen Sie bloß mein Rezept zu benutzen, und Sie werden gut dabei fahren. Offen gestanden, ich kenne nichts Lächerlicheres als die Art, wie sich Liebende gegenseitig behandeln. Die geringste Kleinigkeit wird ihnen zur ernstesten Affäre. Die kleinste Wolke bringt ihnen ein Gewitter. Die Schöne hat aus Versehen einen anderen Schäfer angeguckt: Nach den zornigen Augen des Titularliebsten zu urteilen sollte man meinen, sie habe ihm den blutigsten Schimpf angetan. Die wichtigste Angelegenheit wird nicht mit so viel Würde behandelt, als der nun entstehende Krieg. Sie machen sich gegenseitig Vorwürfe, streiten sich in demselben Tone, in dem sich andere Komplimente machen. Und, gehen sie schmollend voneinander –, gleich fliegen süß-saure Billetts zu der Ungetreuen hinüber. Dienerinnen, Lakaien intrigieren. Freunde mischen sich ein. Bedingungen werden gestellt, verworfen, gemildert; man könnte meinen, es gälte die Interessen zweier Republiken miteinander zu versöhnen. Auch ich habe geliebt (denn wer hätte diese Torheit nicht begangen?); und wenn ich dann gelegentlich einer Debatte, wo jedes seine Rechte und Gründe mit einer einer besseren Sache würdigen Wichtigkeit auseinandersetzte, unglücklicherweise auf den Inhalt unserer Gespräche achtete, konnte ich mich des Lachens nicht enthalten. Ich platzte einfach heraus. Wie indezent! Sie können sich denken, daß man darauf erst recht gravitätisch wurde, aber je ernster mein Gegner, desto heiterer ich, so daß ihm schließlich nichts anders übrig blieb als auch so närrisch zu sein wie ich und die Angelegenheit mit dem gebührenden Leichtsinn zu behandeln. Ahmen Sie diesem Beispiele nach, Marquis. Um seine Passionen zu rechtfertigen, sucht jeder ihnen eine gewisse Würde und Wichtigkeit zu verleihen. Jeder Mann hat seine Puppe, die er nach seiner Art vergöttert und beweihräuchert, und wenn Sie schon einen Wahn besitzen, so sorgen Sie wenigstens dafür, daß es kein trauriger sei; der wird andere Leute doch nur langweilen und Sie am allerersten.

Fünfundzwanzigster Brief

Ich verdiene Ihren Vorwurf wegen der schlechten Meinung, die ich von meinem Geschlecht zu haben scheine. Ich sehe wohl, es muß ernstlich an meine Besserung gedacht werden. Wenn ich in einem fort Böses von meinen Nächsten rede, so werde ich Ihnen schließlich boshaft vorkommen. Ist es übrigens die Schuld der Frauen, wenn sie Euch über ihre wahren Beweggründe täuschen? Üben wir Gerechtigkeit! Alle würden offenherzig sein, wenn sie hoffen dürften, dadurch zu gefallen. Es gibt keine unter uns, die sich nicht tausendmal in ihrem Leben die Freiheit gewünscht hätte, die Ihr mißbraucht. Gerade herausgesagt: glaubt Ihr, daß wir nicht im Innersten ebenso froh wären wie Ihr, wenn wir freimütig die wahre Absicht unserer Liebe eingestehen könnten? Da Euch aber nur die Schwierigkeiten reizen, so habt Ihr versucht, Euch selber Fesseln anzulegen. Ihr habt Sorge dafür getragen, daß eins von beiden verweigern mußte, was beide gleich stark begehren. Und habt Ihr dabei etwa die schwierigere Rolle übernommen? Nein, keineswegs. Wir sind es, deren Ruhm man in der Geschicklichkeit der Verstellung bestehen läßt. Ihr habt uns hier so gründlich ans Heucheln gewöhnt, daß alle anderen Fähigkeiten unserer Seele dadurch in Mitleidenschaft gezogen wurden. Allmählich ist es soweit mit uns gekommen, daß wir aufrichtig zu sein glauben selbst dann, wenn wir heucheln. Beweis dafür das, was ich Ihnen neulich sagte: Wenn Euch die Frauen versichern, daß Euer Verdienst und Eure persönlichen Qualitäten sie nur in der Liebe zu Euch leiten, so bin ich fest davon überzeugt, sie meinen es ehrlich. Ich zweifle sogar nicht daran, daß, wenn sie weniger Zartgefühl in ihrer Denkweise bemerkten, sie ebensolche Anstrengungen machen würden, sich diese Unschönheit zu verheimlichen, als sie sich Mühe geben, häßliche Zähne zu verbergen, die ja ein noch so vollkommenes Gesicht entstellen. Ja sogar wenn sie allein sind, würden sie es nicht wagen den Mund zu öffnen. Und indem sie sich und anderen immerzu diesen Defekt verbergen, vergessen sie ihn schließlich selber. Doch was hilft das alles? Das Innere der Dinge ist und bleibt halt so, wie ich es Ihnen geschildert habe.

Und immerhin würde man beiderseits viel einbüßen, wenn die Frauen und Ihr Euch immer zeigtet wie Ihr seid. Man ist nun einmal übereingekommen, Komödie zu spielen, und wenn man jetzt seine wahren Gefühle zeigte, so hieße das nicht mehr Schauspieler sein, sondern dem konventionellen Charakter den wirklichen unterschieben. Auch ist die nackte Natur oft mißgestaltet; warum sollte man sich also darüber beklagen, daß Leute sie zu korrigieren und zu verschönern suchen? Genießen wir den Zauber, ohne dem Reiz, der uns unterhält und verführt, weiter auf den Grund zu gehen. Die Liebe sezieren, bedeutet sich von ihr kurieren. Psyche ging ihrer verlustig, weil sie sie kennenlernen wollte.

Ich komme wieder auf die Aufrichtigkeit der Frauen zurück. Glauben Sie etwa ja nicht, daß ich eine bessere Meinung von der Eurigen habe. Wenn ich gesagt habe, daß Ihr mit Unrecht über ihre Wahl und über ihre Gefühle für Euch stolz wäret; wenn ich gesagt habe, daß ihre Motive nichts weniger als schmeichelhaft für die Männer seien, so will ich hier noch hinzufügen, daß sich die Frauen gleichfalls täuschen, wenn sie etwa meinen, daß Eure Gefühle, wovon Ihr soviel hermacht, immer durch die Macht ihrer Reize oder ihrer Tugenden hervorgerufen würden. Wie oft kommt es vor, daß die Männer trotz aller respektvollen Annäherung, trotz ihrer so zarten und für die Eitelkeit der Frauen so schmeichelhaften Gefühle, und trotzdem sie nur für und durch die Frauen zu atmen scheinen und nur ihr Glück im Auge haben wollen, wie oft, sage ich, kommt es nicht vor, daß sie sich dennoch durch ganz andere

Beweggründe bestimmen lassen! Studieren Sie einmal Ihre Freunde gründlich, und Sie werden sehen, was an Stelle seiner uneigennützigen Liebe dieser für geheime Wünsche hat, und wie jener nur beabsichtigt, eine Frau von hohem Range zu gewinnen oder ihr Vermögen mit ihr zu teilen. Ein dritter endlich läßt sich von noch traurigeren Motiven leiten; er benutzt sie dazu, um die Eifersucht einer anderen Frau zu erwecken, die er tatsächlich liebt. Er hat vielleicht sich nur an sie gemacht, um sich nachher damit bei jener zu brüsten, daß er sich mit Eklat von ihr getrennt hat. Mit einem Worte, was soll ich Ihnen sagen? Das Herz ist ein unentwirrbares Rätsel, eine Zusammensetzung aus lauter Widersprüchen. Wir glauben zu wissen, was drinnen vorgeht, wir sehen die Wirkung und haben doch zumeist keine Ahnung von der Ursache. Und wenn das Herz noch so aufrichtig seine Gefühle sagt: die Aufrichtigkeit gegen sich ist nicht über allen Zweifel erhaben. Vielleicht hat das, was es bewegt, ganz andere Ursachen als die vermeintlichen. Daher wissen Mann und Weib fast nie, warum sie so und so fühlen und empfinden. Doch haben sie einmal eine Entscheidung getroffen, dann legen sie alles zu ihrem Vorteil aus, halten sich für ihre wirkliche Misere schadlos an ihrer Phantasie und gewöhnen sich – wie ich bereits gesagt hatte – daran, ihre Gefühle zu vergöttlichen. Und weil jedermann dabei seine Rechnung findet, so hat noch niemand daran gedacht, hierin Wandel zu schaffen oder überhaupt nur zu untersuchen, ob man sich nicht irre. Adieu! Wollen Sie mich heute abend besuchen, so werden Sie Leute bei mir antreffen, die Sie durch ihre Lustigkeit für den Ernst meiner Worte entschädigen dürften.

Sechsundzwanzigster Brief

Marquis, Sie halten mich vielleicht noch für grausamer als die Gräfin. Die tut Ihnen ja manchmal Herzleid an, aber ich gehe sogar noch weiter: ich möchte am liebsten lachen ... über dieses Herzleid. Doch nein: man kann nicht mehr auf Ihre Qualen eingehen und Ihrer Bedrängnis keine größere Wichtigkeit beimessen als ich. In der Tat, wie kann man sich unterstehen, einer Dame eine Liebeserklärung zu machen, die mit Vergnügen jede Gelegenheit vermeidet, einem Gehör zu geben? Bald scheint sie gerührt, bald achtet sie so wenig als möglich auf Ihre Bemühungen um ihren Beifall. Man hört gern zu und antwortet scherzhaft auf die Schmeicheleien und verwegenen Worte eines gewissen Stutzers von Profession, aber zu Ihnen redet man in ernsthaftem Tone und mit zerstreuter Miene. Wollen Sie einen zärtlichen und verliebten Ton anschlagen, so gibt man eine spaßhafte Antwort oder lenkt vom Thema ab. – Das bringt Sie zur Verzweiflung oder schüchtert Sie ein ... und ich behaupte: das alles ist echte Liebe. Glauben Sie doch überhaupt nicht, daß man, um vorwärts zu kommen, eine wirkliche Erklärung machen müsse. Eine Frau ist weit besser durch Ahnungen als durch Worte davon zu überzeugen, daß sie geliebt wird.

Wissen Sie, warum man Sie nicht verstehen will? Weil man schon im voraus weiß, was Sie zu sagen haben. Wollte man Sie sprechen lassen, so wäre man verpflichtet, böse zu werden. Daher mußten die affektierte Zerstreutheit und die spöttische Unaufmerksamkeit Sie gerade darüber belehren, daß man bereits alles erraten hat und durchaus nicht gleichgültig ist. Aber Ihre Schüchternheit, die Leidenschaft, auf die man daraus schließt, und das Interesse, welches man bereits an Ihrem Zustande nimmt, schüchtern die Gräfin selbst ein wenig ein, so daß die eigentliche Schwierigkeit von Ihnen kommt. Ein wenig mehr Kühnheit Ihrerseits würde beiden Teilen zustatten kommen. Denken Sie daran, was Ihnen neulich M. D. L. R. F. C. sagte: »Ein Ehrenmann kann verliebt sein wie ein Narr, aber niemals darf er es sein wie ein Dummkopf.«

Nicht als ob ich Ihnen raten wollte, keck zu ein, das würde Ihnen gegenwärtig schlecht bekommen. Um es mit Erfolg zu sein, muß man ein gewisses Recht darauf erworben haben, und auch dann darf man es nur zu gelegener Zeit sein. Jener Augenblick ist bei einer Herzensaffäre gar nicht so leicht zu berechnen. Dazu gehört eine ganz bedeutende Menschenkenntnis. Übereilung und Langsamkeit sind gleich gefährlich. Es gibt keine absolute Kühnheit, wohl aber eine relative, je nach Maßgabe der Tugendhaftigkeit, die eine Frau zur Schau trägt: »Gar manche kann viel geben, wenn sie nur ganz wenig gibt«, sagt Montaigne, »und dieses Wenige kostet ihr mehr Überwindung als der Genossin ihr Alles.«

Und hier haben Sie noch eine Maxime, die Ihnen nicht weniger von Nutzen sein wird: Attackieren Sie niemals eine Frau, bevor Sie geprüft haben, wie weit Sie ihr gefallen; sind Sie ihr unglücklicherweise gleichgültig, dann können Sie sich auf die härteste Behandlung gefaßt machen. Nichts schmeichelt unserer Eitelkeit mehr als die Gelegenheit, mit unserer Tugend zu paradieren zum Nachteil derer, die wir nicht lieben; und wehe dem Unbesonnenen, an dem wir ein Exempel statuieren, um unseren Ruf zu befestigen: wir kennen keine Schonung; er ist ein Opfer, das wir mitleidlos unserem Ruhme schlachten. Ha, welche Genugtuung für uns, einen eklatanten Sieg davonzutragen, zumal wenn er unserem Herzen gar nichts kostet. Sie haben ja ohne Zweifel solches Unglück nicht zu fürchten, aber für alle Eventualitäten möchte ich sogar den Fall vorsehen, wo Sie aus Ihrer Schüchternheit Kapital schlagen könnten. Es gibt Frauen, die wunderbar zu Ihrer gegenwärtigen Gemütsverfassung passen, und das sind die, welche gleichzeitig mit Ihrer ausgesprochenen Neigung die Anstrengungen bemerken, womit Sie die Neigungen verbergen wollen: Zwei Gefühle, die gleich schmeichelhaft für die Frauen sind, nämlich viel Liebe und noch mehr Achtung. Durch das eine erweisen Sie ihren Reizen Ehre, das andere ist ein ihrem Stolze gezollter Tribut. Einige, und zwar die Zartfühlendsten, pflegen zu gewähren dem, der nicht zu fordern wagt; sie machen sich ein Vergnügen daraus, ihm Hoffnungen zu erwecken. Geht er dann zu weit in diesen Hoffnungen, so verletzt es sie weniger, weil es ihr eigenes Werk ist. Wenn daher eine Frau bemerkt, daß sie das Gefallen eines so schüchternen Mannes erregt hat, so benimmt sie sich gegen ihn, als ob sie sagen wollte: »Ihre Schüchternheit beweist mir, wie sehr Sie mich achten und wie hoch Sie meine Tugend schätzen, doch man muß alles auf das richtige Maß zurückführen.« Überzeugt, daß die Männer immer mit sich handeln lassen, schlagen wir anfangs ein wenig auf und, wenn wir auch wollen, daß man uns für unbesiegbar halte, so wünschen wir nichstdestoweniger, daß man sich so benehme, als glaubte man es nicht. Das Wesentliche ist, daß man in der Praxis zwei scheinbar entgegengesetzte Dinge miteinander vereinigt. Sie haben nicht genügend Erfahrung, um das zu können. Wenn ich Sie nun sich selbst überlasse, so werden Sie, das sehe ich voraus, mich entweder durch verfehlte Schlußfolgerungen verletzen oder mich durch lächerliche Befürchtungen ungeduldig machen; und da ich nun das rechte Maß kenne, so will ich es gern selbst übernehmen, Sie all die Phasen durchmachen zu lassen, die mein Zartgefühl erfordert. Haben Sie erst einmal das nötige Vertrauen zu sich, so werden Sie schon allein weiter kommen. Und wenn Sie, wie vorauszusehen, über die Grenzen hinausgehen sollten, die ich Ihnen ja nur vorgeschrieben habe, damit Ihnen der Ruhm zuteil wird, sie zu überschreiten, dann werde ich einen Zorn zur Schau tragen, den nicht zu fürchten ich Sie gelehrt haben werde. So wird meiner Neigung und meinem Stolze Genüge geschehen. Meiner Neigung, weil ich mir verschaffte, was ich zu mißbilligen schien, meinem Stolze, indem ich scheinbar beleidigt bin durch das, was meinen Wünschen die Krone aufsetzt. Man soll zum mindesten nicht glauben, daß wir beabsichtigen, keine Schwächen zu haben. Das Meisterwerk der Liebeskunst besteht darin, uns so viel Entschuldigungsgründe als nur möglich zu verschaffen, damit wir uns so wenig wie möglich vorzuwefen haben, wie auch über Eure Kühnheiten böse zu werden und zugleich auch davon zu profitieren.

Sehen Sie, Marquis, dahin müssen Sie die Gräfin zu bringen versuchen. Wenn die Schüchternheit in der Liebe irgendwie nützlich sein kann, dann wählen Sie die Art von Schüchternheit, von der ich soeben sprach, und hüten Sie sich vor allen Dingen, jenen Respekt zu unterlassen, den die Frauen nun einmal beanspruchen. Sie brauchen nämlich eine Achtung, die Zuvorkommenheit und Schonung, nicht aber Blödigkeit oder Untätigkeit bedeutet. Die Achtung der Männer muß uns das sein, was ihnen unser Schamgefühl ist. Wenn nämlich dieses Schamgefühl ihrem Vergnügen mehr ein Reiz als ein Hindernis bedeutet, so wird dadurch der Wert ihres Sieges und der unserer Reize erhöht. Verlangen Sie nichts, zeigen Sie aber den heftigsten Wunsch etwas zu erreichen, und Sie werden alles durchsetzen. Vielleicht müssen Sie an zwei aufeinanderfolgenden Tagen ein ganz verschiedenes Benehmen zeigen und dennoch eine vollkommene Sicherheit zur Schau tragen. Das Herz ist so voller Widersprüche, daß man unerschöpflich sein muß in der Art seiner Attacken.

Siebenundzwanzigster Brief

Was Sie mir da schreiben, Marquis, ist es wirklich möglich? Was? Die Gräfin ist immer noch so streng mit Ihnen? Die sorglose Miene, womit sie alle Ihre Bemühungen hinnimmt, würde Sie untröstlich machen, wenn ich Sie durch meine Moral nicht beruhigte? Verlieren Sie nur nicht den Mut; ich weiß schon, wie das Rätsel zu lösen ist. Ich kenne Sie. Sie sind lustig, keck und voller Chancen im Verkehr mit den Frauen, solange Sie keine Neigung zu ihnen verspüren, die aber, für die Sie etwas übrig haben, erfüllen Sie mit einer Ängstlichkeit, welche schon an Mutlosigkeit grenzt. Heut, wo Sie bereits sicher sein können, daß man Sie liebt, müssen Sie Ihr Betragen ändern. Überlassen Sie die feierlichen Worte und die schönen Gefühle den Seladons; mögen die als Muster der Vollkommenheit gelten. Ich als Frau kann Ihnen versichern, es gibt Augenblicke, wo wir lieber brüskiert als geschont werden wollen; die Männer verlieren durch ihre Ungeschicklichkeit mehr Herzen als die Tugend zu retten imstande ist.

Das letzte Mal führte ich eine wesentlich andere Sprache; Ihre damalige Lage erforderte es. Aber jetzt sind Sie in ein Stadium gelangt, wo Sie nach Erfüllung aller schuldigen Rücksichten auch der Liebe etwas geben müssen. Bemerkt erst der Liebhaber, daß er gefallen hat, so darf seine Leidenschaft sich nur noch als Eifer kundgeben; auf die Ungewißheit muß das Vertrauen folgen. Haben wir erst einmal unser Herz erraten lassen, so wollen wir in unserem Stolze immer mehr Schüchternheit einflößen: Je mehr man auf unseren Widerstand Rücksicht nimmt, desto mehr Respekt verlangen wir. Dabei möchten wir Euch gern zurufen: »Um Himmels willen, setzt doch nicht gar soviel Tugend in uns voraus! Ihr hindert uns geradezu, dagegen zu verstoßen.«

Hüten Sie sich davor, unsere Niederlage für etwas Schwieriges zu halten. Gewöhnen Sie allmählich unsere Phantasie daran, daß Sie an unserer Gleichgültigkeit zweifeln. Oft ist das sicherste Mittel geliebt zu werden, daß man so tut, als wäre man davon überzeugt, es zu sein. Eine sorglose Art zu denken ist uns willkommen. Wenn wir sehen, daß ein Liebhaber, möge er noch so überzeugt sein von unserer Erkenntlichkeit, uns mit allen unserer Eitelkeit angemessenen Rücksichten behandelt, so schließen wir daraus unwillkürlich, daß er sich auch dann so benehmen wird, wenn er unserer Liebe ganz gewiß ist. Welches Vertrauen flößt er uns dadurch ein, und mit was für Hoffnungen darf er sich schmeicheln! Aber wenn er uns mahnt, auf unserer Hut zu sein, dann verteidigen wir nicht mehr unser Herz gegen ihn, dann kämpft nicht mehr unsere Tugend, sondern unser Stolz, und der ist der schlimmste und unbesieglichste Feind in den Frauen. Was soll ich Ihnen noch sagen? Wir wollen uns ja nur verhehlen, daß wir uns gern lieben lassen. Man muß die Frauen dahin bringen, daß Sie sich einreden können, sie seien vergewaltigt oder überrumpelt worden. Überzeugen Sie die Gräfin davon, daß Sie sie darum nicht geringer achten würden, und ich stehe Ihnen für den Erfolg. Behandeln Sie sie so, wie ihr Charakter es verlangt: Sie ist heiter und leichten Sinnes; sie muß im neckischen Spiel zur Liebe kommen. Sie darf gar nicht einmal merken, daß sie Sie vor anderen Männern auszeichnet: Seien Sie eben so heiter als sie töricht ist; nisten Sie sich in ihrem Herzen ein, ohne daß Sie die Absicht zu haben scheinen. Sie wird Sie gern haben ohne es zu wissen, und eines Tages wird sie höchlichst verwundert sein ohne es zu ahnen, auf so weitem Umwege zum Ziele gelangt zu sein.

Achtundzwanzigster Brief

Ich muß Sie unaufhörlich bewundern, Marquis, wenn Sie Ihre Hochschätzung für die Gräfin mit der freien und bisweilen indiskreten Art und Weise des Chevalier vergleichen und daraus schließen, daß Sie den Vorzug verdienen. Ich muß Ihnen Ihr eigenes Herz erklären und zeigen, wie falsch Sie urteilen. Der Chevalier ist nur galant; was er auch immer sagt, es hat weiter keine Konsequenzen oder scheint wenigstens keine zu haben. Bloße Frivolität und die Gewohnheit, allen hübschen Frauen, die ihm begegnen, Komplimente zu machen, lassen ihn reden. Mit seinen Beziehungen hat die Liebe wenig oder gar nichts zu schaffen. Gleich einem Schmetterling verweilt er bei jeder Blume nur einen Augenblick; er sucht nur vorübergehend Unterhaltung. Eine derartige Frivolität wird die Frauen kaum beunruhigen. Die Gräfin weiß sein Geplauder außerordentlich zu schätzen, und, gerade herausgesagt, sie kennt ihn als einen Mann, dessen Herz erschöpft ist. Die Frauen, die sehr viel von platonischer Liebe zu halten vorgeben, wissen sehr genau zwischen so einem Verehrer und einem Mann wie Sie zu unterscheiden. Daher werden Sie mit Ihrem Benehmen immer viel gefährlicher sein. Sie rühmen mir Ihr respektvolles Betragen, aber verlassen Sie sich darauf, es ist gar nicht so weit her damit; das weiß die Gräfin auch ganz gut. Eine Leidenschaft wie die Ihre hat keine respektvollen Ziele. Im Gegensatze zu dem Chevalier verlangen Sie Erkenntlichkeit, Höflichkeit, Gegenliebe und sogar Opfer. Die Gräfin erfaßt mit einem Blick all diese Ansprüche oder, wenn sie diese nicht gleich durchschaut, so hat ihr doch die Natur die Fähigkeit gegeben, zu ahnen, was für sie auf dem Spiele steht, falls sie sich von Ihnen das Geständnis einer Leidenschaft machen läßt, die sie bereits schon teilt. Selten prüfen Frauen die Gründe, welche sie bestimmen, sich zu ergeben oder Widerstand zu leisten; sie wollen sich nicht lange mit Definitionen abgeben, aber sie haben ein unwillkürlich richtiges Empfinden dafür, das ihnen Kenntnisse und Nachdenken ersetzt. Eine Art Instinkt warnt sie im Notfalle und leitet sie ebenso als der hellste Verstand. Ihre schöne Adelaide will ohne Zweifel so lange inkognito genießen; eine solche Absicht läge auch in ihrem eigensten Interesse und wäre trotzdem keineswegs ein Resultat der Berechnung. Sie übersieht dabei ganz, daß die unter einem äußeren Zwange stehende Leidenschaft innerlich dadurch nur um so mehr Nahrung erhält. Wenn Sie auf mich hören, so lassen Sie diese Leidenschaft noch tiefere Wurzeln schlagen und geben der Flamme, die man verbergen will, die nötige Zeit, das Herz ganz und gar in Gluten zu verzehren.

Übrigens müssen Sie zugeben, daß Sie in Ihrer Berechnung sich doppelt geirrt haben. Sie glaubten die Gräfin mehr zu respektieren als der Chevalier. Nun sehen Sie aber im Gegenteil, daß seine Courmacherei keinerlei Konsequenzen hat, während Sie dem Herzen oder, rund heraus gesagt, der Tugend der Schönen zu Leibe gehen. Andererseits hatten Sie sich eingebildet, ihre zerstreuten, gleichgültigen, achtlosen Mienen seien Vorboten Ihres Unglücks. Seien Sie guten Mutes, es gibt keinen deutlicheren Beweis für eine Leidenschaft, als die Anstrengungen, sie zu verbergen. Sobald die Gräfin Sie sanft behandelt, wenn Sie Ihre Neigung zu erkennen geben, sobald sie ohne Zorn sich Geständnisse machen läßt, ist auch ihr Herz in Mitleidenschaft, und Sie dürfen mir aufs Wort glauben, daß Sie geliebt werden.

Neunundzwanzigster Brief

Endlich, Marquis, hört man ohne Unwillen Ihre feierlichen Liebeserklärungen an und glaubt Ihnen, wenn Sie bei allem, was Ihnen heilig ist, schwören, daß Sie immerdar lieben werden. Werden Sie nun bald meinen Prophezeiungen Glauben schenken? Doch man würde, sagt man, Sie noch besser behandeln, wenn Sie vernünftig wären und sich auf bloß freundschaftliche Gefühle beschränkten. Der Titel Liebhaber, den Sie sich beilegen, empört die Gräfin . . . Nun, so streiten Sie sich nicht um Worte, wenn nur die Sache im Grunde dieselbe bleibt. Aber es macht Sie untröstlich, weil man an Ihrer Aufrichtigkeit und Beständigkeit zweifelt? Man mag Ihnen nicht vertrauen, weil alle Männer falsch und wortbrüchig seien; man mag Sie nicht lieben, weil alle untreu würden. Wie glücklich sind Sie und wie wenig kennt die Gräfin ihr eigenes Herz, da sie auf solche Weise Sie von ihrer Gleichgültigkeit zu überzeugen hofft! Soll ich den Inhalt dieser Gespräche auf ihren wahren Wert zurückführen? Sie ist gerührt von Ihrer Hingebung, doch die Klagen und die schlimmen Erfahrungen der Freundinnen haben sie überzeugt, daß die Beteuerungen der Männer immer falsch sind. Ich verstehe ihre Ungerechtigkeit trotzdem nicht. Ich bin gewiß die letzte, die den Männern Schmeicheleien sagt, aber bei solchen Gelegenheiten sind sie fast immer aufrichtig. Verlieben sich die Männer in eine Frau, so heißt das mit anderen Worten, sie fühlen den Wunsch, sie zu besitzen. Nun lassen sie sich von der falschen Vorstellung dieses Besitzes zu der Meinung verleiten, der schöne Wahn würde nie ein Ende nehmen. Sie können sich eben nicht denken, daß das verzehrende Feuer eines Tages erlöschen werde. Das halten sie einfach für unmöglich. Darum schwören sie im guten Glauben, daß sie nie aufhören werden uns zu lieben. Der bloße Zweifel würde ihnen schon wie eine tödliche Beleidigung vorkommen. Aber sie versprechen eben mehr als sie halten können; sie sind nicht weitsichtig genug, um zu begreifen, daß ein und dieselbe Liebe nicht dauernd ihr Herz auszufüllen vermag. Sie hören plötzlich auf zu lieben, ohne zu wissen warum, und haben manchmal sogar die Güte, sich Skrupel zu machen über die Erkaltung ihrer Gefühle. Trotzdem behaupten sie noch lange, daß sie lieben, während alles schon aus ist. Wenn sie aber sich eine Zeitlang Gewissensbisse gemacht haben, so siegt schließlich ihr Widerwille, und sie werden mit derselben Ehrlichkeit untreu, mit der sie versichert hatten, es niemals sein zu wollen. Nichts ist so einfach: die Gärung einer entstehenden Liebe hatte in ihrem Herzen jenen verführerischen Reiz erzeugt. Nun ist der Zauber vorbei, ihr Blut hat sich abgekühlt; wie können wir ihnen das zum Vorwurf machen? Sie hofften ja ihr Wort einzulösen! Und die meisten Frauen sind im Grunde sehr glücklich darüber, daß die Männer, indem sie es brechen, ihrem Leichtsinn freien Lauf lassen.

Doch wie dem auch sei, die Gräfin macht Sie verantwortlich für die Unbeständigkeit der Männer; sie fürchtet, Sie werden es genauso machen, wie die übrigen Liebhaber... Ach, wie ungeschickt ist es doch von den Frauen, wenn sie durch solche Befürchtungen und Zweifel den Männern weismachen wollen, daß sie die Liebe fliehen und verachten. Sobald sie fürchten, daß man sie täuscht, und dennoch Hoffnungen erwecken, kennen sie bereits allen Zauber der Liebe. Was sie beunruhigt, ist allein die Angst, daß er ihnen zu früh entschwinden wird. Schwankend zwischen beständiger Furcht und Hoffnung, zagen und zittern sie davor, daß der schöne Traum nur gar zu bald ein Ende nehmen werde. Darum, Marquis, will jede Frau, die zu Ihnen im Tone der Gräfin spricht, mit anderen Worten sagen: »Ich kann mir gar wohl die Seligkeit der Liebe denken; ich mache mir eine sehr verlockende

Vorstellung davon. Glauben Sie, ich wünschte im Grunde nicht ebenso wie Sie ihre Wonne zu genießen? Aber, je entzückender das Bild ist, das ich mir davon mache, desto mehr füchte ich, daß es nur ein schöner Traum sein werde; und wenn ich mich weigere, mich ihm hinzugeben, so geschieht es aus Furcht davor, daß das Glück nur gar zu bald ein Ende haben wird... Werden Sie meine Leichtgläubigkeit auch nicht mißbrauchen? Werde ich nicht eines Tages bereuen müssen, daß ich Ihnen zu viel Vertrauen geschenkt habe, und ist dieser Tag wenigstens noch recht fern? Ach, wenn ich wenigstens hoffen könnte, lange die Früchte meines Opfers zu genießen, dann, seien Sie versichert, würden wir bald einig werden.«

Dreißigster Brief

Der Rivale, den man Ihnen gegeben hat, muß um so mehr gefürchtet werden, als er ein Mann ist, wie ich Ihnen riet, einer zu sein. Ich kenne den Chevalier: niemand ist fähiger als er, eine Verführung nach allen Regeln der Kunst durchzusetzen. Ich möchte wetten, sein Herz ist ganz unberührt. Er attackiert die Gräfin kaltblütig. Sie sind verloren. Ein so leidenschaftlicher Liebhaber wie Sie macht tausend Schnitzer; die besten Chancen entgleiten seinen Händen. Alle Augenblicke gibt er sich eine Blöße, und sein Unglück ist, daß ihm Übereilung und Zaghaftigkeit abwechselnd schaden. Er läßt sich tausenderlei Gelegenheiten, Terrain zu gewinnen, entgehen. Ein Mann dagegen, der die Liebe zu seinem bloßen Vergnügen betreibt, zieht aus der geringsten Kleinigkeit Nutzen; nichts entgeht ihm; er sieht seinen Fortschritt, kennt die schwachen Seiten und greift dort an: Alles ist seinem Zwecke dienstbar, alles wird berechnet. Sogar seine Unklugheiten sind oft das Resultat reifer Erwägungen und fördern den Erfolg: Kurz, er

In der Gondel

erlangt eine solche Überlegenheit, daß er im voraus das Datum seines Erfolges angeben könnte.

Hüten Sie sich wohl, Marquis, zuviel zu tun: Zeigen Sie nicht so viel Liebe, daß die Gräfin sich erholen müßte von dem Übermaß Ihrer Leidenschaft, quälen Sie sie ein wenig, sorgen Sie dafür, daß sie ein bißchen Angst bekommt, Sie zu verlieren. Nie wird eine Frau Sie noch zuvorkommend behandeln, wenn Sie glaubt, Sie seien zu verliebt, um sie im Stiche zu lassen. Weniger ihre Tugend als ihr Stolz macht sie unleidlich. Wie ein Kaufmann, dem man zu viel Lust nach seiner Ware gezeigt hat, so wird auch sie erbarmungslos immer mehr aufschlagen. Mäßigen Sie also ein unkluges Ungestüm. Zeigen Sie weniger Leidenschaftlichkeit und Sie werden desto mehr erwecken. Wir fühlen erst den ganzen Wert eines Glückes in dem Augenblicke, wo es uns zu entschwinden droht. Ein wenig Zurückhaltung in der Liebe ist unerläßlich für das Glück beider Teile. Im Notfalle würde ich Ihnen sogar raten, ein bißchen frevelhaft zu sein. Bei jeder anderen Gelegenheit ist es zweifellos besser, ein Narr zu sein als ein Schelm, aber in galanten Dingen sind allein die Dummen Narren und die Schelme haben stets die Lacher auf ihrer Seite.

Allerdings muß ich gestehen, daß die Wahrheit dessen, was ich hier sage, sehr vom Gegenstand der Eroberung abhängt. Bei einer Frau von Erfahrung wird es sicher nützlich sein, meine Ratschläge zu beherzigen. Bei einer Novize hingegen wird man vielleicht ganz verschiedene Waffen anwenden müssen. Es verschlägt nichts, wenn man dieser zu erkennen gibt, welchen Eindruck sie auf uns gemacht hat! Ihre Erkenntlichkeit richtet sich nach der Wirkung, die ihre Reize hervorbringen: Ihre Liebe ist das Thermometer der eigenen Liebe; sie erwidert eine Leidenschaft mit gleicher Heftigkeit und Dankbarkeit. Eine Weltdame dagegen bemerkt die Liebe nur mit den Augen der Eitelkeit und läßt Sie ein Gut nur um so teurer erkaufen, je höher Sie es selbst bewerten. Sie sehen also, es gibt kaum absolute Wahrheiten; alle sind relativ. Adieu!

Ich habe übrigens einige Bedenken, Sie zu verabschieden, ohne Ihnen noch ein Wort des Trostes gesagt zu haben. Sie brauchen nicht den Mut zu verlieren. So gefährlich der Chevalier auch sein mag. Sie können ruhig in die Zukunft sehen. Ja, ich habe sogar den Verdacht, daß die schlaue Gräfin ihn nur auf der Bildfläche erscheinen ließ, um sie zu ängstigen. Ich will Ihnen nicht etwa schmeicheln, aber ich freue mich, Ihnen sagen zu können, daß Sie mehr wert sind als er. Sie sind jung, Sie debütieren in der Gesellschaft, man betrachtet Sie als einen jungen Menschen, der noch nicht geliebt hat. Der Chevalier hingegen hat gelebt. Welche Frau fühlte nicht den Unterschied? Freilich, welche Frau, die ihn fühlt, wird ehrlich genug sein, es einzugestehen?

Einunddreißigster Brief

Redlichkeit in der Liebe? Marquis, was fällt Ihnen ein? Ach! Sie sind ein Schwärmer. Ich werde mich in acht nehmen und Ihren Brief zeigen; Sie müßten sich ja seiner schämen. Also Sie können sich nicht beherrschen, wie ich's Ihnen riet? . . . Früher hätten Sie mit Ihren großen, reinen Gefühlen Ihr Glück gemacht. Damals behandelte man die Liebe als eine Ehrensache. Doch heute, wo die Korruption der Zeit alles verändert hat, ist die Liebe nur noch ein Spiel von Eitelkeit und Laune. Ihre Unerfahrenheit gibt Ihren Vorzügen eine frostige Herbheit, die Sie unfehlbar zugrunde richten würde, wenn Sie nicht schließlich verständig genug wären, sich den Sitten der Zeit anzubequemen. Heutzutage darf man sich nicht mehr geben wie man ist. Alles ist Schein, alles ist Miene, Zeichen und Geste. Alles spielt Komödie, und die Männer haben guten Grund, es ebenso zu machen; sie haben einsehen gelernt, daß niemand dabei gewinnen würde, wenn die anderen immer sagten, was sie Gutes oder Böses von uns denken. An Stelle der Aufrichtigkeit sind konventionelle Phrasen getreten. Und wie durch Ansteckung hat sich das auch auf die Galanterie übertragen. Trotz Ihrer großen Prinzipien werden Sie zugeben müssen, daß dieser Höflichkeit genannte Brauch, wenn er nicht bis zur Ironie oder zum Verrat geht, eine beherzigenswerte soziale Tugend ist. Denn bei jedem Umgang, zumal aber im galanten Verkehr, hat man es gar sehr nötig, anders zu scheinen als man wirklich ist. Bei wie vielen Gelegenheiten kann der Liebhaber nur gewinnen, wenn er das Übermaß seiner Leidenschaft verbirgt, bei wie vielen anderen würde er zu kurz kommen, wenn er nicht mehr Neigung heuchelte als er wirklich hat! Ich stelle mir die Gräfin wohl richtig vor; sie ist gewandter als Sie. Ich bin sicher, sie verbirgt ihre Gefühle für Sie um so eifriger, als Sie die Beweise Ihrer Liebe vervielfältigen möchten. Ich wiederhole daher; je weniger Sie preisgeben, desto besser wird man Sie behandeln. Quälen Sie die Gräfin ein bißchen; machen Sie sie ängstlich um Ihre Treue; denken Sie an die Zukunft. Das ist das sicherste Mittel zu erfahren, was Sie wert sind.

Zweiunddreißigster Brief

Sie eifersüchtig, Marquis! … O, wie beklage ich Sie! Man könnte Ihnen einen guten Dienst leisten, wenn man die Angst verscheuchte, die Ihnen die Beharrlichkeit des Chevaliers verursacht. Das halte ich aber kaum für möglich; Sie rühmen sich ja Ihrer Gefühle, und da Sie sich einbilden, sie seien ein Beweis Ihrer Liebe und Ihres Zartsinnes, wie sollte man Ihnen beibringen, daß Sie darauf verzichten müssen? Wollten Sie jedoch die Art jener Gefühle etwas näher prüfen, so würden Sie als deren Quelle weniger die Liebe zu der Gräfin, als Ihre eigene Eitelkeit entdecken, und Sie würden dann auch zu der Einsicht gelangen, daß diese Gefühle ebenso demütigend für Sie als beleidigend für die Gräfin sind.

Ja, ja, Marquis, so wie Sie mir Ihre Eifersucht im letzten Briefe schildern, ist sie nichts anderes als ein Schmerz darüber, daß ein anderer Eindruck macht auf das Herz, das Sie allein auszufüllen sich für würdig halten. Gestehen Sie es nur ein: Wenn Sie die Regungen solch einer verletzten Eitelkeit genauer zu verfolgen wagten, so würden Sie als höchsten Beweis der Liebe eine absolute Zurückhaltung und eine ausgesprochene Gleichgültigkeit gegenüber den anderen verlangen. Sie würden wünschen, daß man nur auf Sie achtete, daß man Sie mit niemandem vergleichen könnte und daß man offen die Bemühungen der verführerischsten Männer verschmähte.

Sie fürchten, es könnte Ihnen jemand das Herz der Gräfin abspenstig machen. Heißt das nicht beweisen, wie teuer Ihnen ihr Besitz ist? . . . Seien Sie einmal ehrlich! Gestehen Sie ruhig ein, daß Ihre Unruhe weit geringer sein würde, wenn der Verlust eines so kostbaren Gutes nicht den Rivalen voraussetzte, der es Ihnen vermöge seiner Überlegenheit entreißen könnte. Nicht mehr geliebt werden, ist ja bloß ein Malheur; eine pure Laune kann es verursachen; aber ersetzt werden, einen anderen vorgezogen sehen, welch eine Demütigung! Und das seltsamste, sogar für einen so zartsinnigen Liebhaber wie Sie einer zu sein scheinen wollen, ist, daß man sich über das eine tröstet, während man sich das andere nie verzeihen kann. Sie ahnen vielleicht nicht den eigentlichen Grund davon. Es ist folgender: das eine verletzt die Liebe, das andere die Eitelkeit. Aber ist diese Eitelkeit denn berechtigt? Heißt es nicht gewissermaßen einen Rivalen verdienen, wenn man ihn fürchtet? Heißt das nicht eingestehen, daß man irgend jemanden für würdig hält, uns den Vorrang streitig zu machen? Haben Sie doch eine bessere Meinung von sich, Marquis! Nicht durch Angst befestigt man die Treue einer Geliebten; die Angst kann im Gegenteil nur dazu dienen, sie wankend zu machen. Das bedeutet ja, die Geliebte mit Empfindungen vertraut zu machen, deren bloße Vorstellung ihr schon wie ein Verbrechen vorkommen muß. Indem Sie Ihre Unbeständigkeit fürchten, gewöhnen Sie sich daran, die Unbeständigkeit als etwas Mögliches und weniger Tadelnswertes zu betrachten. Außerdem machen Sie ihr ja die Treue zu einem Vorzuge. Tragen Sie eine absolute Sicherheit zur Schau. Sie werden dadurch nicht einmal den Gedanken in ihr aufkommen lassen, daß sie einen andern lieben könnte als Sie. Wagt man es, einem Manne untreu zu werden, der seiner immer so sicher ist? Würde er immer so sicher sein, wenn er nicht tatsächlich den Vorzug vor anderen verdiente? Sehen Sie, das ist die Logik der Frauen.

Sie wissen übrigens sehr gut, daß Eifersucht für sie selbst etwas Beleidigendes hat. Denn ihre Treue verdächtigen heißt, sie der Untreue zeihen, ihren guten Sitten mißtrauen, sie tyrannisieren und sich von Vorwürfen und Zwang gegen sie das versprechen, was man von ihrer Neigung nicht erhalten konnte. Kann ein Herz, das man sich um diesen Preis erhält, das Glück eines zartfühlenden Mannes ausmachen? Oder vielmehr, erhält man sich ein Herz um diesen Preis? Heißt es nicht sich selbst erniedrigen, wenn man von dem anderen Teile eine so schlechte Meinung hat?

Das ist die Eifersucht, wie sie leibt und lebt bei fast allen Liebhabern. Ich frage Sie nun: Kann man sie noch als einen Beweis der Liebe betrachten? Aber ich kenne eine Eifersucht ganz anderer Art, von der ich Ihnen keine bessere Vorstellung geben kann, als indem ich Ihnen die Abschrift eines Briefes sende, den ich einmal an den Grafen von Coligny geschrieben haben.

Brief des Fräulein von Lenclos an den Grafen von Coligny

»Wie ungerecht Sie sind, mein lieber Graf! Wie, all meine Worte haben Sie nicht beruhigen können? Die Besuche, die uns der Herzog von *** macht, betrüben Sie immer noch. Ich sehe schon, Sie verwechseln mich mit den Frauen, die in der Liebe ohne Treu und Redlichkeit sind. Lernen Sie nur meinen Charakter besser kennen: Gefielen Sie mir wirklich nicht mehr, und hätte der Herzog tatsächlich Ihre Stelle in meinem Herzen eingenommen, so würde ich nichts Gescheiteres haben tun können, als es Ihnen ganz naiv einzugestehen, und ich würde mich wohl gehütet haben, Ihre Vorwürfe erst abzuwarten und zu verdienen. Lassen Sie mir Gerechtigkeit widerfahren und versuchen Sie jenes Taktgefühl nachzuahmen, das ich mir Ihnen gegenüber zum Prinzip gemacht habe. Glauben sie denn wirklich, daß ich nicht manchmal auch Ihretwegen beunruhigt war? Meinen Sie etwa, ich hätte kaltblütig Ihre Bemühungen um die Präsidentin mit angesehen und ohne Beunruhigung den Bericht von Ihren Soupers bei Hortense mit angehört, von Ihrem Musizieren bei der Marschallin? Habe ich bei dieser Gelegenheit die geringste Klage laut werden lassen? Ich glaube nicht. Die Furcht, Ihnen auch nur den geringsten Kummer zu bereiten, Ihnen Zwang aufzuerlegen oder Ihr Vergnügen zu stören, hat mich stets davon abgehalten. Bei unserer Liebe habe ich immer nur Ihr Glück im Auge gehabt. All mein Streben war darauf gerichtet, meine Rivalinnen durch angenehmes Wesen zu übertreffen und Sie bei mir Freuden höherer Art finden zu lassen, als all das, was sie Ihnen zu bieten vermöchten. Da gewöhnliche Frauen in der Liebe nur ihr eigenes Glück oder ihre Eitelkeit im Auge haben, so bekommt ihre Eitelkeit etwas Launenhaftes und

Tyrannisches. Wie verschieden davon die meinige! Dafür entstammt sie auch einer ganz anderen Quelle: Keine Frau hat einen Liebhaber wie den meinigen, und darum verdanke ich ihm meine Ruhe. Mein lieber Graf hat das nötige Maß von Klugheit und Zartgefühl: diese beiden Eigenschaften haben mich stets in Sicherheit gewiegt gegenüber allen unternehmungslustigen Frauen. Ich weiß nicht, ist es Klugheit oder Eitelkeit, aber ich habe mir stets mit der Hoffnung geschmeichelt, daß er einen Unterschied würde zu machen wissen zwischen einer ihm wirklich zugetanen Frau und solchen, die allein durch Eitelkeit sich leiten ließen. In den Augen eines Gekken ist eine Neckerei eine Avance, eine Höflichkeit, eine Auszeichnung; das geringste oft nur ironische Lob erscheint ihm als Liebeserklärung; ein frivoler Geschmack kommt ihm wie eine echte Leidenschaft vor. Da er nicht anspruchsvoll ist in der Wahl des Gegenstandes, so wird ihm alles gefallen, was nur irgend wie unverhoffte Gunst aussieht. Aber ein Mann wie Sie weiß alles nach seinem wahren Werte zu würdigen: Affektiertheit gilt ihm nicht als Empfindung, Falschheit nicht als Freimütigkeit, Schein nicht als Wirklichkeit. Sein Ruhm besteht nicht in der Eroberung aller Herzen, er ist nicht darauf erpicht, allgemein zu gefallen, sobald er die Person gefunden hat, die allein seine Achtung verdient; ihr Herz zu erweichen, sie sich zu erhalten und sie vor allen anderen auszuzeichnen, darauf allein ist er bedacht. Eine ganze Anzahl anderer können noch zu seiner Unterhaltung beitragen, können sogar Gegenstand seiner Höflichkeiten werden, können ihn aber nicht ernstlich interessieren. Wie oft habe ich mir nicht gesagt: der Graf ist augenblicklich bei Hortense oder bei der Präsidentin; möglicherweise verweilt er sogar gern dort, eine andere als ich ist also Veranlassung zu seiner Unterhaltung und Freude, doch er ist glücklich und das genügt mir. Das Interesse, das er an ihnen nimmt, gleicht nicht den Freuden, die er bei mir genießt. Das Glück der Liebe ist verschieden von allem, was nicht mit Liebe zu tun hat. Der Graf ist bei mir nicht von derselben Heiterkeit wie bei anderen Frauen; seine Blicke, seine Besorgnis, seine geringsten Gesten, sobald sie mir gelten, bekommen ein ganz anderes Gepräge. Darum bin ich, weit entfernt davon, die anderen zu hassen, im Gegenteil erfreut darüber, daß sie dazu beitragen, seine Vergnügungen zu differenzieren; ich bin ihnen sogar dankbar, ich habe sie gern und liebe ihn in ihnen. Übrigens, lieber Graf, je liebens-würdiger Sie sind, desto schmeichelhafter wird es für mich sein, daß Sie mit ihnen verkehren, ohne daß Ihr Gefallen an mir abnimmt. Doch sollte ich fürchten müssen, daß ich Ihnen eines Tages gleichgültig würde? Wenn mich eins über den Verlust Ihres Herzens trösten könnte, so würden es die Vor-züge und die Schönheit meiner Rivalin sein.

Sollte es die Präsidentin sein, die Sie mir vorziehen könn-ten? Sie ist munter, lebhaft, angenehm; aber das alles ist sie vermöge ihres Temperamentes. Wird es Hortense sein? Ihre Augen sind zärtlich und schmachtend; sie hat Anmut, Sanft-mut, aber all diese Vorzüge sind bei ihr natürliche Veranla-gung. Sollte ich endlich vielleicht die Marschallin zu fürch-ten haben? Sie vereinigt allerdings mit einem edlen Wuchse die Kunst, sich zu schmücken, sie ist pikant und geistreich; aber ihr Hauptverdienst ist die Gewohnheit, die Sucht, von allen Männern bemerkt zu werden und alle Frauen zu demü-tigen.

Und nun überlegen Sie, worauf meine geringen Vorzüge zurückzuführen sind. Der Liebe allein verdanke ich sie. Von ihr allein erhalten sie Sein und Wert: Ihr entstammt jene Leb-haftigkeit meines Temperamentes, die Sie so hoch schätzen; sie verleiht meinen Augen jenen feuchten Schimmer, der Sie begeistert, meinem Körper seinen edlen Gang, meiner Klei-dung Geschmack, meiner Schönheit Glanz, meinem Geiste

Heiterkeit, meinem Schweigen Ausdruck. Ohne Liebe ist alles in mir und um mich ohne Lust und Leben. Mit einem Worte, Graf, Ihnen verdanke ich alles und nichts der Natur, dem Zufall oder der Eitelkeit. Ich wünschte, alle Männer knieten vor mir, Ihnen zu Ehren. Da Sie aber immer noch an meinen Gefühlen zu zweifeln scheinen, so sprechen Sie ein Machtwort, ich werde mich ihm beugen und nicht wieder den Gegenstand Ihrer Unruhe bei mir empfangen. Glauben Sie ja nicht, daß ich Ihnen damit ein Opfer bringe. Und selbst wenn jener Entschluß mich eine Überwindung kostete, so bedenken Sie, daß alle Opfer, die ich Ihnen brachte, die Bande, welche uns fesseln, nur noch enger schlingen würden.«

Das, Marquis, ist die einzige Eifersucht, die man fühlen und erwecken soll.

Dreiunddreißigster Brief

Acht Tage langes Schweigen! Mein Herr, ich fange an besorgt zu werden! . . .

Also Sie haben meine Ratschläge mit Glück befolgt: Ich gratuliere Ihnen! Was ich aber nicht billige, ist, daß Sie traurig sind, weil man Ihnen kein Gegengeständnis gemacht hat. Dieses »Ich liebe Sie« ist also etwas gar so Kostbares in Ihren Augen? Seit vierzehn Tagen suchen Sie die Gefühle der Gräfin zu enträtseln, und das ist Ihnen geglückt. Sie kennen ihre Neigung; was verlangen Sie mehr? Würde ein formelles Geständnis Ihnen ein größeres Recht auf ihr Herz geben? Wahrhaftig, ich finde Sie sehr seltsam; denn, wissen Sie, es gibt schließlich nichts Ärgerlicheres für eine vernünftige Frau als die Hartnäckigkeit, womit die Durchschnittsverehrer das ihnen verweigerte Geständnis verlangen. Ich begreife Sie nicht: In den Augen eines taktvollen Liebhabers ist ja doch eine solche Weigerung viel kostbarer als ein positives Geständnis. Wollen Sie in Ihrem eigenen Interesse einen guten Rat hören? Anstatt eine Frau damit zu quälen, sollten Sie ihr lieber Ihre wachsende Neigung verbergen. Sorgen Sie dafür, daß Sie geliebt werden, bevor Sie sich ihre eigene Liebe eingestehen. Gibt es denn etwas Reizvolleres, als mit anzusehen, wie ein Herz, ohne es selbst zu ahnen, sich allmählich für uns interessiert, immer wärmer und wärmer und schließlich ganz zärtlich wird? Welch ein Vergnügen, im geheimen all diese Gemütsbewegungen zu genießen, sie zu leiten, sie anzufachen, sie zu beschleunigen und sich seines Sieges zu freuen, bevor noch die Schöne ahnt, daß man nach ihrer Niederlage trachtet? Das nenne ich Vernügen. Glauben Sie mir, Marquis: Benehmen Sie sich gegen die Gräfin, als wenn ihr das Geständnis bereits entschlüpft wäre. Freilich hat man Ihnen noch nicht gesagt »Ich liebe Sie«, aber eben weil man Sie liebt, wird man es noch nicht gesagt haben. Im übrigen aber wird man bereits alles getan haben, um Sie davon zu überzeugen. Wie viele von uns Frauen haben nicht bereits die höchste Gunst erwiesen, bevor sie noch das verhängnisvolle Wort aussprechen wollten!

Die Frauen befinden sich ja auch in keiner geringen Verlegenheit. Sie wünschen zum mindesten ebenso sehr Euch ihre Neigung zu gestehen, als Ihr uns. Aber was wollen Sie? Die Männer, höchst erfinderisch in der Kunst, sich selber Schwierigkeiten zu bereiten, sehen je etwas Beschämendes in so einem Gestädnnis von seiten der Frau. Welche Vorstellung man immer haben möge von unserer Art zu denken und zu empfinden, so ein Geständnis demütigt uns stets, denn, wenn wir auch noch so unerfahren sind, wir fühlen doch sofort die Konsequenzen. Dieses »Ich liebe Sie« an sich ist freilich kein Verbrechen, aber die Folgen erschrecken uns. Und wie wollten wir sie uns auch verhehlen? Wie sollten wir so blind sein, nicht zu merken, was notwendigerweise daraus werden muß? Und achten Sie ferner darauf: Die Beharrlichkeit, womit Sie dieses Geständnis fordern, ist weniger Ihrer Liebe als Ihrer Eitelkeit zuzuschreiben. Ich bestreite, daß Ihr uns über die wahren Motive unserer Eindringlichkeit täuschen könnt. Die Natur hat uns mit einem wunderbaren Instinkte begabt; dieser befähigt uns, genau zu unterscheiden zwischen der Sprache der Leidenschaft und allem, was ihr fremd ist. Immer voller Nachsicht gegenüber den Wirkungen einer Liebe, die wir einflößen, werden wir alle Unvorsichtigkeiten, allen Übereifer, ja sogar alle Torheiten verzeihen, die Ihr Liebhaber begehen könnt; aber Ihr werdet uns immer unerträglich finden, sobald unsere Eigenliebe mit der Euren zusammenstößt. Und man sollte es kaum glauben: Ihr könnt uns zur Empörung bringen durch Dinge, die für Euer Glück gar nicht in Betracht kommen. Eure Eitelkeit hängt sich an Kleinigkeiten und hindert Euch am Genuß wirklicher Vorteile. Begnügt Euch doch damit, Euch an der Gewißheit zu berauschen, daß Ihr von einer anbetungswürdigen Frau geliebt seid; kostet das Vergnügen aus, es ihr selbst zu verbergen, ohne sie dabei zu tyrannisieren. Und, wenn Ihr durch ewige Quälereien ihr endlich ein »Ich liebe Sie« entlocken würdet, was werdet Ihr dabei gewinnen? Wird Eure Ungewißheit damit ein Ende haben? Werdet Ihr sicher sein, ob Ihr es nicht mehr der Gefälligkeit als der Liebe verdanket? Ich muß doch die Frauen besser kennen. Man kann Euch durch ein gezwungenes Geständnis täuschen, das allein der Mund ausspricht: niemals aber werdet Ihr getäuscht werden durch das unfreiwillige Zeugnis einer Leidenschaft. Mit einem Worte: die wahrhaft schmeichelhaften Geständnisse, wir machen sie nicht, sie entschlüpfen uns.

Vierunddreißigster Brief

Und den Gipfel der Freude haben Sie erreicht? Es ist also entschieden, man opfert Ihnen den Rivalen und Sie triumphieren? Wie schnell Ihre Eitelkeit zu befriedigen war! Ich würde lachen, wenn Ihr vermeintlicher Sieg schließlich dazu führte, daß man Ihnen eines Tages den Abschied gibt. Wie dann, wenn das Opfer, dessen Sie sich rühmen, nur ein erheucheltes wäre? Wenn die Gräfin Sie nun bloß zum Courmacher genommen hätte, um im Herzen des Chevalier eine Liebe neu zu entfachen, die zu Ende ging? Glauben Sie, es wäre ein Wunder, wenn Sie nur als Veranlassung dienten zur Eifersucht des einen und als Werkzeug zur Intrige des anderen? Alle Männer denken wie Sie; sie bilden sich ein, wenn man ihnen einen Rivalen opfert, so sei das ein Beweis für ihre Überlegenheit. Wie oft ist so ein Opfer eine bloße Kriegslist! Oft ist das Opfer selbst ebenso ehrlich erfreut darüber als der Sieger. Und wenn das Opfer zufällig kein ehrliches sein sollte, so ist zweierlei möglich: Entweder die Schöne hatte den Rivalen lieb oder sie hatte ihn nicht lieb. Im ersten Falle ist der Umstand, daß sie ihn laufen läßt, ein Beweis dafür, daß sie ihn nicht mehr lieb hat, und dann ist es gewiß kein Ruhm, bevorzugt zu werden. Wenn sie ihn überhaupt nicht liebte, so kann man sich den angeblichen Sieg doch erst recht nicht zur Ehre anrechnen? In beiden Fällen trügen sie ihn über einen Mann davon, der ihr gleichgültig, vielleicht sogar verhaßt war.

Es gibt noch eine andere Möglichkeit, vorgezogen zu werden, ohne daß die Wahl einem zum Ruhme gereicht, nämlich wenn die Eitelkeit der Angebeteten stärker ist als ihre Neigung. Ich sage das zu unserer Schande: Selten wird ein Verehrer, der nur seine Liebe darzubieten hat, lange mit einem Nebenbuhler rivalisieren können, der von hoher Geburt ist und Dienerschaft hat und Landbesitz. Errötet eine Frau über das geringe Vermögen ihres Verehrers, trägt sie nur deshalb Bedenken, ihn für ihren Sieger zu erklären und rechnet sie es sich gar zum Verdienste an, ihn darum zu opfern, so wird sie nie um einen guten Grund verlegen sein, ihm den Laufpaß zu geben. Gott behüte, daß ich etwa glaubte, Sie hätten derartigen Motiven Ihren Erfolg zu verdanken. Ich halte die Gräfin für viel zu ehrlich verliebt, als daß nicht Ihr Sieg das Resultat ihres guten Geschmackes und Ihrer Vorzüge sein müßte; aber ich wollte Ihnen nur zeigen, wie oft man über seine Triumphe erröten müßte, wenn man die wahren Gründe kennen würde.

Fünfunddreißigster Brief

Also es ist nicht mehr der Chevalier, der Sie beunruhigt: die Gräfin empfängt bei sich viel mehr Männer als Frauen und das ängstigt Sie ... Anstatt sich darüber zu beklagen, sollten Sie sie lieber in dieser Gewohnheit bestärken. Ich habe sogar Frauen gekannt, die ihren Freundinnen rieten, eine Anzahl auserlesener Männer zu empfangen und so wenig Frauen wie möglich bei sich zu sehen, weil sie überzeugt waren, daß die Schmeicheleien jener für eine junge Person lange nicht so gefährlich wären, als das Beispiel und die Ratschläge dieser.

Es gibt wenig Frauen, die sich nicht teils durch Unvorsichtigkeit, teils durch wirkliche Fehler kompromittiert hätten. Mit beiden macht das Publikum keinen Unterschied; es wirft sie in denselben Topf und hat von dem Wirt eine ebenso schlechte Meinung als von dem Gast. Die Ruhe der Gräfin würde durch den Besuch solcher Frauen nicht minder gefährdet sein als ihr Ruf. Der Klatsch in solchen Gesellschaften, der Neid der Frauen untereinander, würden Ihnen ewige Unannehmlichkeiten bereiten. Und welchen Vorteil hätte sie von Ihnen? Durch die Möglichkeit beständiger Berührung würde man doppelt eifersüchtig auf sie sein; ihre schönsten Vorzüge würden ein beständiger Gegenstand der pikantesten Spöttereien werden; ihre Neigung zu Ihnen, ihre Treue, ihre Aufmerksamkeiten würden nur ein ironisches Lob finden, über das sie viel mehr erröten müßte, als über die Courmacherei der liebenswürdigsten Männer. Im Gegenteil, der Wunsch, auch die Achtung der letzteren zu verdienen, die Furcht, von denen durchschaut zu werden, welche Absichten auf sie haben könnten, die Charakterfestigkeit, die man im Verkehr mit ihnen erlangt, stützen die Treue einer Frau, befestigen sie in ihren Grundsätzen und sind oft die besten Freunde einer liebenswürdigen Hausfrau.

Ja, auf die Gefahr hin, Sie zu ärgern, gehe ich sogar noch weiter: Ich bin fest überzeugt, daß die Gesellschaft selbst der vernünftigsten Frauen für eine junge Dame sehr gefährlich werden kann. Die Tugend vernichtet in uns nicht jenen latenten Neid, der in moralischer Hinsicht das charakteristischste Merkmal unseres Geschlechtes ist: Man kann sehr gescheit und dennoch immer neidisch und mithin schlecht sein. Die junge Dame hat eigentlich von diesen ehrenwerten Frauen keine ihrer Tugend hinderlichen Ratschläge zu fürchten, aber sie läuft eine andere nicht zu unterschätzende Gefahr: Fast alle Damen, die sich in der Gesellschaft als die Vernünftigen aufspielen, sind entweder im Niedergange oder sie sind in ihrem Äußeren von der Natur vernachlässigt oder sie benehmen sich hart und unleidlich gegen alles, was weibliche Liebenswürdigkeit bedeutet. Diese drei Spezies haben ungefähr dieselben Interessen und immer dieselben Absichten, nämlich die gefeierten Frauen zu lästern und ihnen alle Verdienste zu nehmen. Anfangs tragen sie eine große Verachtung gegen das angenehme Äußere und die Grazie der Jugend zur Schau, dann versuchen Sie der Überlegenheit seelischer Vorzüge, die natürlich ihr Steckenpferd sind, Geltung zu verschaffen. Da sie aber sehen, daß die Männer taktlos genug sind, der Schönheit, den angenehmen Talenten und der Heiterkeit den Vorzug zu geben, so verkleinern sie schließlich, so sehr sie können, diese Vorzüge der jungen Leute. Sie sind die Celenos der Fabel; sie verderben alles, was sie berühren. Ich füge hier die Abschrift eines Briefes bei, der eine wunderbare Erläuterung zu dieser meiner Ansicht gibt. Ich brauche Ihnen ja nicht zu sagen, wie er in meine Hände gelangte: Ich habe immer sorgfältig alles gesammelt, was dazu dienen kann, das Dunkel des menschlichen Herzens zu lichten.

»Liebe Freundin!

Je mehr ich jetzt darüber nachdenke, desto mehr überzeuge ich mich davon, daß wir auf diesem Wege nicht zum Ziele kommen: Unsere Ironie, unsere beständigen Epigramme, ja selbst Haß und Verachtung scheinen mir keineswegs die geeigneten Waffen, um unserer gemeinsamen Freundin die Vorteile wieder zu entreißen, die sie in ihrer Jugend und in ihren spärlichen Reizen findet. Unser Betragen verrät zu sehr unsere Absichten; es wird uns unbeliebt machen und, wenn wir ihr offen den Krieg erklären, so werden wir schließlich die traurige Tatsache erleben, daß man uns auch noch bemitleidet. Schlagen wir fortan lieber eine andere Taktik ein, suchen wir ihren Verkehr, werden wir ihre Freundinnen, geben wir uns Mühe, ihr Vertrauen zu gewinnen, benützen wir den Kredit, den uns unser Alter notwendigerweise bei einer so jungen Person verschaffen muß. Wir müssen sehen, daß wir sie lenken und daß wir ihre Vertrauten werden. Ich stehe Ihnen dafür: Mit einem bißchen Geschicklichkeit und Geduld bringen wir sie dahin, schließlich nur nach unserem Willen zu denken und zu fühlen. Der Sieg ist uns gewiß, wenn wir sie gegen jene eitle Vergnügungen gleichgültig machen, deren ganze Frivolität wir ihr zu Gemüte führen müssen: Anstatt der äußeren

Reize, womit die Natur sie reichlich schmückte, muß sie hohe seelische Vorzüge, anstatt der Flatterhaftigkeit die Umsicht, anstatt der Meinung das Sophisma, anstatt der Vertrauensseligkeit das Mißtrauen, anstatt des leichten Wortgeplänkels den philosophischen Ton schätzen lernen. Mit einem Worte: Machen wir sie tüchtig und wertvoll, daß wir den Zauber lösen, der alle Männer anlockt und fesselt. Wir riskieren dabei freilich, daß wir aus einer amüsanten und hübschen Frau eine gründliche machen, aber uns bleibt dann nichts zu wünschen übrig. Wir haben sie daran gewöhnt, ihre besten Qualitäten preiszugeben: Alle ihre Tugenden werden ihr keinen Erfolg dafür bieten, und in kurzer Zeit wird sie so unbegehrt und so lächerlich sein, als wenn sie alt und häßlich wäre. Eifersucht zeigen, heißt die Überlegenheit der Rivalin eingestehen; die Rivalin aber vernichten unter dem Vorwand, ihre Vollendung zu wollen, ist das Meisterwerk der Intrige und der Gipfelpunkt der Genugtuung.«

Was sagen Sie zu solchen Grundsätzen, Marquis? Würde ich den Namen der Schreiberin des Briefes nennen, Sie würden mir nicht glauben. Sie gilt für das gerade Gegenteil. Man hält sie für frei von Leidenschaften und Vorurteilen, man behauptet, sie sei die Reinheit und Offenheit selbst; es gibt keine edleren Grundsätze, kein unberührteres Herz, keine uneigennützigere Freundin! Und nun glauben Sie noch an die Tugenden – – –

Sechsunddreißigster Brief

Können Sie mir verzeihen, Marquis? Ich habe Ihrer Betrübnis gelacht. Sie nehmen alles so tragisch! Einige Unvorsichtigkeiten, sagen Sie, haben Ihnen den Zorn der Gräfin zugezogen und Sie seien trostlos deswegen. Sie haben ihr mit einer

Innigkeit die Hand geküßt, daß alle Welt es bemerkt hat. Sie hat Ihnen öffentlich Ihre Indiskretion zum Vorwurf gemacht, und Ihre offenbare, die anderen Frauen verletzende Vorliebe für die Gräfin haben Sie den pikanten Spötteleien der Marquise, ihrer Schwägerin, ausgesetzt. Unleugbar schreckliche Vorkommnisse! Sind Sie wirklich so einfältig, daß Sie sich wegen eines geheuchelten Zornes unrettbar verloren glauben? Sie ahnen wohl nicht einmal, daß man Ihr Betragen billigt? Dann muß ich Sie also davon überzeugen, und zu diesem Zwecke bin ich allerdings gezwungen, Sie in seltsame Mysterien der Frauenseele einzuweihen. Doch ich will in meinen Briefen durchaus nicht immer mein Geschlecht verteidigen. Ich schulde Ihnen Offenheit, ich hab's versprochen und halte es.

Eine Frau schwankt beständig zwischen zwei unvereinbaren Gefühlen, zwischen dem Wunsche zu gefallen und der Furcht vor Schande. Nun stellen Sie sich unsere Verlegenheit vor. Einerseits sind wir heiß erpicht darauf, ein Publikum zu haben für die Wirkung unserer Reize. Unaufhörlich plagt uns die Sorge, gefeiert zu werden, wir sind entzückt, wenn wir Gelegenheit finden, andere Frauen zu demütigen, wir möchten sie zu Zeuginnen unserer Siege machen. Und gelingt das, können Sie dann unsere Genugtuung ermessen? Unsere Rivalinnen sind trostlos; ihre Indiskretionen, die ja nur Beweise dafür sind, was für Gefühle wir einflößen, entzücken uns desto mehr, je größer ihre Verzweiflung ist. Diese und ähnliche Torheiten überzeugen uns weit mehr davon, daß man uns liebt, als eine gar zu große Behutsamkeit, die nimmermehr unseren Reizen Ruf verleiht.

Doch wieviel bitteres Gift wird andererseits in soviel süße Freuden geträufelt! Neben all den Vorzügen geht die Bosheit der Konkurrentinnen und manchmal auch Eure Verachtung einher. Das ist ein trostloses Geschick! In der Gesellschaft kennt man nicht den Unterschied zwischen Frauen, die Euch gestatten, sie zu lieben, und solchen, die Euch willfährig sind. Allein und kalten Blutes wird eine verständige Frau immer den guten Ruf der Berühmtheit vorziehen. Aber neben den Rivalinnen, die ihr den Preis der Schönheit streitig machen könnten, kommt ihr nichts dem Vergnügen des Sieges über andere gleich, müßte sie auch darüber den guten Ruf einbüßen, worauf sie so stolz war, und müßte sie auch tausendmal sich kompromittieren. Bald wird sie Euch belohnen, indem Sie Euch den Vorzug gibt. Anfangs freilich wird sie nur aus Dankbarkeit zu handeln glauben, in der Tat aber geschieht es aus Neigung; weil man nicht undankbar werden möchte, wird man zärtlich.

Glauben sie nach alledem noch, daß Eure Indiskretionen uns ärgern können? Wenn wir dadurch verletzt scheinen, so tun wir nur so vor der Welt.

Sie wären der erste, der eine übergroße Nachsicht tadeln würde, doch hüten Sie sich, eine solche Nachsicht falsch aufzufassen. Täten wir nicht so, als ärgerten wir uns bei solchen Gelegenheiten, so müßten wir wirklich beleidigt sein. Wir weisen Euch den Weg und mahnen Euch zur Klugheit; ist das nicht unsere Rolle? Brauchen wir Euch noch zu sagen, welches die Eure ist? Man hat mir oft gesagt, Gesetze wörtlich nehmen, hieße sie nicht verstehen. Seien Sie sicher, daß Sie am besten unsere Absichten erfüllen, indem Sie sie zu deuten wissen.

Siebenunddreißigster Brief

Endlich erfüllen sich Ihre Voraussagen; die Gräfin läßt nicht mehr zum Rückzug blasen. Nach Ihrer Meinung will sie jetzt nur noch Ihre Treue erproben? Sie können sie jetzt noch so sehr kompromittieren durch deutlich erkennbare Auszeich-

nungen, durch die Unvorsichtigkeit, womit Sie Ihre Leidenschaft verraten; sie findet keine Worte des Tadels mehr; die
geringste Entschuldigung von Ihren Lippen erstickt jeden
Vorwurf in ihrem Munde; und ihr Zorn ist so liebenswürdig,
daß Sie alles tun, um ihn zu verdienen. Oh, wie frohen Herzens teile ich Ihre Freude über einen solchen Erfolg! Aber
wenn Sie ihr wirklich Achtung zollen, dann sorgen Sie dafür,
daß dieser Zustand, so schmeichelhaft er auch für Sie sein
möge, nicht lange dauert. Wie schlecht doch die Frauen, die
um ihren guten Ruf besorgt sind, ihre wirklichen Interessen
wahrnehmen. Warum verdoppeln und verdreifachen sie
durch eine erheuchelte Ungläubigkeit die Gelegenheit zu
übler Nachrede? Werden sie denn nie begreifen, daß durchaus
nicht immer während der Zeit, wo sie zärtlich sind, ihr guter
Ruf in Gefahr ist. Die erheuchelten Zweifel an der Aufrichtigkeit der ihnen entgegengebrachten Neigung setzen sie in
den Augen der Welt oft weit mehr herab als eine Niederlage:
Solange sie ungläubig sind, werden sie durch tausenderlei
Unvorsichtigkeiten kompromittiert: sie setzen einen Teil ihres
Rufes auf das Spiel. Ein Liebhaber läßt keine Gelegenheit vor-
übergehen, ihnen Beweise seiner Ergebenheit zu liefern. Er
hält die indiskretesten Bemühungen und die deutlichsten Be-
vorzugungen für die besten Mittel, zum Ziele zu kommen.
Aber kann er sie auch anwenden, ohne daß alle Welt was
merkt, ohne daß alle anderen Frauen es übelnehmen und sich
durch pikante Sticheleien zu rächen versuchen? Sobald die
Präliminarien erledigt sind, das heißt, sobald wir uns aufrichtig geliebt glauben, wird nichts nach außen hin bemerkbar,
nichts wird ruchbar. Erkennt man trotzdem unsere Liaison
mit feinem Spürsinn, so geschieht das nur vermöge der Erinnerung an die Vorgänge jener bereits verstrichenen Zeit, die
für die eigentliche Liebe eine verlorene war. Wie seltsam das
alles ist: gerade die Anstrengungen, die man machte, um seine

Tugend zu wahren, gerade sie schaden dem guten Rufe. Warum sich erst solchen Unzuträglichkeiten aussetzen? Und schließlich muß man sich doch ebensogut ergeben.

Meine Bemerkungen, ich weiß es wohl, wären zu jenen Zeiten fruchtlos gewesen, als die Ungeschicklichkeit der Männer sehr viele Frauen vor den Kopf stieß. Aber heutzutage, wo die Keckheit der Sausewinde uns so hilflos macht, heute, wo es seit der Erfindung des Schießpulvers erwiesen ist, daß es keine uneinnehmbaren Festungen mehr gibt, warum sollte man sich heutzutage noch den Beschwerlichkeiten einer langen Belagerung aussetzen, wenn es doch sicher ist, daß wir schließlich nach allerhand Anstrengungen und Mühseligkeiten kapitulieren müssen? Dies möge Ihre liebenswürdige Gräfin sehr wohl beachten. Sie wird sehen, welchen Gefahren sie sich durch ein allzulanges Mißtrauen in Ihre Gefühle aussetzt: Sie muß zum Glauben gezwungen werden durch die Sorge um ihren guten Ruf und vielleicht besser noch dadurch, daß man ihr noch mehr Grund gibt, Ihnen ein Vertrauen zu schenken, welches sie Ihnen ohne Zweifel kaum verweigern dürfte.

Achtunddreißigster Brief

Was, Marquis, mein letzter Brief hat Sie geärgert; Sie wollen durchaus, daß es nicht unmöglich sei, in unserem Jahrhundert tugendhafte Frauen zu finden? Ja wie denn? Habe ich jemals das Gegenteil behauptet? Indem ich die Frauen mit belagerten Festungen verglich, habe ich doch nicht behauptet, daß es nicht auch Städte gäbe, die nicht eingenommen werden? Und wie sollte ich auch? Es gibt ja sogar Frauen, die niemals angegriffen wurden. Sie sehen also, daß ich ganz Ihrer Meinung bin. Trotzdem will ich mich noch deutlicher erklären, damit Sie mich nicht mehr schikanieren; hier also mein Glaubensbekenntnis über diesen Artikel: Ich glaube also steif und fest an kluge Frauen in dem Falle, daß sie niemals attackiert wurden, oder unter der Voraussetzung, daß sie es nicht in der richtigen Weise wurden. Ich glaube ferner an kluge Frauen, wenn sie, obwohl angegriffen und richtig angegriffen, weder Temperament noch heftige Leidenschaft, noch Freiheit, noch einen hassenswerten Mann hatten. Ich bekomme hier Lust, Ihnen bei dieser Gelegenheit ein ziemlich lebhaftes Gespräch mitzuteilen, das ich über diese Frage in meiner Jugend mit einer Prüden hatte, welcher durch ein aufsehenerregendes Abenteuer soeben die Maske vom Gesichte gerissen worden war. Ich besaß damals noch keine Erfahrung und beurteilte noch die anderen mit jener Strenge, die man solange beibehält, bis einem eigene Fehler mehr Nachsicht gegen die Nächsten gelehrt haben. Ich hatte mir vorgenommen, schonungslos gegen das Betragen jener Frau Front zu machen; sie erfuhr es; wir sahen uns einige Male bei einer meiner Verwandten. Eines Tages nahm sie mich beiseite, und mit folgender kleinen Ansprache machte sie einen Eindruck auf mich, den ich nie vergessen werde:

»Nicht um Ihnen Vorwürfe zu machen über das, was Sie gegen mich gesagt haben, möchte ich ohne Zeugen mit Ihnen reden«, sagte sie, »ich möchte Ihnen vielmehr nur einige Winke geben, die eines Tages wertvoll für Sie werden könnten. Sie haben mein Betragen mit einer Strenge getadelt, Sie betrachten mich gegenwärtig mit einer Verachtung, woraus ich ersehe, wie stolz Sie darauf sind, daß Sie noch nicht zu Falle kamen. Sie glauben Tugend zu besitzen, eine Tugend, die Sie niemals im Stiche lassen wird. Das, liebes Kind, sind eitle Illusionen Ihrer Eigenliebe. Ich halte mich für verpflichtet, Sie über Ihre Unerfahrenheit aufzuklären und Sie darauf aufmerksam zu machen, daß Sie anstatt dieser Tugend, auf die Sie so stolz sind, sicher zu sein, lieber daran zweifeln sollten, ob Sie sie überhaupt besitzen. Diese Einleitung wundert Sie; schenken Sie mir Ihre Aufmerksamkeit, und Sie werden bald die Wahrheit meiner Worte einsehen lernen.

Niemand hat Ihnen bisher von Liebe gesprochen; ihr Spiegel allein hat Ihnen gesagt, daß Sie hübsch sind. Ihr Herz, ich sehe es an Ihrem ganzen harmlosen Gebaren, hat sich noch nicht enthüllt, oder besser gesagt: die Stimme der Natur hat sich noch nicht hören lassen. Solange Sie in diesem Zustande bleiben, solange man Sie, wie es jetzt geschieht, im Auge behält, bürge ich für Sie. Aber wenn das Herz gesprochen haben wird, wenn diese an sich schon entzückenden Augen von einem Gefühle Leben und Ausdruck bekommen haben werden, sobald sie die Sprache der Liebe reden werden und eine innere Unruhe Sie erregt, sobald Wünsche, durch die Skrupel einer guten Erziehung nur halb erstickt, Sie mehr als einmal im geheimen erröten ließen, dann werden die steten Bemühungen, Ihrer Erregbarkeit Herr zu werden, die Strenge gegen andere mildern; die Fehler der anderen werden Ihnen verzeihlicher erscheinen. Die Empfindung für Ihre eigene Schwäche wird Ihnen nicht länger gestatten, Ihre Tugend als unfehlbar zu betrachten. Ihr Erstaunen wird noch wachsen, Ihre Tugend wird Ihnen so wenig nützen im Kampfe gegen eine zu stürmische Neigung, daß Sie zweifeln werden, ob Sie überhaupt jemals diese Tugend besessen haben. Kann man denn behaupten, daß ein Mann tapfer ist, solange er sich nicht geschlagen hat? Ebenso ist es mit uns. Nur die Angriffe, denen wir ausgesetzt sind, können unserer Tugend Existenz verleihen, wie die Gefahr sie der Tapferkeit verleiht. Solange man nicht dem Feinde ins Auge geblickt hat, weiß man nicht, wie sehr er zu fürchten ist und bis zu welchem Grade wir ihm Widerstand werden leisten können. Damit also eine Frau sich rühmen könne, aus eigener Kraft gründlich tugendhaft und klug zu sein, darf keinerlei Gefahr, und wäre sie noch so groß, kein

Beweggrund, und wäre er noch so zwingend, kurzum: darf sie nichts zu Falle bringen. Die günstigste Gelegenheit, die heißeste Liebe, die absolute Sicherheit des Geheimnisses, das vollkommenste Vertrauen zu dem Angreifer dürfen sie nicht wankend machen. Um also zu wissen, ob eine Frau in des Wortes wahrster Bedeutung tugendhaft sei, müßte man voraussetzen, daß sie all den vereinten Gefahren entgangen wäre; denn ein Widerstand an sich würde nichts beweisen da, wo der Liebe das Temperament fehlte oder dem Temperamente die Gelegenheit. Ihre Tugend würde immer zweifelhaft sein, so lange nicht zu gleicher Zeit ein Angriff mit allen Waffen erfolgt wäre. Denn man könnte dann immer noch sagen, daß sie bei einer anderen Konstitution der Liebe nicht widerstanden hätte, oder daß bei einer günstigen Gelegenheit ihre Tugend sich als nicht standhaft erwiesen haben würde.«

»Auf die Art«, erwiderte ich ihr, »gäbe es ja überhaupt keine tugendhafte Frau, denn ich glaube nicht, daß man je eine Frau finden könnte, die mit so vielen Feinden zugleich zu kämpfen gehabt hätte.« – »Das kann schon sein«, erwiderte sie, »aber wissen Sie auch den Grund? Weil es so vieler Feinde gar nicht bedarf, um uns zu besiegen; einer von ihnen genügt!«

Ich widersprach: »Sie behaupten also, daß unsere Tugend nicht von uns abhängt, da Sie sie ja abhängig machen von der Gelegenheit und so vielen anderen Ursachen, die nichts mit unserem Willen zu schaffen haben.« – »Gewiß nicht«, meinte sie, »ich bitte Sie: steht es in Ihrer Macht, sich ein lebhaftes und ruhiges Temperament zu geben? Liegt es in Ihrem Willen, sich gegen eine heftige Leidenschaft zu verteidigen? Hängt es von Ihnen ab, Ihre Lebensumstände so einzurichten, daß Sie nie allein sind mit einem Liebhaber, den Sie anbeten, der sich seiner Vorzüge bewußt ist und sie auszunutzen versteht? Hängt es von Ihnen ab, zu verhindern, daß seine

Neigung, selbst wenn sie anfangs ganz harmlos wäre, auf Ihre Sinne allmählich naturgemäß wirkt? Doch gewiß nicht: das Gegenteil behaupten, hieße sagen, es läge im Belieben des Eisens, sich vom Magneten anziehen zu lassen. Und Sie meinen, daß Ihre Tugend Ihr Mut sei? Wie können Sie sich eines Vorteils rühmen, der Ihnen jeden Augenblick entrissen werden kann! Die Tugend der Frauen ist, wie alles Gute, das wir genießen, eine Gabe des Himmels. Und diese Gunst gerade könnte uns ja der Himmel versagen. Bedenken Sie also, wie unvernünftig es ist, sich ihrer zu rühmen. Erkennen Sie also endlich die Ungerechtigkeit, die darin liegt, grausam zu mißhandeln diejenigen, die das Unglück hatten, schon bei ihrer Geburt ein unbezähmbares Verlangen nach Liebe mitzubringen, die eine heftige Leidenschaft überrumpelte oder die in einem unglücklichen Augenblicke zu Falle kamen, in dem Sie selbst ebenfalls unterlegen wären. –

Soll ich Ihnen noch einen anderen Beweis für die Richtigkeit meiner Ideen geben? Ich will diesen Beweis aus Ihrem eigenen Betragen herleiten. Sie sind doch fest davon überzeugt, daß keine tugendhafte Frau jemals unterliegen darf? Es ist viel leichter für sie, den Männern durch erheuchelte Strenge die Lust zum Angriff zu benehmen, als sich gegen ihren Angriff zu verteidigen. Beweis dafür: Man erzieht die jungen Mädchen dazu, so zurückhaltend als möglich zu sein. Ja man tut sogar noch mehr: Eine verständige Mutter verläßt sich weder auf die guten Grundsätze der Tochter noch auf ihre Furcht vor der Schande, noch auf die ihr eingeimpfte schlechte Meinung über die Männer, sondern sie überwacht sie eben: Sie macht es ihr unmöglich, der Versuchung zu unterliegen. Was veranlaßt sie zu all diesen Vorsichtsmaßregeln? Diese Mütter fürchten die Schwächen ihres Zöglings, wenn sie ihn auch nur einen Augenblick der Gefahr aussetzen. Und wie oft kommt es trotz aller schützenden Maßnahmen vor, daß die Liebe sie dennoch überwältigt? Ein gut erzogenes Mädchen ist stolz auf ihre Tugend, weil sie sie für ihr eigenes Verdienst hält. Doch fast immer ist sie eine gefesselte Sklavin, die Dank dafür verlangt, daß sie nicht entflieht. In welchen Schichten finden Sie die gefallenen Mädchen? In denen, die nicht reich oder nicht glücklich genug sind, sie mit aller möglichen Vorsicht zu behüten; da, wo die Männer ihnen viel kekker, viel leichter und häufiger nachstellen können, und wo die Erziehung, das gute Beispiel und die Sehnsucht nach einem glücklichen Heim keine Stütze bieten. Zwei Stiegen tiefer und Sie wären als eines jener Wesen zur Welt gekommen, auf die Sie so verächtlich herabblicken. In zwei Tagen vielleicht schon wird all die fremde Hilfe, die Ihre Tugend stützt, ohnmächtig zusammenbrechen, und Sie werden noch viel verächtlicher sein als die andere, denn Sie hätten sich weit besser vor dem Unglück schützen können.

Ich raube Ihnen indessen nicht das Verdienst Ihrer Tugend, um Sie zu hindern, ihr treu zu bleiben. Indem ich Ihnen Ihre Schwäche zu Gemüte führe, will ich Sie nur ein wenig zur Nachsicht mahnen gegen die, welche eine zu stürmische Leidenschaft oder eine unselige Verkettung von Umständen in eine für sie selbst so demütigende Lage gebracht haben. Meine einzige Absicht ist, Ihnen begreiflich zu machen, daß Sie sich eines Vorteils rühmen dürfen, den Sie sich nicht selbst verdanken und dessen Sie morgen schon beraubt sein können. «

Sie wollte noch mehr sagen, doch es unterbrach uns jemand. Bald sollte ich mich durch eigene Erfahrung davon überzeugen, daß ich keine so gute Meinung mehr von vielen Tugenden haben dürfte, die mir früher so imponiert hatten, die meinige mit inbegriffen.

Neununddreißigster Brief

Ich bin ganz Ihrer Meinung, Marquis. Obgleich meine Ihnen gestern mitgeteilten Gedanken in der Theorie richtig scheinen, wäre es trotzdem gefährlich, wenn sich alle Frauen davon überzeugen ließen. Nicht allein durch das Gefühl ihrer Zerbrechlichkeit werden sie anständig bleiben, sondern durch die innere Überzeugung, daß es in ihrer Gewalt sei, zu unterliegen oder zu widerstehen. Wird man einen Soldaten zur Tapferkeit anspornen, indem man ihn davon überzeugt, daß er besiegt werden wird? Doch haben Sie nicht bemerkt, daß die Dame in meinem Briefe ein persönliches Interesse daran hatte, ihrem Systeme Anerkennung zu verschaffen? Freilich, wenn man ihre Darlegungen mit den Augen der Philosophen ansieht, scheinen sie zum mindesten wahr. Trotzdem wäre zu fürchten, daß, wenn wir so über Tugend uns zu urteilen erlaubten, wir schließlich alle Regeln für problematisch erklären müßten, die wir als ein unantastbares Gesetz hinnehmen und befolgen sollen. Eine Frau davon überzeugen, daß sie ihre Tugend nicht sich selbst verdanke, das hieße sie ihrer wichtigsten Stütze berauben; ich möchte behaupten, ihre Überzeugung sei ihr eigenes Werk, das sie verteidigt. Die Konsequenz einer solchen Moral wäre eine allgemeine Entmutigung. Außerdem würde sie nur in der Praxis dazu dienen, den Fehltritt einer Frau in deren eigenen Augen zu vermindern. Doch kommen wir zu Dingen, die Sie mehr interessen.

Endlich nach so vielen Ungewißheiten und Gemütserregungen sind Sie sicher, daß man Sie liebt? Sie haben einen jener zärtlichen Momente heraufbeschworen, wo die Gräfin ihr Geheimnis nicht länger wahren konnte. Man hat das Wort gesprochen, das zu hören Sie so heiß verlangten. Das wird Ihre Liebe nicht nur nicht verringern, sondern sie sogar noch steigern; Sie sind der glücklichste der Männer . . . Wüßten

Sie, wie ich mich über Ihr Glück freue, es würde noch größer sein.

Soll ich Ihnen aber etwas sagen? Diese Angelegenheit entwickelt sich nach einer Richtung, die mich beunruhigt. Wie Sie sich erinnern, waren wir darüber einig, daß die Liebe ein wenig leicht gewonnen werden müßte. Sie sollten höchstens ein vorübergehendes Gefallen daran finden und nicht nach allen Regeln der Kunst leidenschaftlich werden. Ich sehe, die Dinge werden alle Tage ernster. Sie benehmen sich mit einer Feierlichkeit, die mich beängstigt. Die Erkenntnis wahrer Verdienste, solide Eigenschaften und ein guter Charakter werden schon Beweggründe Ihrer Liaison und vereinigen sich mit körperlichen Reizen, um Sie heillos verliebt zu machen. Ich habe es nicht gern, wenn sich so viel Hochschätzung in ein rein galantes Abenteuer mengt. Das gestattet nicht genug Beweglichkeit, das beschäftigt, anstatt zu amüsieren. Ja ich fürchte, Ihr Handel wird noch eine schwere Wendung nehmen. Aber Sie werden vielleicht nur allzubald noch mehr Ansprüche machen, und die Gräfin wird zweifellos durch neue Kämpfe Euer Verhältnis neu beleben. Ein zu langer Friede würde eine tödliche Langeweile hineinbringen. Gleichförmigkeit ist der Tod aller Liebe. Sobald der Geist der Ordnung sich einer Herzensangelegenheit bemächtigt, schwindet die Leidenschaft und der Rest ist Müdigkeit, Langweile und Überdruß.

Vierzigster Brief

Frau von Sévigné teilt also meine Meinung nicht über die Ursachen der Liebe? Sie behauptet, viele Frauen kennen die Liebe nur von der schönen Seite und nie hätten die Sinne etwas mit den Bündnissen des Herzens zu schaffen gehabt. Wenn man sie hört, scheint das, was sie mein »System«

nennt, selbst wenn es begründet wäre, immer deplaciert in dem Munde einer Frau und von schlimmen Folgen für die Moral.

Das, Marquis, sind nun gewiß schwere Vorwürfe. Sind sie berechtigt? Ich glaube nicht. Ich sehe zu meinem Bedauern, daß Frau von Sévigné meine Briefe nicht in dem Sinne gelesen hat, in dem sie niedergeschrieben wurden. Ich und Systeme! Wahrhaftig, sie tut mir zuviel Ehre an; ich bin nie fleißig genug gewesen, auch nur welche aufzustellen. Ich denke mir übrigens, ein System ist nichts anderes als ein schwerer philosophischer Traum. Möchte sie nun alles, was ich Ihnen gesagt habe, als ein Spiel der Phantasie betrachten? Dann allerdings werden wir nie zusammenkommen. Ich erfinde nichts; ich schildere reale Dinge. Ich will, daß man eine Wahrheit eingesteht; um das zu erreichen, beabsichtige ich nicht den Verstand zu überrumpeln, sondern das Gefühl zu befragen. Vielleicht ist sie von einigen meiner Behauptungen überrascht gewesen, die für mich so klar waren, daß ich es nicht erst der Mühe wert hielt, sie zu beweisen. Aber bedarf es denn überhaupt erst eines geometrischen Kompasses, um die größere oder geringere Wahrheit einer galanten Maxime zu entdecken?

Außerdem bin ich eine so geschworene Feindin aller akademischen Erörterungen, daß ich gern klein beigeben möchte. Frau von Sévigné kennt, sagen Sie, eine Anzahl platonisch liebender Damen. Gut, ich verzichte auf die Ausnahmen, wenn sie nur meine Hauptthese bestehen läßt. Ja, ich will sogar zugeben, wenn Sie es verlangen, daß es tatsächlich solche privilegierte Seelen gibt. Ich habe niemals die Temperamentsvorzüge leugnen hören. Darum habe ich über Frauen dieser Art nichts zu sagen. Ich kritisiere; man hat ihnen nichts vorzuwerfen. Aber ich glaube sie auch nicht loben zu dürfen; ich begnüge mich damit, ihnen Glück zu wünschen. Indessen, schauen Sie nur genauer hin, und Sie werden schon die Wahrheit dessen einsehen, was ich Ihnen zu Beginn unseres Briefwechsels sagte: »Das Herz will einen Inhalt haben.« Führt die Natur es nicht oder nicht mehr zur Liebe, so suchen seine Empfindungen einen anderen Gegenstand, gar manche scheint heute nur deshalb unempfindlich für die Liebe, weil sie alle Gefühle darin bereits verausgabt hat. Der Graf von Lude*, sagt man, sei nicht immer der Frau von Sévigné gleichgültig gewesen. Ihre Zärtlichkeit für Frau von Grigeon nehme sie jetzt ganz und gar in Anspruch.

Nach ihr hätte ich mich übrigens gegen die Frauen arg vergangen. Als eine Person von christlicher Liebe hätte ich die Fehler verbergen müssen, die ich bei meinem Geschlechte etwa entdecken würde oder, richtiger gesagt, die mein Geschlecht mich in mir hat entdecken lassen. Aber glauben Sie denn, Marquis, glauben Sie denn, die Frauen wären beleidigt, wenn, was ich über sie gesagt habe, an die Öffentlichkeit käme? Lernen Sie sie besser kennen. Im Gegenteil, sie würden dabei ihre Rechnung finden. Wenn man ihnen sagte, daß sie ein mechanischer Instinkt zur Liebe treibt, muß ihnen das nicht angenehm sein? Denn damit würde man ja wieder jenen Fatalismus, jene unwiderstehliche Sympathie in Kredit bringen, womit sie so gern ihre Irrungen entschuldigen und an die ich nicht so recht glaube, weil ich überzeugt bin, daß man ihnen widerstehen kann. Wenn Sie dagegen behaupten, die Liebe sei das Werk der Vernunft, so würden Sie gerade dadurch ihrer Eitelkeit den schwersten Schlag versetzen: Sie würden sie verantwortlich machen für ihre gute und schlechte Wahl.

Ja, ich wiederhole es, alle Frauen werden mit meinen Briefen zufrieden sein. Die Metaphysischen, das heißt, die der Himmel mit einer glücklichen Konstitution begnadet hat,

---

* Obermeister der Artillerie.

werden darin mit Vergnügen ihre Überlegenheit über die anderen Frauen erkennen; sie werden nicht verfehlen, sich zu der Zartheit ihrer Empfindungen Glück zu wünschen und sie als ihr eigenes Werk zu betrachten. Die aber, welche die Natur aus weniger zartem Stoffe geformt hat, werden mir ohne Zweifel einige Dankbarkeit schulden, weil ich ein Mysterium enthülle, das sie im geheimen schwer bedrückte. Man hat ihnen zur Pflicht gemacht, ihre kleinen Neigungen zu verbergen; sie sind ebenso eifrig, diese Pflicht zu erfüllen, als sie bemüht sind, ja kein Vergnügen sich entgehen zu lassen; sie haben also ein Interesse daran, daß man ihre Wünsche errate, ohne daß sie sich durch Worte zu kompromittieren brauchen. Drum wird, wer immer ihr Herz entdeckt, ihnen einen wichtigen Dienst leisten. Ich bin sogar überzeugt davon, daß die, welche im Innern die gleichen Empfindungen haben wie ich, sich zu allererst eine Ehre daraus machen würden, sie zu bekämpfen. Darum würde ich ihnen also auf zweierlei angenehme Art den Hof gemacht haben, einmal, indem ich die Grundsätze annahm, die ihrer Neigung schmeicheln, und zweitens, indem ich ihnen Gelegenheit gab so zu tun, als ob sie dieselben bekämpften.

Also Frau von Sévigné behauptet, mein »System« könnte üble Folgen haben. Ich begreife in der Tat nicht, wie sie bei ihrem bekannten Scharfsinn auf so eine Idee kommen konnte. Wenn ich der Liebe alles nahm, was für sie verführerisch sein konnte, wenn ich sie betrachtet wissen wollte als eine Wirkung des Temperaments, der Laune und der Eitelkeit, wenn ich Sie darüber aufklärte, was die Metaphysik ihr fälschlich an Adel und Würde verleiht, so habe ich sie doch offenbar weniger gefährlich gemacht? Würde sie nicht weit gefährlicher sein, wenn man aus ihr, wie es Frau von Sévigné möchte, eine Tugend macht. Ich möchte gern meine Ansicht mit der jenes berühmten Gesetzgebers des Altertums vergleichen, der die

Macht der Frauen über ihre Mitbürger nur dadurch schwächen zu können vermeinte, daß er Nacktheiten ausstellen ließ. Aber ich möchte gern zu Ihren Gunsten mich noch einmal bemühen: Da man mich für eine systematische Frau hält, muß ich wohl oder übel den Anforderungen an eine solche genügen. Sprechen wir also einen Augenblick über galante Händel mit der Methode, die sonst nur auf ernste Gegenstände angewendet wird.

Ist die Liebe keine Leidenschaft? Behaupten nicht ernsthafte Leute, daß Leidenschaften und Laster dasselbe bedeuten? Ist das Laster jemals so verführerisch, als wenn es sich in den Mantel der Tugend hüllt? Man darf es also niemals in anderer Form darstellen als in der, die geeignet ist, tugendhafte Seelen von ihm fernzuhalten. In dieser Absicht haben die Platonikerinnen es vergöttlicht. Hat man nicht in allen Jahrhunderten, um die Leidenschaften zu rechtfertigen, eine Apotheose aus ihr gemacht? Und was tue ich? Ich wage es, einen alt eingewurzelten Aberglauben zu zerstören, ich zertrümmere das Götzenbild. Welche Kühnheit! Mußte ich mich nicht auf die Verfolgungen der Frauen gefaßt machen, deren geheiligten Kult ich angriff? Ich glaube aber alle Pedanten des lateinischen Landes zu hören, wie sie Descartes einen Ketzer nennen, weil er die okkulten Fähigkeiten der alten Philosophie verlachte. Konsequenterweise könnten meine Grundsätze nicht als falsch bekämpft werden, wohl aber als geeignet, die Macht der Frauen über die Herzen zu zerstören und als fähig, die Illusionen zu vernichten, die sie in ihrem eigenen Interesse zu gern erhalten wissen möchten. Das bedaure ich um ihretwillen; es war so schön, wenn sie die Gewalt der Liebe fühlten, ohne darüber erröten zu müssen, ja sogar, wenn sie sich damit schmeicheln konnten, der Macht eines Gottes zu gehorchen. Doch was hatte ihnen die arme Menschheit getan? Warum sie verkennen und im Himmel die Ursachen ihrer

Schwächen suchen? Bleiben wir nur auf der Erde; dort werden wir die Liebe finden, und dort ist auch ihr Platz.

In Wahrheit habe ich keineswegs in meinen Briefen gegen die Liebe offen geeifert; keineswegs habe ich Ihnen geraten, sich nicht zu verlieben. Ich war viel zu fest von der Nutzlosigkeit ähnlicher Ratschläge überzeugt; aber ich habe Ihnen gesagt, was es mit der Liebe auf sich hätte, ich habe also die Illusion verringert, die Sie sich sicherlich darüber gemacht hatten, ich habe also wenigstens ihre Macht über Sie geschwächt und die Erfahrung wird mich rechtfertigen. Ich weiß genau, daß man bei der Erziehung der Frauen ganz anders verfährt. Aber was hat man von solcher Methode? Man täuscht sie von Anfang an: man will ihnen vor der Liebe dieselbe Angst einflößen wie vor Gespenstern. Man schildert ihnen alle Männer als wahre Monster von Treulosigkeit. Kommt nun einer von zarten Gefühlen und von bescheidenem respektvollen Benehmen, so wird natürlich die junge Person, der man fortwährend solche Dinge eingeredet hat, glauben, man habe sie nur zum besten gehabt, und, sobald sie sehen wird, daß man die Dinge übertrieben hat, werden die Meinungsmacher allen Kredit bei ihr verlieren. Fragen Sie sie nur, und, ist sie aufrichtig, so wird sie Ihnen gestehen, daß die Gefühle, welche dieses Ungeheuer in ihrem Herzen erregt hat, durchaus keine schrecklichen sind.

Man täuscht sie noch in anderer Beziehung und das Unglück ist, daß man gar keinen anderen Ausweg hat. Man vermeidet mit ungeheurer Sorgfalt, sie auch nur ahnen zu lassen, daß der Angriff an den Sinnen erfolgen wird, und daß dies für sie der gefährlichste Angriff sein wird. Man spricht immer mit ihnen in der Voraussetzung, als wären sie körperlose Wesen. Was folgt daraus? Weil sie den Angriff nicht geahnt haben, können sie sich auch nicht verteidigen. Niemals haben sie geahnt, daß ihr gefährlichster Feind einer sein würde, von dem man ihnen nie gesprochen hatte, wie also konnten sie vor ihm auf der Hut sein? Nicht also vor den Männern hätte man ihnen Angst machen müssen, sondern vor sich selbst. Ach, was vermöchte ein Liebhaber, wäre die Schöne, die er attackiert, nicht schon vorher von ihren eigenen Wünschen verführt worden!

Also, Marquis, wenn ich zu den Frauen sage, die Physis sei die Ursache ihrer Schwächen, so rate ich ihnen damit noch lange nicht, dem Triebe zu folgen. Im Gegenteil, ich warne sie und mahne zur Vorsicht. Das bedeutet also soviel, als dem Kommandanten eines Platzes sagen, daß dieser Platz nicht an der stärksten Stelle angegriffen werden wird, daß der gefährlichste Ansturm nicht von seiten der Belagerer erfolgen werde, sondern durch den Verrat eines der Seinigen. Kurz, wenn ich die Gefühle, denen die Frauen eine so hohe Bedeutung beimessen, auf ihren richtigen Wert zurückführe, wenn ich sie über die eigentliche Absicht selbst der taktvollsten Verehrer aufkläre, so will ich, daß ihre Eitelkeit nicht so großen Ruhm darin sehe, geliebt zu werden, und ihr Herz nicht so großes Vergnügen darin, zu lieben. Glauben Sie, daß die Tugend was dabei verlieren könnte, wenn ihre Eitelkeit dem Hange zu galanten Abenteuern widerstehen lernt?

Ich habe viele Liebhaber gehabt. Ich habe mich aber nie Illusionen hingegeben. Ich habe es stets verstanden, sie zu durchschauen. Ich war davon überzeugt, daß, wo etwa die Vorzüge meines Geistes und Charakters bei ihrer Liebe mit in Betracht kämen, dies nur ihrer Eitelkeit zuzuschreiben wäre. Sie waren in mich verliebt, weil ich ein hübsches Gesicht hatte und weil sie ein gewisses Verlangen hatten. Daher haben sie auch immer nur einen zweiten Rang in meinem Herzen eingenommen. Den ersten reservierte ich für meine Freunde. Ich habe stets der Freundschaft die Vorzüge, die Beständigkeit und die Achtung eingeräumt, die ein so edles und einer erhabenen Seele so würdiges Gefühl verdient, und nie habe ich ein Mißtrauen gegen die Herzen überwinden können, in denen die Liebe die Hauptrolle spielte. Diese Schwäche degradierte sie in meinen Augen, sie ließ sie mir unfähig erscheinen, sich zu dem Gefühle einer wahren Achtung für die geliebte Frau emporzuschwingen.

Sie sehen also, Marquis, welche Konsequenzen man aus meinen Grundsätzen ziehen kann; diese Konsequenzen dürften wohl nichts weniger als gefährlich sein. Alles, was mir aufgeklärte Leute vorwerfen könnten, wäre, daß ich mir die Mühe genommen, Ihnen eine Wahrheit zu beweisen, die sie für durchaus nicht problematisch betrachten. Doch rechtfertigen Ihre Unerfahrenheit und Wißbegierde alles, was ich Ihnen schrieb und noch schreiben werde? . . . Mein Gott, wie ist dieser Brief lang geworden! Doch wollte ich seine Länge begründen, müßte ich Ihnen ja noch mehr schreiben.

Einundvierzigster Brief

Einer der liebenswürdigsten Menschen, die ich kenne, sind Sie«, sagte ich eines Tages zu Herrn von Coulanges, »alle Augenblicke entdeckt man an Ihnen neue angenehme Seiten, doch nie habe ich Sie so verführerisch gesehen als an jenem Tage, wo wir bei Frau *** zu Abend speisten. Sie übertrafen sich selbst. Nun befriedigen Sie meine Neugierde. Ich meinte, Sie hätten einen besonderen Grund, so lustig zu sein. Oder täuschte ich mich?« – »Nein«, erwiderte er mit Genugtuung, »ich hatte allerdings meine Gründe und will Ihnen kein Geheimnis daraus machen. Man vermutete, ich hätte Absichten auf die Marquise ***. Dieser Argwohn ist sehr begründet. Vor dem Souper benutzte ich einen günstigen Augenblick, um ihr von meiner Leidenschaft zu sprechen. Ich

Der abgewiesene Liebhaber

hatte sie gebeten, mir eine bessere Gelegenheit zu geben, sie zu sehen. Doch so sehr ich auch beteuerte, daß sie keinen Grund habe, damit ihrem Stolze etwas zu vergeben, war sie doch über meinen Vorschlag beleidigt, sie behauptete, daß ich ihr zu nahe träte und ging sogar soweit, mir den Mund zu verbieten, weil ich ihre Güte mißbrauchte. Kurzum, man ließ mich stehen, nicht etwa trotzig, wie ich gewünscht hätte, sondern mit einer Verachtung, die mich verletzte. Anfangs nahm ich mir vor, sie den ganzen Abend über zu vernachlässigen. Indessen nach reiflicher Überlegung änderte ich meinen Entschluß. Ich bedachte, daß ich, indem ich meine schlechte Laune nicht verbarg, alle Leute langweilen und mich der Marquise in einem wenig günstigen Lichte zeigen würde. Darum zog ich es vor, daß sie sich selbst lieber Vorwürfe über ihre Strenge machen sollte und behandelte sie mit einem Gemisch von Hochachtung und schüchterner Traurigkeit, die ihr nur schmeicheln konnte. Ich ließ meine bescheidenen Talente glänzen; sie produzierten die zärtlichste Strophe, die ich je gedichtet habe. Meine Absicht war, nicht nur in ihren Augen, sondern auch in denen aller anderen Frauen liebenswürdig zu erscheinen; ja sogar die Stimmen der Männer schienen mir für meine Zwecke notwendig. Ich wollte die Grausame zwingen, sich im Innern heimlich dazu Glück zu wünschen, daß sie von einem Manne geliebt wäre, der nicht gänzlich der Gegenliebe unwürdig sei. Ich hoffte alles zu gewinnen, wenn sie fürchten konnte, daß eine unserer Tischgenossinnen, die urteilsfähiger als wie wäre, den Wert eines Sieges schätzen würde, welchen sie zu verachten schien. Es ist sehr vorteilhaft, wenn man mitunter Gelegenheit zur Eifersucht gibt. Nie ist eine Frau böse darüber, wenn ihr Verehrer mehreren gefällt, vorausgesetzt, daß sie den Vorrang habe. Der Triumph ist nur desto größer für sie. Alle meine Hoffnungen erfüllten sich. Die Präsidentin, wie Sie sich erinnern werden, lud mich ein, am nächsten

Abend bei ihr zu speisen. Ihre Neckereien beunruhigten die Marquise, die mich bald ebenso wie die anderen mit Beifall überhäufte; ihre Augen wurden immer lebhafter. Man wiederholte mehrere Male meine Strophe, man freute sich darüber, daß man deren Gegenstand wäre, und ärgerte so die anderen Frauen. Mit einem Worte, man war mit sich selbst zufrieden. Nach dem Souper ging man in den Garten; ich bot meinen Arm, man suchte ihn. Ich sprach von Liebe, man hörte mir ohne Zorn zu; ich verdoppelte meine Bitten, derentwegen ich zwei Stunden vorher in Ungnade gefallen war. Man bewilligte mir ein Rendezvous, unter der Bedingung, daß ich nicht bei der Präsidentin speisen würde.«

»Nun war es an mir«, fuhr Herr von Coulange fort, »durch üble Laune, Vorwürfe und Kälte meine Affäre zu verzögern. All das empört den Stolz einer Frau. Solch ein Benehmen kennzeichnet einen Mann, der Rechte zu haben glaubt und sie mißbrauchen will. Von jeher ist Zurückhaltung ein Stachel der Liebe gewesen; der intelligente Liebhaber schmiedet daraus neue Waffen; niemals macht er so rapide Fortschritte, als wenn Hindernisse die Lebhaftigkeit seiner Attacken verdoppeln. Laßt uns nie zu einer Frau sagen, daß sie unrecht tue, uns schlecht zu behandeln! Laßt uns nie Klage führen, sondern so liebenswürdig sein, daß sie sich selbst Vorwürfe mache über ihre Ungerechtigkeit und daß sie zur Strafe diese vergessen machen muß.«

Sie erkennen ohne Zweifel, Marquis, was ich mit dieser Erzählung beabsichtige. Sie haben durch allzu deutlichen Eifer der Gräfin mißfallen. Anstatt mit ihr zu schmollen, folgen Sie nun dem Beispiele des Herrn von Coulange; das ist der beste Rat, den ich Ihnen geben kann.

Zweiundvierzigster Brief

Täuschen Sie sich nicht. Neigung, Geschmack und Talent der Gräfin für das Klavizimbel werden Ihre Liebe nur noch steigern und die Niederlage der Gräfin verzögern.

Die Frauen verstehen sich noch lange nicht genug auf die Vorteile, die sie von ihren Talenten haben können. Gibt es einen Augenblick, in dem sie ihnen nicht den größten Nutzen bringen? Die meisten Frauen glauben, daß sie nur die Gegenwart des Gegenstandes ihrer Liebe zu fürchten haben. Freilich haben sie dann zwei Feinde zu bekämpfen: ihre Liebe und ihren Liebhaber. Aber ist der Liebhaber fort, so bleibt die Liebe trotzdem im Herzen: ihre Fortschritte sind zwar in der Einsamkeit weniger bemerkbar, aber nicht minder gefährlich. Dann kann das Spielen einer Pièce von Lully, die Zeichnung einer Blume, die Lektüre eines guten Werkes die Aufmerksamkeit von einer zu verführerischen Erinnerung ablenken und die Phantasie auf nützliche Gegenstände richten. Alle Beschäftigungen, denen sich der Geist hingibt, sind ebenso viele Fesseln für die Liebe.

Führt seine Neigung einen Liebhaber zu unseren Füßen zurück, was kann er mit einer Person anfangen, die nur hübsch und zärtlich ist? Findet er in der Unterhaltung mit ihr keinen Reiz, keine Abwechslung, was soll er denn bei ihr tun? Die Liebe ist ein tätiges Gefühl, ein verzehrendes Feuer, das immerfort neue Nahrung verlangt: wenn es seine Tätigkeit nur an feuerempfindlichen Gegenständen ausüben kann, so brennt und brennt es immerfort. Soll ich alles sagen? Ist der Geist nicht beschäftigt, so müssen es notwendigerweise die Sinne sein. Man gestikuliert, ich meine, man ist bald gezwungen mit Demonstrationen zu einer Person zu sprechen, die man unfähig weiß, eine zartere Sprache zu verstehen. Nicht indem sie Angriffe abwehrt oder sich gegen zu lebhafte Liebkosungen verteidigt, bleibt eine Frau klug. Wenn man es überhaupt zu einem solchen Angriff kommen ließe, werden trotz aller Verteidigung die Sinne erregt: selbst die Erregung des Widerstandes beschleunigt die Niederlage: man unterliegt kämpfend. Aber wenn man die Aufmerksamkeit von dem Liebhaber auf anderes ablenkt, dann braucht man keine Angriffe abwehren oder sich gegen selbstverschuldete Keckheiten verteidigen; denn das ist sicher: die Männer lassen sich immer nur Achtungsverletzungen zuschulden kommen gegen Frauen, die es wollen. Sie werden aber keinen Mann, mit Ausnahme ganz unerzogener Menschen, finden, der nicht genau wüßte, bis zu welchem Grade von Vertraulichkeit er gehen darf. Darum können mich die Klagen der Frauen, denen gegenüber man es an dem nötigen Respekt hat fehlen lassen, durchaus nicht rühren. Sehen Sie sie sich nur genauer an; ihr eigener Leichtsinn, ihre Unvorsichtigkeit ist selbst an allem schuld; Sie wollten, daß man es an der nötigen Achtung fehlen ließe. Ein Mangel an Erziehung kann uns ja denselben Mißhelligkeiten aussetzen, aber was soll einer mit einer Frau ohne Geist und Talente anderes anfangen? Das einzige Mittel bei ihr, die Zeit totzuschlagen, ist, sie zu ärgern. Man kann mit ihr nur von ihrer Schönheit sprechen, von dem Eindruck, den sie auf die Sinne gemacht hat; man kann, um das alles auszudrücken, nur die Sprache der Sinne reden. Sie selbst ist von Eurer Liebe überzeugt, kann sie aber nur erwidern, Euch nur belohnen mit Hilfe der Sinne, indem sie eine der Eurigen ähnliche Erregung bemerken läßt, oder aber, es geht mit ihrer Klugheit ganz zu Ende und sie hat Euch nur noch ihre üble Laune entgegenzustellen als letzte Zuflucht einer Frau ohne Geist. Wie groß dagegen ist der Vorteil einer geistreichen Frau, die sich immer wieder zu helfen weiß! Eine schlagfertige Antwort, ein pikanter Witz, ein mit ein bißchen Bosheit gewürzter Streit, ein glückliches Zitat, eine graziöse Schnurre, sind das nicht lauter Zerstreuungen für sie, und ist die dafür aufgewendete Zeit kein Gewinn für die Tugend?

Das größte Unglück der Frauen ist ohne Zweifel, daß sie sich nicht mit ihrer Aufmerksamkeit würdigen Dingen befassen können; daher kommt es, daß die Liebe bei ihnen eine weit gewaltigere Leidenschaft ist als bei den Männern. Aber sie haben ein Empfinden, das, richtig geleitet, ihnen als Richtschnur dienen kann. Alle sind mindestens ebenso eitel als sensibel. Man müßte also der Eitelkeit zuliebe die Sensibilität korrigieren. Während eine Frau mit dem Wunsche beschäftigt ist, auf andere Weise als durch ihr bloßes Gesicht zu gefallen, wird das Gefühl, das sie handeln läßt, in den Hintergrund treten. Freilich wird das Gefühl nicht aufhören, determinierendes Motiv zu bleiben (Sie müssen, Marquis, mir schon einige Kunstausdrücke hingehen lassen), aber dieses Gefühl wird nicht mehr das aktuelle und gegenwärtige Objekt ihrer Aufmerksamkeit sein, und das ist schon viel. Wenn sie sich ganz der Sorge um die Vervollkommnung des Ruhmes widmet, den sie erlangen will, so wird dasselbe Verlangen, dessen Quelle die Liebe ist, sich gegen die Liebe wenden, indem die Aufmerksamkeit des Geistes und die Neigung des Herzens sich teilt; mit einem Worte, das Gefühl wird abgelenkt werden.

So wären also, werden Sie mir sagen, die Frauen mit Geist und Talent vor allen Angriffen geschützt. Sie werden vielleicht daraus schließen, daß dumme wie gescheite Leute den Frauen nachlaufen, obschon die Männer, die eine leichte Eroberung nicht hassen, eine solche Frau fliehen müßten. Das ist wahr, aber die Dummen wagen sich an sie heran, weil sie nicht wissen, wie schwierig es ist zu reüssieren, und die Klugen, weil sie gern solche Schwierigkeiten überwinden.

Müssen nicht übrigens Sie, der Sie ein Militär sind, meine Worte zu schätzen wissen? Ich nehme an, daß während des

Feldzuges, den Sie beginnen wollen, man Ihnen die Leitung der Belagerung einer Stadt anvertraut hat. Wird es Ihnen nun recht sein, wenn die Regierung in der Überzeugung, daß der Platz nicht uneinnehmbar ist, Ihnen die Tore öffnet, ohne Ihnen vorher die geringste Gelegenheit zu geben, sich auszuzeichnen? Gewiß nicht; Sie brauchen Widerstand, Sie wollen Gelegenheit haben, durch die geschicktesten Manöver Ihre Tapferkeit und Ihre Fähigkeiten glänzen zu lassen. Je mehr die Regierung um ihren eigenen Ruhm besorgt ist, desto mehr arbeitet sie an dem Ihrigen. Nun denn, Marquis, in der Liebe wie im Kriege wird die Freude am Siege an den Hindernissen gemessen, und wenn Sie mich ärgern, behaupte ich sogar, daß, bei Lichte betrachtet, der eigentliche Ruhm einer Frau vielleicht weniger darin besteht, sich nicht zu ergeben, als vielmehr darin, sich so glänzend zu verteidigen, daß sie alle kriegerischen Ehren verdient.

Gehen wir noch weiter: nehmen wir an, eine Frau sei so schwach, daß sie sich besiegen läßt; was hat sie für Mittel, einen glücklichen Liebhaber an sich zu fesseln, wenn ihr keine Talente und angenehme Gaben des Geistes zu Hilfe kommen? Ich weiß wohl, man verschafft sich diese Vorteile nicht; indessen gibt es eine Frau, die, wenn sie wollte, was sich gehört, sich solche Vorteile nicht verschaffen könnte? Der Unterschied würde nur in dem bißchen Mehr oder Minder bestehen. Aber fast alle sind von Natur zu faul, um sich diese Mühe zu geben. Sie haben gefunden, daß es kein bequemeres Mittel gibt, als hübsch zu sein. Diese Art zu gefallen erfordert keinerlei Geist; die Frauen möchten am liebsten, daß es kein anderes Mittel gäbe. Verblendet wie sie sind, sehen sie nicht ein, daß ja trotzdem Schönheit und Talente die Aufmerksamkeit der Männer auf sie lenken; aber die Schönheit setzt nur ihre Besitzerin den Blicken aus, die Talente geben ihr die Mittel zur Verteidigung. Mögen sie auf ihrer Hut sein: fast immer ist die Schönheit, von der sie soviel Aufhebens machen, Ursache späteren Kummers; sie wird ihr Todfeind in der Zeit, wo sie nicht mehr existiert. Wollen Sie wissen warum? Weil die Frauen alle anderen Hilfsquellen vernachlässigt haben. Während ihrer Glanzzeit wird eine Frau beachtet, sie ist gesucht, gefeiert, von einer brillanten Schar Freiern umgeben. Sie hofft, man werde sie immer mit denselben Augen ansehen. Welch gräßliche Vereinsamung, wenn das Alter kommt und ihr das einzige Verdienst raubt? Ich wünschte (der Ausdruck ist nicht sehr edel, gibt aber genau meine Gedanken wieder), ich wünschte, daß bei einer Frau die Schönheit nur als Aushängeschild für alle anderen Vorzüge diente.

Denn, mein Herr, in der Liebe macht man vom Geiste am häufigsten Gebrauch. Ein Herzensbund ist ein Theaterstück, mit den kürzesten Akten und den längsten Zwischenakten. Womit wollen Sie denn die Zwischenpausen ausfüllen, wenn nicht mit Talenten? Der Genuß macht alle Frauen gleich und setzt alle in gleicher Weise der Möglichkeit aus, betrogen zu werden. Die schöne, die hübsche, wenn sie nichts ist als das, hat auch keinen anderen Vorzug vor der, die es nicht ist; der Geist allein macht Unterschiede zwischen ihnen aus. Er allein kann in ein und derselben Person jene Vielseitigkeit hervorrufen, die notwendig ist, um ihrer nicht überdrüssig zu werden. Kurz, nur die Talente können die Leere einer befriedigten Leidenschaft ausfüllen, und sie sind das beste, was wir in mancher Lage haben können, sei es nun, um unsre Niederlage hinauszuschieben, sei es, um sie für den Sieger schmeichelhafter zu gestalten oder um ihm seinen Besitz zu erhalten. Die Liebhaber selbst haben Nutzen davon. Wieviel Dinge müssen sie gern haben, die ihnen scheinbar hinderlich sind! Ja, wie gut kennt die Gräfin ihre Interessen und die Ihrigen, wenn sie ihr ausgesprochenes Talent für die Klavizimbel pflegt! Ich lese meinen Brief nochmals durch, mein lieber Marquis, und ich fürchte, Sie werden ihn ein wenig ernst finden. Sehen Sie, das hat man davon, wenn man sich in so schlechte Gesellschaft begibt. Ich speiste nämlich gestern abend zusammen mit M. D. L. R. F. C., nie sehe ich ihn, ohne daß mir für mindestens drei bis vier Tage die gute Laune vergeht.

Dreiundvierzigster Brief

Zu streng bestraft Sie die Gräfin für das Geständnis, daß Sie ihr entlockt haben. Ich denke wie Sie, Marquis. Ist es denn Ihre Schuld, wenn ihr das Geheimnis entschlüpft ist? Sie kann nicht mehr zurück. Die Vernunft kann ja manchmal die Oberhand wiedergewinnen. Aber daß die Gräfin soweit geht, Sie drei Tage nicht sehen zu wollen, daß sie Ihnen sagen läßt, sie ginge vier Wochen aufs Land, und daß sie Ihre zärtlichen Briefe uneröffnet zurücksendet, das scheint mir die reine Anwandlung von Tugend zu sein. Doch verzweifeln Sie nicht. Wäre sie wirklich gleichgültig, würde sie minder streng sein.

Sie müssen es nicht mißverstehen. In solchen Fällen ist eine Frau nicht sowohl über Euch Männer als über sich selbst verstimmt. Sie fühlt mit Unbehagen, daß ihre Schwäche sie jeden Augenblick verraten kann. Sie straft Euch dafür, aber sie straft auch sich selbst, indem sie Euch schlecht behandelt. Doch verlassen Sie sich darauf: ein solcher Tag voller Launen bringt die Angelegenheit des Liebhabers schneller vorwärts, als wenn er seiner Dame ein ganzes Jahr lang etwas vorjammert. Eine Frau bereut leicht, ihn schlecht behandelt zu haben: sie sieht ihr Unrecht ein, will es wieder gutmachen und wird schließlich zur Wohltäterin. Sie bemerken doch übrigens wohl nicht, daß Ihnen ein anderer vorgezogen wird? Darum befolgen Sie ruhig den Wink Montagnes: »Ein galanter

Mann«, sagt er, »gibt wegen eines Korbes die Hoffnung noch lange nicht auf, vorausgesetzt, daß er ihn aus Keuschheit und nicht aus einem anderen Grunde erhalten hat.«

Aber ich kann mich gar nicht genug darüber wundern, daß der Charakter der Gräfin, seitdem sie Sie zu lieben scheint, sich gänzlich verändert haben soll! Als Sie ihre Bekanntschaft machten, war sie lebhaft, bis zur Leichtfertigkeit, unachtsam, entschlossen und sogar kokett: einer vernünftigen Neigung schien sie unfähig. Heute macht sie Ihnen einen ernst-melancholischen Eindruck. Sie ist zerstreut, schüchtern, zärtlich: die wahre Empfindung hat die Pose verdrängt, ein natürlicher Ton ist an Stelle der Geziertheit getreten. All das würde meine Philosophie über den Haufen werfen, wenn ich nicht in dieser Metamorphose die Wirkung der Liebe erkennen würde. Die Liebe allein hat eine so rasche Umwälzung hervorgebracht. Brauchen Sie sich darüber zu grämen? Das Gewitter, das Sie in den Gliedern fühlen, ist der Vorbote eines vollständigen Sieges, der Ihnen um so gewisser ist, als man alles getan hat, um ihn zu vereiteln: Seien Sie also ganz ruhig: die Frauen haben einen unerschöpflichen Fond von Güte für die Männer, die sie lieben. Die uns kennen, wissen das sehr wohl, und das tröstet sie über alle schlechte Behandlung. Sie wissen, daß ihre Gegenwart, ihr Kummer, ihr Schmerz die Wirkung nicht verfehlen und schließlich unseren Stolz entwaffnen. Sie wissen, daß wer am stolzesten ferngehalten wird, auch am meisten gefürchtet ist. Wie wenig verständig eine Frau auch sein mag, sie debütiert fast immer als Verteidigerin. Dazu bedarf es auch keiner Klugheit, sondern nur des Stolzes. Aber leider gebt Ihr Männer den Angriff nicht so leicht auf. Das Weib ermüdet schließlich und Ihr seid dankbar genug, daß, wenn Ihr nur ihr Herz erobert, Euch wenig daran liegt, ob Ihr es Eurer Belästigung oder ihrer Einwilligung verdankt!

Noch einmal, Marquis, die vielen Vorsichtsmaßregeln, die man gegen Sie ergreift, beweisen, wie sehr Sie gefürchtet sind. Wären Sie ihr gleichgültig, würde man sich nicht die Mühe nehmen, vor Ihnen zu fliehen. Die Ehre würde man Ihnen dann gar nicht antun. Aber ich kenne ja die Unvernunft der Liebhaber. Immer erfinderisch in Selbstquälereien, wird die Gewohnheit, nur von einem Gegenstand der Liebe erfüllt zu sein, in ihnen so mächtig, daß sie lieber leidend lieben als gar nicht. Ich bedaure Sie, denn Sie sind derartig verliebt, daß Sie noch sehr viel Kummer haben werden.

Vierundvierzigster Brief

Daß man, um sich an seiner Geliebten und für deren Sprödigkeit zu rächen, die Töchter ihres Agenten verführt . . ., das, mein Herr, nenne ich einen ja recht netten Zeitvertreib! Ich müßte mich sehr wundern, wenn Sie in meinen Prinzipien eine Rechtfertigung für so ein Vorhaben finden können. Es gibt nichts Liebenswürdigeres in meinen Augen als einen verführerischen Mann, nichts Hassenswerteres als einen Verführer. Der eine, den überwältigende Leidenschaft fortreißt, sucht das Herz derjenigen zu rühren, die das seinige besitzt. Was er vorhat, ist also ein Tausch, kein Diebstahl. Wenn er mit der zärtlichsten Liebe alles vereint, was Gegenliebe erwecken soll, so kann man ihm keinen Vorwurf daraus machen, daß er alle Vorteile wahrnimmt. Er studiert den Geschmack, die Laune, den Charakter des geliebten Gegenstandes; er bringt damit in Einklang seine Empfindungen, sein Benehmen, sein ganzes Gebaren, kurzum: er sucht den Weg zu ihrem Herzen und findet endlich die Möglichkeit, das Feuer, das ihn verzehrt, auf sie zu übertragen. Nun wird der Rausch auf beiden Seiten gleich. Wer könnte ihm einen Vorwurf daraus machen?

Und wenn daraus schwache Stunden entstehen, so sind sie ein Preis für die Liebe, ein Lohn für den Verdienst.

Ganz anders der Verführer. Ohne Liebe, ohne Zartgefühl und allein von roheren Instinkten geleitet, gelüstet ihn nicht nach dem Herzen, sondern nach dem Körper. Ihm liegt vielmehr daran, eine Gunst zu erlangen, als eine Neigung hervorzurufen; er trachtet mehr danach die Sinne zu erregen als das Herz zu rühren. Um seinen Zweck zu erreichen, sind ihm alle Mittel recht; nichts hält er für schwer, für unbillig oder erniedrigend. Das Glück, der Ruf derjenigen, die das unglückliche Opfer seiner Versuchung ist, kümmern ihn nicht im geringsten; List und Falschheit sind seine wesentlichen Charakterzüge; kaltblütig spielt er den Verliebten und heuchelt eine falsche Leidenschaft, um eine echte dafür einzutauschen. Er tut, als wäre er ein Sklave, und herrscht als Tyrann. Schließlich aber kommt man dahinter, daß er das entgegengebrachte Vertrauen getäuscht hat, und man verabscheut ihn.

Es tut mir leid, es Ihnen sagen zu müssen, Marquis, aber gerade so muß ich von Ihnen denken, wenn Sie bei Ihrer Absicht verharren. Niemand kann nachsichtiger als ich mit allen Torheiten der Liebhaber sein, aber soweit darf es denn doch nicht kommen, sonst steht die Ehre auf dem Spiele. Und dann erinnere ich mich sofort daran, daß, wenn ich auch nicht alle Vorzüge meines Geschlechtes für mich in Anspruch nehmen kann, ich doch wenigstens die eines anständigen Mannes besitze. Weiter brauche ich Ihnen wohl bei dieser Gelegenheit nichts zu sagen.

Fünfundvierzigster Brief

Ich merke wohl, Marquis, daß Sie sich taktvoller benehmen würden, als ich es gestern von einem gewöhnlichen Verführer vermuten konnte. Aber was Sie auch tun werden, glauben Sie, daß man Sie wirklich lieben wird? Ich nehme an, daß Sie der jungen Person, von der Sie sprechen, wirklich gefallen haben, und daß sie Ihnen ihre Freiheit verdanken will. Sie werden sie also der Gewalt harter und ärmlicher Eltern entziehen. Sie werden ihr ein behagliches Dasein verschaffen und auf ihre Erkenntlichkeit rechnen. Meinen Sie, daß sie aus übermäßiger Liebe ihr Schicksal Ihnen anvertrauen wird? Das sind bei ihr leidige Selbsttäuschungen! Sie wird gleich Ihnen nur ihrem Geschmacke zu folgen glauben, aber nur allzubald wird sie einsehen, daß sie nur jenem in uns allen mahnenden Hange zur Unabhängigkeit nachgegeben hat. Ist sie ein Mädchen von Grundsätzen, so wird gleich nach dem Fehltritt die Tugend wieder ihre Rechte geltend machen. Ach, glauben Sie nicht, daß sie lange Freude an dem haben wird, den sie nicht ohne Gewissensbisse wird ansehen können. Der bloße Stolz der Schönen kann ihren Freunden ein Hindernis werden. Ihre Wohltaten werden sie demütigen; sie wird fürchten, daß Sie ihre Anhänglichkeit als den Lohn für Ihre Freigebigkeit ansehen, und sie wird vielleicht darüber erröten, daß sie von ihrem Liebhaber etwas annehmen muß. Wenn man sich aber gedemütigt glaubt, so geschieht es auf Kosten aller Fähigkeiten der Seele: Wer aber nicht mehr in sein Inneres zu schauen wagt, hat auch nicht mehr das Frohgefühl, um andere glücklich zu machen. Ich sehe also zweierlei Möglichkeiten voraus: Hat die Person, von der Sie sprechen, keinen Takt, so wird sie unfähig sein, zu fühlen, welch eine Beleidigung für sie in Ihren Wohltaten liegt; dann wird aber auch ihre Erkenntlichkeit nicht jenen Reiz für Sie haben, auf den der denkende Mann Anspruch macht. Besitzt sie hingegen Takt, so wird gerade dieser Takt ihr Herz der Liebe verschließen. Sie wird meinen, Sie wollten etwas kaufen, was nicht feil ist, und von diesem Augenblicke an wird sie um so eher aller Erkenntlichkeit ledig zu sein glauben, als sie, wenn sie Ihnen zu Willen wäre, gegen ihr eigenes Taktgefühl verstoßen würde. Sie können noch von Glück sagen, wenn Sie aus Interesse gibt, was eigentlich nur Liebeslohn sein darf. Vergebens würden Sie Ihre Wohltaten vergessen machen und selbst vergessen; sie wird doch immer wieder daran denken. Nun glauben Sie Rechte zu haben; Sie werden nicht umhin können, manchmal darauf zu pochen. Anstatt zu bitten und zu verdienen, werden Sie fordern. Und dann ade Liebe! Solche Gunstbezeugungen haben nur Wert, wenn sie gratis sind. Die Liebe will sie uns erhalten und die Geliebte sie uns bewilligen, wenn sie ein Geschenk und nicht die Begleichung einer Schuld sind.

Würden Sie schließlich zu hoffen gezwungen sein, bei dem geplanten Arrangement wohlfeile Freuden zu finden, so werden Sie die allerdings auch finden. Das ist aber nicht gerade verlockend. Sie kennen doch den Ausspruch: »Nicht der ruhige Besitz eines Gutes macht uns glücklich, sondern die Unruhe seines Erwerbs.«

Ich muß Ihnen alles sagen, was ich davon denke. Ich behaupte nicht, daß es absolut unmöglich sei, unter solchen Umständen geliebt zu werden. Aber wie wenige Männer sind in diesem Falle imstande, eine Frau zu behandeln, wie es sich gehört? Wie geschickt müßte ein Mann es anfangen, um eine Frau vergessen zu machen, was er ihr Gutes getan und was sie ihm schuldig zu sein glaubt. Wie peinigend ist für sie der Gedanke an seine Empfindungen? »Ach«, sagte eines Tages eine Freundin von mir zu dem Grafen von ***, »ich zweifle nicht, daß Sie mit tausend Freuden Ihr Vermögen mit einer geliebten Frau teilen würden; doch es genügt mir nicht zu meinem

Glück; hundertmal am Tage würde ich mir Sorge darüber machen, was Sie meiner Neigung für Beweggründe unterschieben könnten. Es würde mich beleidigen, wenn Sie meine Neigung auf Dankbarkeit zurückführten. Ich weiß nicht, wie ich Ihnen meine Denkweise erklären soll, aber dessen seien Sie sicher: Wohltaten haben mit meinen Gefühlen nichts zu schaffen. Liebe läßt sich nur durch Liebe lohnen, und nur so will ich Ihnen zugetan sein. Ich hadere nicht mit dem Schicksale, daß ich nicht reich bin, im Gegenteil, ich will Ihnen gern meine Behaglichkeit verdanken, weil ich meine, daß Sie mit jeder Wohltat ein neues Band an mich knüpft. Gern sehe ich Sie täglich mich mit Wohltaten überhäufen, obzwar Ihr Edelmut schon vom ersten Moment an keine Grenzen kannte, obwohl Sie sich ebensoviel Mühe geben, ihn zu verbergen oder seinen Wert zu mindern, als andere ihn zu übertreiben versucht hätten. Und dennoch, soll ich Ihnen die Wahrheit sagen? Ich mache mir Vorwürfe. Den Weg, den Sie mir mit Blumen bestreuen, ich in meiner Lage empfinde ihn als Dornenweg: Ihr Edelmut raubt mir – ich will nicht sagen das Verdienst, Sie unentgeltlich zu lieben (denn es ist ja kein Verdienst, wenn ich es tue) – aber das angenehme Bewußtsein, Ihnen beweisen zu können, daß ich Sie um Ihrer selbst willen liebe.« Nun, Marquis, gibt es viele Frauen von gleichem Zartgefühl? Ich meinerseits, hätte mir das Schicksal so übel mitgespielt, daß ich in meinem Verehrer auch meinen Wohltäter erblicken müßte, würde zunächst befürchtet haben, daß ich dann das undankbarste Geschöpf der Welt geworden wäre. Wie uneigennützig hätte er sich dann zeigen müssen in seinen Bemühungen, meine Lage zu lindern! Wie geschickt hätte er mir seine Dienste anbieten müssen, die, merkt man die Absicht, einen so leicht demütigen! Welcher Schonung hätte es bedurft, damit ich seine Unterstützung annehme, die ich nur der Großmut würde verdanken wollen. Wie vorsichtig hätte er zu Werke gehen müssen, wenn er mir andere als rein freundschaftliche Gefühle entgegenbringen wollte! Wie schüchtern hätte er Schritt um Schritt vorwärts gehen müssen! Doch, wenn es wenige Männer gibt, die eines solchen Benehmens fähig sind, wieviel Frauen gibt es denn, die es verdienen? In solcher Lage nimmt man sich gewöhnlich, ohne sich genügend zu kennen. Der Zufall, die Konvention, die Notwendigkeit entscheidet eher als die Liebe, daher herrscht auch so wenig Aufrichtigkeit und Treue bei solchen Verhältnissen. Übrigens, Marquis, sind Sie noch zu jung, um ein solches Verhältnis einzugehen, und ich hoffe, Sie werden Ihren Plan bereits wieder aufgegeben haben, bevor mein Brief Sie erreicht. Ein Blick der Gräfin wird ja sowieso alles wieder zunichte gemacht haben.

Sechsundvierzigster Brief

O wie freue ich mich, bevor ich aufs Land reise, zu erfahren, daß Sie ruhiger geworden sind. Ich muß Ihnen offen gestehen, hätte die Gräfin Sie weiter so streng behandelt, so würde ich nicht etwa geglaubt haben, daß sie unempfindlich sei, wohl aber, daß Sie einen glücklichen Nebenbuhler haben. Wissen Sie warum? Weil eine Frau nie unzugänglicher ist, als wenn sie im Arme eines begünstigten Liebhabers auf einmal gegen alle anderen Männer tugendhaft wird.

Alles, was Sie mir sagen, beweist mir indessen, daß Sie, und zwar nur Sie allein, geliebt werden. Soll ich Ihnen hiervon bald zuverlässige Kunde geben? Ich will nämlich die Gräfin selbst prüfen, dieser Entschluß überrascht Sie gewiß. Ihr Erstaunen wird sich legen, wenn Sie bedenken, daß das Haus der Frau von La Sablière, wo ich acht Tage verbringen will, nahe bei der Besitzung Ihrer liebenswürdigen Witwe gelegen ist. Sie haben mir selbst gesagt, daß sie soeben dorthin gereist ist. Sie können sich vorstellen, daß ich furchtbar neugierig bin, sie kennenzulernen, und daher brauchen Sie sich nicht über mein Versprechen zu wundern ... Man läßt mir keine Zeit, diesen Brief zu beenden, ja nicht einmal ihn abzusenden. Es geht schon fort; meine Reisegenossin läßt mir keine Ruhe und behauptet, ich schriebe ein Billetdoux. Ich lasse sie ruhig reden und stecke den Bogen zu mir, um den Brief auf dem Lande zu beenden. Leben Sie wohl! Wie, die Krankheit der Frau von Grignan wird Ihnen nicht gestatten, uns in unserer Einsamkeit zu besuchen?

Schloß ***

Ich schreibe Ihnen aus der Behausung der Gräfin, mein lieber Marquis. Das ist nun bereits der dritte Tag, den ich auf dem Lande zubringe. Ich stehe mich sehr gut mit der Schloßherrin. Sie ist eine reizende Frau, ich bin ganz entzückt von ihr. Manchmal zweifle ich, ob Sie ein solches Herz zu besitzen verdienen. Ich bin ihre Vertraute; sie hat mir gesagt, was sie von Ihnen hält, und ich werde schon, bevor wir in die Stadt zurückkehren, dahinterkommen, welches die Gründe der Veränderung sind, die Sie in ihrem Wesen bemerkt haben wollen. Mehr wage ich Ihnen nicht zu sagen, man könnte in mein Zimmer kommen, und ich will nicht, daß man weiß, daß ich Ihnen von hier aus schreibe. Leben Sie wohl!

Siebenundvierzigster Brief

Aber, was habe ich Ihnen alles zu sagen, Marquis. Ich wollte gerade Wort halten und der Gräfin mit List ihr Geheimnis entlocken, als der Zufall mir zu Hilfe kam. Sie wissen ja, welches Vertrauen sie in Herrn von La Sablière setzt. Sie war gerade mit ihm in einem Boskett des Gartens. Ich ging durch einen Hagebuttenstrauch, um sie zu treffen. Wie ich mich eben bemerkbar machen will, klingt Ihr Name an mein Ohr. Sofort blieb ich stehen; man hatte mich noch nicht bemerkt. Ich habe alles mitangehört und beeile mich, Ihnen Wort für Wort ihr Gespräch mitzuteilen.

»Da ich Ihrem Scharfsinn nun doch nicht meine Neigung für Herrn von Sévigné verbergen konnte«, sagte die Gräfin, »so will ich nicht auf halbem Wege haltmachen. Es wundert mich nicht, daß Ihnen meine ernste Leidenschaft unvereinbar scheint mit jenem leichtfertigen Charakter, den die Gesellschaft an mir kennt. Noch mehr werden Sie sich wundern, wenn ich Ihnen eingestehe, daß ich gar nicht die bin, für die ich gelte. Mein Ernst, der Sie heute überrascht, ist nur die Rückkehr zu meinem eigentlichen Gemütszustande, und ich bin erst aus Überlegung eine Modedame geworden. Vielleicht meinten Sie, die Frauen wüßten nur ihre Fehler zu verbergen, sie gehen aber, wie Figura zeigt, manchmal noch weiter und verschleiern sogar ihre Tugenden. Da es nun einmal zur Sprache kommt, so will ich Ihnen erzählen, wie ich allmählich dahin gekommen bin.

Während meiner Ehe lebte ich zurückgezogen. Sie kannten ja den Grafen und seine Vorliebe für die Einsamkeit. Als ich Witwe geworden war, war die Rede davon, daß ich in der Gesellschaft verkehren sollte. Ich war sehr verlegen, wie ich das anzufangen hätte. Ich ging mit mir zu Rate und suchte es mir vergebens zu verbergen, daß ich an geselligen Vergnügungen Gefallen fand. Gleichzeitig aber war ich entschlossen, die Reinheit meiner Sitten zu wahren. Wie sollte ich nun beides miteinander in Einklang bringen? Es schien mir sehr schwierig, mich so zu betragen, daß ich, ohne mich zu kompromittieren, mir die Annehmlichkeiten des Lebens verschaffte.

Ich dachte bei mir: Da es unsere Bestimmung ist, unter den Männern zu leben, da wir dazu geschaffen sind, ihnen zu gefallen und die Behaglichkeit ihres Daseins zu teilen, so müssen wir auch unter ihren Fehlern leiden und ihre Schlechtigkeit fürchten. Sie scheinen keinen anderen Zweck mit unserer Erziehung befolgt zu haben, als uns zur Liebe geeignet zu machen. Das ist die einzige Leidenschaft, die sie uns gestatten, und vermöge eines seltsamen Widerspruches lassen sie uns nur auf eine einzige Weise Ruhm erwerben, nämlich auf die, daß wir ihrer Neigung widerstehen. Ich überlegte also, wie in der Praxis diese beiden Gegensätze zu vereinigen wären, und stieß allenthalben auf Mißhelligkeiten.

Wir sind, sagte ich mir, noch allzu einfältig, wenn wir in die Gesellschaft eingeführt werden, um uns vorzustellen, daß das größte Glück einer Frau darin besteht, zu lieben und geliebt zu werden. Wir gehen noch von der Voraussetzung aus, die Liebe basiere auf der Achtung, die gestützt ist auf die Kenntnis liebenswürdiger Eigenschaften, geläutert durch die Zartheit der Gefühle, losgelöst von allen entstellenden Nichtigkeiten und genährt durch das Vertrauen und die Offenheit des Herzens. Aber leider ist diese für eine unerfahrene Frau so schmeichelhafte Ansicht in der Praxis nichts weniger als schmeichelhaft. Man wird die Täuschung erst gewahr, wenn es zu spät ist.

Als ich anfing in der Gesellschaft zu verkehren, war ich am meisten über die Unbeständigkeit und Falschheit der Männer empört. Als ich aber ein wenig mehr Erfahrung hatte, sah ich, daß der erste Fehler sie mehr unglücklich als schuldig macht. Wie sie nun einmal beschaffen sind, werden sie nun nicht immer von ein und derselben Liebe ausgefüllt. Aber verdient auch ihre Falschheit die gleiche Nachsicht? Die meisten von ihnen attackieren die Frauen kaltblütig in der Absicht, sie ihrem Amüsement dienstbar zu machen oder sie ihrer Eitelkeit zu opfern; sie wollen die Leere eines müßigen Lebens ausfüllen oder eine Art Ruhm erlangen, der auf dem Ruin des unsrigen aufgebaut ist, das ist die große Mehrzahl. Wie kann man sie von den echten Liebhabern unterscheiden? Alle haben äußerlich dieselben Manieren. Der Mann, der sich so stellt, als ob er verliebt sei, ist manchmal viel verführerischer als der, der es wirklich ist.

Außerdem sind wir genarrt, weil wir uns aus der Liebe eine Haupt- und Staatsaktion machen. Ihr Männer betrachtet sie als ein Spiel, wir aber lassen uns selten auf die Liebe ein ohne Neigung für die betreffende Person; Ihr hingegen seid unzart genug, um Euch ohne persönliches Gefallen damit abzugeben. Wir machen uns die Beständigkeit zur Pflicht, Ihr tretet sofort ohne Bedenken beim geringsten Verdruß den Rückzug an. Kaum wahrt Ihr die Wohlanständigkeit beim Verlassen einer Geliebten, deren Besitz vor einem halben Jahre noch Euer Glück und Euren Ruhm ausmachte. Sie kann noch von Glück reden, wenn Ihr sie durch die schimpflichsten Indiskretionen nicht für ihre Güte bestraft.

Ich hatte also die Neigung, die Dinge tragisch zu nehmen, und sagte, wenn die Liebe so viel Unglück mit sich bringt, dürfte eine Frau, die ihre Ruhe und ihren Ruf liebhabe, überhaupt nicht lieben. Andererseits aber sagte ich mir wieder, daß wir ein Herz hätten, daß dieses Herz für die Liebe geschaffen sei und daß die Liebe selbst unfreiwillig wäre. Warum also einen Hang zerstören, der ein Teil unseres Selbst ist? Viel klüger würde es doch sein, wenn man an seiner Besserung arbeitete? Sehen wir, wie das möglich ist.

Welches ist die gefährlichste Liebe? Nach meiner Beobachtung die, welche die Seele ganz beschäftigt, welche alle anderen Leidenschaften absorbiert und uns unfähig macht, uns mit einem anderen Gefühle zu befassen, kurz die, welche uns dem geliebten Gegenstande opfert.

Welche Naturen sind für solche Gefühle besonders empfänglich? Gerade die solidesten; gerade die, welche wenig von sich hermachen und in deren Denkweise am meisten Edelmut und Verstand sich einen. Und welche Männer sind für Frauen dieser Art am gefährlichsten? Die, welche nur gerade soviel glänzende Fähigkeiten besitzen, um ihre Verdienste zur Geltung zu bringen. Diese Männer sind freilich eine schlechte Gesellschaft für eine denkende Frau. Allerdings sind sie jetzt selten. Gab es je ein Zeitalter, das uns wie das unsrige vor großen Leidenschaften bewahrt? Aber das Unglück kann wollen, daß man in der Menge doch einem begegnet.

Die Moralisten behaupten, eine jede von uns besitze einen Fond von Empfindlichkeiten, die sich irgendworan betätigen müsse. Eine verständige Frau gibt sich mit den tausenderlei kleinen Vorzügen ab, die gewöhnlichen Frauen an ihren Männern gefallen. Findet sie ein ihrer Beachtung würdiges Objekt, so muß sie natürlich auch seinen Wert fühlen; ihre Neigung richtet sich nach ihrer Bildung, und sie kann sich nicht oberflächlich für ihn interessieren. Solchen Charakteren darf man nicht nachahmen, denn wenn man seine Ruhe liebhat, muß man die Begegnung und den Umgang mit den erwähnten Männern meiden. Zweierlei also ist bei der Ausbildung unseres Charakters zu beachten: einmal müssen wir uns vor allzu starken Eindrücken in acht nehmen, und sodann müssen wir auch die Männer von uns fernhalten, die solche Eindrücke hervorrufen können. Tragen wir ein Benehmen zur Schau, das sie wenigstens hindert, sich uns von einer schätzenswerten Seite zu zeigen. Versetzen wir sie in die Notwendigkeit, uns durch Frivolitäten und Lächerlichkeiten zu gefallen. Affektiert, wie sie dann sein werden, geben sie uns durch ihre Fehler die Waffen gegen sie in die Hand. Wie kann man am besten solche Schutzmaßregeln ergreifen? Einfach, indem man zu posieren anfängt.

Sie sind erstaunt, zu welchen Konsequenzen mich so ernsthafte Betrachtungen führen. Sie werden es noch mehr sein, wenn ich Ihnen beweise, daß ich recht habe. Hören Sie weiter. Ich kenne Ihre Urteilsfähigkeit, und ich schmeichle mir auch, welche zu besitzen, so leichtfertig ich Ihnen auch vorgekommen sein mag. Schließlich werden Sie schon meine Ansicht teilen.

Glauben Sie, daß eine äußerliche Tugendhaftigkeit das Herz vor den Gefahren der Liebe schützt? Das wäre eine schlechte Hilfe! Wird eine Frau einer Schande fähig, so ist nachher ihre Schwäche um so größer, je mehr Achtung sie anfangs beanspruchen wollte. Je größer der Ruhm ihrer Tugend gewesen ist, desto größerer Böswilligkeit ist sie später ausgesetzt.

Wie stellt man sich überhaupt in der Gesellschaft eine tugendhafte Frau vor? Sind die Männer nicht ungerecht genug zu glauben, daß die Klügste die ist, welche am besten ihre Schwächen verbirgt oder welcher es durch eine erzwungene Zurückgezogenheit unmöglich ist, schwach zu sein? Treiben sie nicht in der Furcht vor unserer Vollkommenheit die Schlechtigkeit so weit, daß sie annehmen, wir seien immer heftig erregt, wenn wir ihnen Widerstand leisten wollen? »Es gibt keine anständige Frau«, sagt einer unserer Freunde, »die ihrer Anständigkeit nicht schließlich überdrüssig wird. « Und welche Belohnung lassen sie uns zuteil werden für die Qualen, zu denen wir nach ihrer Meinung verurteilt sind? Errichten Sie unseren heroischen Bemühungen wenigstens Altäre? Nein. Nach ihrer Ansicht ist die anständigste Frau die, von der man nicht spricht; das bedeutet also eine vollkommene Gleichgültigkeit ihrerseits, eine allgemeine Vergessenheit ist der Lohn unserer Tugend. Muß man nicht sehr viel davon besitzen, wenn man sie um diesen Preis bewahrt? Welche Frau käme nicht in Versuchung, sie aufzugeben. Aber man darf sich nicht verhehlen, daß die Sache auch ihre ernsten Seiten hat.

Die Schande folgt der Schwäche auf dem Fuße. Das Greisenalter, das sowieso schon schrecklich genug ist, muß doch erst gar furchtbar sein, wenn man es unter Gewissensbissen hinbringen muß. Ich fühle die Notwendigkeit, dieses Unglück zu vermeiden. Anfangs meinte ich, es würde mir nur gelingen, wenn ich mich zu einem sehr keuschen Lebenswandel verurteilte, und doch hatte ich nicht genug Mut, das zu wagen. Aber bald, wie gesagt, schien mir die Pose die einzige Möglichkeit, Tugend und Vergnügungen miteinander zu vereinen. An Ihrem Lächeln sehe ich, daß Ihnen dieser Gedanke paradox erscheint; er ist vernünftiger als Sie glauben.

Ist denn eine Modedame verpflichtet, eine Neigung zu haben? Dispensiert man sie nicht davon, zärtlich zu sein? Es genügt ja, daß sie liebenswürdig sei und auf ihr Äußeres Wert lege. Sobald sie ihre übernommene Rolle gut spielt, denkt man nicht einmal daran, ob sie ein Herz hat. Ein hübsches Gesicht, gefällige Manieren, Kapricen, ein Modejargon, Einfälle, aparter Geschmack ist alles, was man von ihr verlangt. Im Grunde kann sie ungestraft tugendhaft sein. Fällt es jemand ein, sie zu attackieren, so gibt er, falls er Widerstand findet, bald die Hoffnung auf. Er nimmt an, daß sie bereits in festen Händen ist und wartet geduldig, bis die Reihe an ihn kommt. Beharrlichkeit würde ihm selbst am meisten schaden, er würde damit beweisen, daß er nicht weiß, welche Achtung man einem bereits bestehenden Verhältnis schuldig ist. So ist die Schöne gerade durch die schlechte Meinung, die man von ihr hat, geschützt.

Ich lese in Ihren Augen, daß Sie mir sagen wollen, der Beruf einer solchen Modedame könne meinem Ansehen schaden und mich gerade jenen Unannehmlichkeiten aussetzen, die ich vermeiden will. Nicht wahr, das denken Sie? Ja wissen Sie denn nicht, mein Herr, daß das keuscheste Betragen vor Bosheit nicht schützt? Die Meinung der Männer macht unseren Ruf; die gute oder schlechte Vorstellung, die sie von uns haben, ist fast immer gleich falsch. Eine Voreingenommenheit, eine Art Verhängnis leitet ihr Urteil, so daß unser Ansehen immer viel weniger von einer wirklichen Tugend als von glücklichen Umständen abhängt. Die Hoffnung, einen Ehrenplatz in ihrer Phantasie einzunehmen, darf uns also nicht allein zur Ausübung der Tugend antreiben, sondern der Wunsch, bei sich selbst gut zu sein und sich sagen zu können, welches auch immer die Meinung des Publikums über uns sei: »Ich habe mir nichts vorzuwerfen.« Äh, was liegt denn auch daran, wem man seine Tugend verdankt, wenn man sie sich nur bewahrt!

Also war ich überzeugt, daß ich bei meinem ersten Erscheinen in der Gesellschaft nichts Besseres tun konnte, als die Maske anzunehmen, die mir für meine Ruhe und meinen Ruf am günstigsten schien. Ich schloß mich noch enger an die Freundin an, die mir bereits mit ihrem Rate zur Seite gestanden hatte. Es war die Marquise von ***, meine Verwandte. Wir stimmten in unseren Anschauungen vollkommen überein. Wir verkehrten in denselben Kreisen. Die Nächstenliebe war allerdings nicht unsere Lieblingstugend. Wir traten in eine Gesellschaft ein wie in einen Ballsaal, wo wir die einzigen Masken wären. Wir gestatteten uns dort allerlei Torheiten, wir reizten die Leute geradezu, sich von ihrer lächerlichsten Seite zu zeigen. Nachdem wir uns mit dieser Komödie sehr amüsiert hatten, war unser Endzweck nicht das Vergnügen; der Spaß erneuerte sich beim tête-à-tête. Wie dumm uns die Frauen vorkamen! Und welche Leere fanden wir bei den Männern! Welche Geckenhaftigkeit! Welche Frechheit! Wenn in der Gesellschaft, die wir besuchten, sich jemand zeigte, der Furcht, das heißt Achtung verdiente, so brachten wir ihn zur

Verzweiflung durch unser Betragen, durch die geringe Beachtung, die wir ihm zu schenken schienen und durch den Spott, womit wir gerade die überhäuften, die ihn am wenigsten verdienten. Mit einem Worte, wir waren bereits soweit, daß wir glaubten, wir müßten immer nur in schlechter Gesellschaft sein, um unempfindlich gegen die Liebe zu sein.

Dieses Betragen hat uns lange vor den Fallstricken der Liebe bewahrt und vor der tödlichen Langeweile gerettet, die eine traurige und ernste Tugendhaftigkeit über unser Leben ausgebreitet hatte. Leichtfertig, herrschsüchtig, entschlossen, ja, wenn Sie wollen, sogar kokett in Gegenwart der Männer, aber solid, vernünftig, tugendsam in unseren eigenen Augen, waren wir ganz zufrieden mit dieser Rolle. Es zeigte sich kein Mann, den wir zu fürchten gehabt hätten. Die, welche uns hätten gefährlich werden können, waren gezwungen, mit uns lächerlich zu sein, um geduldet und gefeiert zu werden.

Was mich aber an der Wahrheit meiner Prinzipien zweifeln machte, war, daß sie mich nicht immer vor den Gefahren bewahrten, die ich vermeiden wollte. Ich habe aus eigener Erfahrung eingesehen, daß Amor ein Verräter sei, mit dem nicht gut zu scherzen ist. Ich weiß nicht, durch welches Verhängnis der Marquis von Sévigné all meine Pläne zum Scheitern brachte. Trotz meiner Vorsicht hat er den Weg zu meinem Herzen gefunden. Wie sehr ich mich auch dagegen sträubte, ich mußte ihn lieben; meine Vernunft taugt zu nichts mehr als zu dem Versuche, in meinen eigenen Augen mein Gefallen an ihn zu rechtfertigen. Ich werde mich glücklich schätzen, wenn er mir nie Veranlassung gibt, meine Meinung zu ändern. Ich konnte nicht umhin, ihn merken zu lassen, wie ich über ihn denke, sonst hätte ich fürchten müssen, daß er mich für ebenso lächerlich hielt, als ich es zu sein schien. Und wenn selbst meine Offenherzigkeit mich in seinen Augen weniger liebenswert machen sollte (denn ich weiß wohl, daß Leichtfertigkeit die Männer mehr gefangen nimmt als wirkliches Verdienst), so will ich mich ihm doch zeigen, wie ich bin. Ich würde erröten, wenn ich sein Herz nur einer beständigen Lüge über mich selbst verdanken sollte.«

»Die Neuigkeit Ihres Vorhabens«, sagte daraufhin Herr von La Sablière, »überrascht mich noch weit weniger, gnädige Frau, als die Geschicklichkeit, womit Sie mir eine so seltsame Liebe plausibel machen konnten. Gestatten Sie mir, Ihnen zu sagen, daß man sich nicht geistreicher irren kann. Sie haben eben das Schicksal aller planmäßig handelnden Leute erfahren. Sie machen lange Umwege, um sich von der breiten Heerstraße zu entfernen und scheitern nichtsdestoweniger an derselben Klippe. Wenn ich nun von dem Vorrechte, Ihnen offen meine Meinung zu sagen, Gebrauch machen darf, so verlassen Sie sich darauf, Gräfin, daß das einzige Mittel, sich Ihre Ruhe zu bewahren, das ist, sich nunmehr als vernünftige Frau zu zeigen. Noch nie brachte es Vorteil, wenn man vor der Tugend die Waffen streckte.«

Als ich sah, daß das Gespräch diese Wendung nahm, merkte ich, daß es bald zu Ende sein würde; ich entfernte mich eiligst und dachte nur noch daran, Ihre Neugierde zu befriedigen. Und ich habe Ihnen übermäßig lang geschrieben.

Achtundvierzigster Brief

Und auch Sie verfallen in die Fadheiten der Liebhaber mit großen Gefühlen. Die Abwesenheit ist für Sie das grausamste der Übel? Sie können nur leben an der Stätte, die verschönt ist durch den Gegenstand Ihres Entzückens ... Sie glauben nicht, wie der beklagende Ton, worin Sie mir Ihren Zustand schildern, mich erheitert hat. Und noch spaßhafter ist, daß ich sah, wie die Gräfin Sie fast bedauerte, als sie Ihren Brief las. Doch bald zwang ich sie, über ihre eigene Schwäche zu lachen, und sie mußte zugeben, daß die Liebenden, die ihr eigentliches Interesse recht verstehen, ganz gut wissen, wie sehr diese Trennung ihrem Glücke förderlich ist, anstatt sich über eine Trennung von einigen Tagen zu beklagen.

Fragen Sie sie doch, ob sie aufhören wollen, sich zu lieben; alle werden Ihnen antworten, daß die Gefühle, von denen sie beseelt sind, ihr höchstes Glück ausmachen. Doch wie können sie sich diese Gefühle erhalten? Etwa indem sie nie den geliebten Gegenstand aus den Augen verlieren? Und sich nie seiner berauben? Ganz gewiß nicht. Das Herz will nicht lange auf die gleiche Art gefesselt sein; die Gleichförmigkeit bedrückt es. Und welche Hilfsquellen man auch im eigenen Geiste habe, wie sanftmütig man auch von Charakter sei, glauben Sie denn, es sei möglich, daß man nichts dabei verliert, wenn man sich immerfort und in allzu großer Nähe sieht? Versuchen wir alles recht zu würdigen: welches ist der Hauptbeweggrund für alle Herzensneigungen? Wenn man sich mit jemanden liieren will, so heißt das die Hoffnung hegen, daß er uns Neues zu bieten hat und wir ihm. Aber haben wir einmal die beiden Objekte ausgefüllt, so verfallen wir in eine Müdigkeit, der gleich die Langeweile folgt, und bald suchen wir nach einem Vorwande, der uns von einem Verkehr befreit, von dem beide Teile kein Vergnügen und keine Illusionen mehr erhoffen. Die Abwechslung in dem seelischen Zustande ist also wesentlich für das Glück der beiden Liebenden. Und was könnte besser als ein Getrenntsein diesen Vorteil verschaffen? Haben Sie niemals die Süßigkeit eines zärtlichen Abschieds empfunden? Die Unruhe, das Bedauern, die Tränen, die ihn begleiten, sind sie nicht etwas Kostbares für eine zarte, sensible Seele? Gewöhnliche Liebende betrachten die Trennung auf wenige Tage als ein Übel. Betrachten sie aber die Natur ihres angeblichen Schmerzes ein wenig genauer, so werden sie bald bemerken, daß er, anstatt einen unangenehmen Eindruck auf die Seele zu machen, im Gegenteil, eine entzückende Wollust darin erweckt. Dieser Schmerz enthält einen entzückenden Charme, und er beweist uns, daß, wie sehr auch das Herz in Mitleidenschaft gezogen wird, es immer in einer angenehmen Verfassung sich befindet, sobald es seine Empfindsamkeit ausüben kann.

Seien Sie guten Mutes! Haben Sie sich jemals mehr mit der Gräfin beschäftigt, als wenn Sie entfernt von ihr waren? Und haben Sie dasselbe dann nicht von ihr geglaubt? Betrachten Sie das als ein Unglück, wenn Sie zu sich sagen können: »Meine teure Adelaide hat keine wahre Freude da, wo ich nicht bin, obschon fern von mir, denkt sie immer meiner; sie ist um mich, spricht nur zu mir: all ihr Tun und Denken ist auf mich gerichtet.« Und ist es nicht was Schönes, ihr diese Empfindungen mitzuteilen?

Wir kehren bald nach Paris zurück. Nun? Ich bin überzeugt davon, daß Sie sich schon im voraus über die Rückkehr der Gräfin freuen werden. Die Begegnung wird Ihnen Gelegenheit geben, Ihrer Begeisterung freien Lauf zu lassen und Ihr Herz wird in einer süßen, wonnevollen Aufregung sein. Wie eifrig werden Sie sich gegenseitig ausfragen! Stellen Sie sich vor, wie Sie sich einander erzählen werden, was Sie inzwischen gedacht, geplant, gewünscht haben! Ihr werdet beide glauben, Eure Liebe sei nie so groß gewesen wie jetzt. Oh, unterschätzen Sie nicht so eine Entdeckung. Und welchem Umstande ist sie zu verdanken? Der Trennung. Werden Sie nach alledem noch klagen über die Leiden des Fernseins? Nein, für so ungerecht halte ich Sie nicht. In Ihrem nächsten Briefe werden Sie sich zu unserem Aufenthalt auf dem Lande Glück wünschen.

Neunundvierzigster Brief

Geahnt hatte ich wohl, daß es nicht so leicht sein würde, Ihnen Ihren Irrtum zu nehmen und Sie Ihre gegenwärtige Lage als eine glückliche betrachten zu lassen. Sie behaupten, eine Liebe wie die Ihrige habe, um von Dauer zu sein, derartige Raffinements, wie ich sie in meinem letzten Briefe schildere, nicht nötig. Sie wollen aus meinen Ratschlägen ersehen, daß ich kokett und sinnlich sei. Sie dagegen wären nur zärtlich und verliebt genug, um durch die Abwesenheit der Gräfin zum unglücklichsten der Männer gemacht zu werden.

Ach, Marquis, welcher Liebhaber hätte nicht ebenso gesprochen zu Beginn seiner Leidenschaft? Alle rühmen sich gleich Ihnen, die wahre Liebe zu fühlen; alle bilden sich ein, daß eine Herzensaffäre mit Vernunft begleitet so viel bedeutet wie Unkenntnis der Liebe. Aber ist denn unser Herz nicht von der gleichen Art wie das Eure? Wieviel wir auch auf Taktgefühl geben mögen, immer sind wir gezwungen, einzugestehen, daß ein beständiges Zusammensein schließlich zum Überdruß führt. Dafür erzählte uns neulich Herr von La Sablière folgendes Beispiel:

»Sie kennen die kleine Julie von der Oper; Sie werden gewiß nie geahnt haben, daß in diesem Kopfe ein Keim zur Philosophie steckt. Der Graf von *** gab ihr im vergangenen Monat ein Vermögen, wie sie es sich nie gehofft hätte: eine anständige Pension, eine hübsche Wohnung, Nippes, eine Einrichtung, wertvolle Schmuckgegenstände, eine schmucke Equipage, kurzum die kleine Person konnte königlich vergnügt sein, als der Komtur plötzlich die Herrlichkeit störte. Und wie hat der Grausame das zuwege gebracht? Sehr einfach, indem er ihr das Doppelte bot an Pension, Kleinodien usw.

Seine Anerbieten waren anfangs hochmütig abgelehnt worden. Julie, in ihrem Reichtum, war stolz geworden. Der einzige Vorzug des Geldes ist, daß es unseren Gefühlen vielleicht einen gewissen Schwung gibt. Indessen, unsere Heroine, die sich inzwischen die Sache überlegt hatte, wußte ein Arrangement zu treffen. Sie werden sehen, daß sie im Grund Ehre im Leibe hatte. Sie wollte ihren Verpflichtungen nicht untreu werden, aber sie fürchtete zum mindesten ebensosehr der Wohltaten ihres Liebhabers verlustig zu gehen. Sie wäre nun in arge Verlegenheit geraten, wenn nicht ihre mit der Zeit erworbene Kenntnis des Menschenherzens sie aus ihrer heiklen Lage befreit hätte. Sie gab also dem Komtur folgende Antwort:

»Sie gefallen mir persönlich außerordentlich. Aber ich habe Verpflichtungen gegen den Grafen. Ich wäre verzweifelt, wenn ich sie nicht halten würde; ich habe Lebensart; er soll sich nicht über mich zu beklagen haben, und Sie selbst sind viel zu gerecht, um mir zuzureden, daß ich ihn betrüge. Ich sehe nur eine Möglichkeit, die Wohlanständigkeit mit Interesse für mein Herz und mein Vermögen zu vereinen (denn ich bin, offengestanden, nicht reich), nämlich die, daß Sie mir vierzehn Tage Bedenkzeit geben. Dann hoffe ich sicher Ihr Anerbieten anzunehmen, ohne daß er es mir übelnimmt oder mir Vorwürfe macht. Ich werde von ihm verlangen, daß er diese Zeit mit mir auf seinem Landgute zubringt, und zwar allein, damit wir ungestört miteinander zärtlich sein können. Ich werde ihm so oft sagen, daß ich ihn liebe, ich werde es ihm so lange auf dieselbe Weise sagen, ich werde von ihm so viel Leidenschaftlichkeit beanspruchen, daß er mich bald ebenso unausstehlich findet, als er mich jetzt für begehrenswert hält. Bisher war ich launenhaft, verdrießlich; ich hab' ihn oft brüskiert und zur Verzweiflung gebracht. Nach diesem Rezepte wurde er immer vernarrter in mich. Aber die nächsten vierzehn Tage werde ich immer gleich sanft und nett zu ihm sein, bis er schließlich die Geduld verliert. Kurzum, ich will ihn dahin bringen, daß er zuerst nach einem Vorwand suchen wird, sich seines Schattens, der ihn zu seiner Verzweiflung verfolgt, zu entledigen, und er wird noch glücklich sein, mir zum Lohne für meine Tugenden all das überlassen zu dürfen, was er mir zu ganz anderem Zwecke geschenkt hat. Dann, mein lieber Komtur, gehöre ich ganz Ihnen, und aus meinem Benehmen gegen den Grafen werden Sie ersehen, wie treu ich in Zukunft zu Ihnen halten werde.« Hätten Sie sich je träumen lassen, Marquis, daß Sie eines Tages noch von einem Mädchen der Oper Lebensart lernen würden?

Doch nach alledem kenne ich das Mittel, Sie zu überzeugen: In zwei Tagen werden wir in Paris sein. Versäumen Sie ja nicht, diese Stelle meines Briefes tausendmal an Ihre Lippen zu drücken. Extravaganzen sind das Wesen der wahren Liebe.

Fünfzigster Brief

Da wären wir also wieder zurück. Aber die Neuigkeiten, die wir mitbringen, werden wohl nicht ganz nach Ihrem Geschmack sein. Nie hatten Sie eine so schöne Gelegenheit, die Frauen der Launenhaftigkeit zu beschuldigen. Ich schrieb Ihnen vor einigen Tagen, daß man Sie liebe, heute muß ich Ihnen das Gegenteil berichten. Man hat einen seltsamen Entschluß gefaßt: zittern Sie, es ist eine abgemachte Sache, die Gräfin will Sie nur auf ihre Weise lieben, ohne ihrer Tugend nur das geringste zu vergeben. Sie hat die Folgen einer Leidenschaft wie der Ihrigen mit angesehen, und das hat ihr einen gelinden Schreck eingejagt. Sie beschloß also, die Sache dürfe so nicht weitergehen, damit die Beweise, die sie Ihnen von ihrer Neigung gegeben hat, Sie nicht gar zu sehr in Sicherheit wiegen sollen. Ihr Männer denkt immer, sobald eine

Frau Euch ihre Neigung eingestanden hat, könne sie nicht mehr die Ketten zerbrechen. Lassen Sie sich eines Besseren belehren. Die Gräfin ist weit vernünftiger, als Sie denken, und ich will Ihnen nicht verbergen, daß sie einen Teil ihrer Sicherheit meinen Ratschlägen verdankt. Rechnen Sie nicht länger auf meine Briefe. Sie bedürfen auch kaum mehr meiner Hilfe, um die Frauen kennenzulernen. Ich bedaure sogar einigermaßen, Ihnen die Waffen gegen sie geliefert zu haben; ohne das wäre es Ihnen niemals geglückt, dieses Herz zu rühren. Ich muß gestehen, ich habe mein Geschlecht zu hart beurteilt; Sie sehen mich zur Genugtuung bereit. Ich merke es jetzt wohl. Es gibt viel mehr achtbare Frauen, als ich geglaubt habe. Was vereint die Gräfin in sich für eine Menge schöner Eigenschaften! Nein, Marquis, ich konnte ihr meine Freundschaft nicht vorenthalten, und ohne mich um meine Interessen zu kümmern, habe ich mich mit ihr gegen Sie verbunden. Sie werden mir ohne Zweifel deshalb grollen, aber verlangte nicht ihr Vertrauen zu mir meinerseits eine Gegenleistung? Solange Ihre Unerfahrenheit der Aufklärung, der Stütze, der Ermutigung bedurfte, habe ich in meinem Eifer für Sie alles Ihren Interessen geopfert. Damals war man gegen Sie zu sehr im Vorteil. Die Dinge haben sich geändert. Heute genügt kaum der ganze Stolz der Gräfin, um Ihnen zu widerstehen. Einst half ihr die eigene Gleichgültigkeit und, was noch mehr sagen will, Ihre Ungeschicklichkeit. Heute haben Sie Erfahrung, die Gräfin dagegen hat einen Teil ihres Verstandes eingebüßt. Wenn ich danach mich mit Ihnen gegen sie verbünden, ihr Vertrauen mißbrauchen, ihr die Hilfe, die sie mit Recht von mir erwartet, verweigern wollte, so würde das, wie Sie mir billigerweise zugeben müssen, eine zum Himmel schreiende Ungerechtigkeit sein. Ich will fortan den Schaden wieder gutzumachen versuchen, den ich anstiftete, indem ich Sie in unsere Geheimnisse einweihte. Ich will von nun an darauf bedacht sein, das System jener Prüden selbst wieder zu zerstören, von deren Gefühlen ich Ihnen eines Tages schrieb, und will beweisen, daß es nicht unmöglich ist, eine widerstandsfähige Frau zu finden, möge sie auch noch so geschickt attackiert werden. Und damit unser Triumph um so schöner sei, will ich nichts von dem verhehlen, was ich gegen Sie unternommen habe. Ich habe den Verrat so weit getrieben, daß ich die Gräfin davon unterrichtet habe, welche Vorteile Sie etwa aus meinen Briefen haben ziehen können. »Bedenken Sie«, sagte ich ihr noch heute morgen, »wie gefährlich ein Liebhaber ist, der mit Kenntnis des Weiberherzens das Talent verbindet, sich zart und edel auszudrücken. Welche Vorteile hat er nicht gegenüber einer Frau, welche denkt und philosophiert. Ja, die vernünftige Überlegung selbst wird ihm Mittel zur Verführung. Er verfügt über die Kunst, ihren eigenen Verstand dazu zu benutzen, um in ihren Augen die Irrungen zu rechtfertigen, zu denen er sie verführt. Eine Geliebte glaubt sich verpflichtet, je nach der Erkenntnis seiner Qualitäten, ihm Opfer zu bringen. Gegenüber einem gewöhnlichen Manne bleibt eine Schwäche eine Schwäche; man errötet darüber; gegenüber einem geistvollen Manne ist diese Schwäche ein Tribut, den man seinen Verdiensten zollt, ist sie sogar ein Beweis für unseren Scharfsinn, denn sie macht unserem guten Geschmack alle Ehre. Indem er so der Eitelkeit gibt, was er der Tugend nimmt, raubt der Schwerenöter in ihren Augen der Schwäche jedes Odium.« Dies sind, mein Herr, die Ratschläge, die ich der Gräfin gebe; ich weiß nicht, ob Ihnen danach noch viel zu hoffen bleibt.

Der Tanz

Einundfünfzigster Brief

Bitte, erklären Sie sich näher. Indem ich Ihnen mitteilte, was wir gegen Sie planten, glaubte ich Sie zu überraschen, aber Sie pochen auf Ihre Chancen in einer Weise, die doch über den Spaß hinausgeht. Ist Ihr Brief wirklich ernst gemeint, wenn Sie mir zu verstehen geben, daß ich einfersüchtig sei und daß ich ein persönliches Interesse daran habe, Sie mit der Gräfin zu entzweien? Sie sind entweder sehr schlau oder sehr schlimm, sehr schlimm, wenn Sie mir je eine solche Niedertracht zutrauen könnten, sehr schlau, wenn Sie den Argwohn nur geäußert haben, um mich bei meiner Freundin zu verdächtigen. Jedenfalls ist es klar, daß die Alternative mich so oder so beleidigen muß, denn die Gräfin nimmt die Sache sehr ernst. Ich befinde mich in der allergrößten Verlegenheit. Frevler Sie, wie genau Sie Ihren Einfluß auf ihr Herz kennen... Daß Sie sich gleichgültig gegen sie stellten, war der beste Trumpf, den Sie ausspielen konnten. Sie geruhten auf meinen letzten Brief nicht zu antworten. Haben uns drei Tage lang nicht besucht und schreiben uns nachher einen unglaublich kühlen Brief! Oh, ich muß gestehen, das war äußerst raffiniert von Ihnen. Sie haben erreicht, was Sie wollten und einen vollständigen Sieg davongetragen. Auf solche Kälte war die Gräfin nicht gefaßt. Sie fürchtet, Ihre Gleichgültigkeit sei echt, und sie steht nun eine Todesangst aus. Kommen Sie, Grausamer, kommen Sie und trocknen Sie die um Ihretwillen vergossenen Tränen. Kommen Sie, um Ihren Sieg und unsere Niederlage zu feiern. Großer Gott, was wird aus der gescheitesten Frau, wenn die Liebe ihr den Kopf verdreht! Wären Sie nur Zeuge gewesen der Vorwürfe, die ich zu hören bekam. Wie denn? Wenn man die Gräfin heute reden hört, hätte ich ihrer Tugend ein beleidigendes Mißtrauen entgegengebracht, hätte ich ihr eine ganz falsche Vorstellung von Ihren Ansprüchen gegeben und Ihnen sehr bedenkliche Absichten unterschoben, bloß um die Freude zu haben, Sie dafür bestraft zu sehen. Ich bin hart, ungerecht, grausam, und Gott weiß mit was noch für schönen Epitheta ich bedacht wurde! Wie erregt sie war! Nun, ich gebe Ihnen die Versicherung, ich werde mich nie wieder einem solchen Ungewitter aussetzen, und es soll das letztemal sein, daß ich mich in Ihre Angelegenheiten gemischt habe. Ich danke bestens für das Vertrauen, womit Sie mich beiderseits beehrt haben! Die Ratgeber spielen bei derartigen Gelegenheiten keine schöne Rolle; sie haben alle Unzuträglichkeiten auf sich zu nehmen, und den Liebenden bleibt dafür die Versöhnung.

Indessen, wenn ich mir's recht überlege, warum soll ich so dumm sein, mich darüber zu ärgern? Ihr seid zwei Kinder, über deren Torheit ich mich amüsiere. Ich will lieber mit philosophischen Augen dreinschauen und Euch beiden eine Freundin bleiben. Kommen Sie sofort zu mir und sagen Sie mir, ob Ihnen dieser Entschluß genehm ist. Kommen Sie, spielen Sie nicht länger den Grausamen und machen wir Frieden – Ihr armen Kinder Ihr! Das eine hat ganz harmlose Absichten, das andere ist seiner Tugend so sicher, daß ihre Neigung stören soviel hieße, als sie grundlos beide betrüben.

Zweiundfünfzigster Brief

Ich sehe, Marquis, das einzige Mittel, mit einer Frau gut auszukommen, ist, daß man mit ihr nicht zu vertraut wird. Mein Entschluß steht fest: nie wieder spreche ich mit der Gräfin von Ihnen, es sei denn, daß sie mich dazu nötigt. Ich liebe keine Zänkereien. Diese Entscheidung ändert jedoch nichts an meinen Gefühlen für Sie, noch an meiner Freundschaft für die Gräfin. Aber, wenn ich auch Ihre Freundin bleibe, kann ich doch ganz unbedenklich wie früher mit Ihnen verkehren. Ich werde also fortfahren, Ihnen meine Ansichten über Ihre Seelenzustände mitzuteilen, vorausgesetzt, daß Sie mir gestatten, manchmal über Sie zu lachen; eine Freiheit, von der ich übrigens heute keinen Gebrauch machen will, denn wenn die Gräfin ihr Vorhaben ausführt, wenn sie Ihnen in der Tat ein Tête-à-tête verweigert, glaube ich nicht, daß Sie so bald zum Zuge kommen werden. Sie denkt an mich, kennt ihr Herz und fürchtet es mit Recht. Keine vorsichtige Frau darf auf ihre Kraft vertrauen und sich ungestraft den Zärtlichkeiten des Mannes aussetzen, den sie lieb hat. Nichts ist für uns so gefährlich als die Anwesenheit oder auch nur die Nähe des geliebten Gegenstandes. Seine Erregung, das Feuer, das ihn verzehrt, reizen unsere Sinne, entzünden unsere Phantasie, rufen unsere Begierden wach. Wir sind mit einem Klavizimbel zu vergleichen: bereit, der Hand zu antworten, die es berühren soll, bleibt es doch stumm, solange es nicht den Druck dieser Hand spürt. Doch drückt man mit dem Finger auf das Klavier, so werden seine Töne laut. Führen Sie den Vergleich weiter aus und ziehen Sie die Konsequenzen daraus.

Worüber beklagen Sie sich eigentlich noch, Sie Herr Metaphysiker. Die Gräfin sehen, den süßen Laut ihrer Stimme vernehmen, ihr kleine Aufmerksamkeiten erweisen, in zarten Gefühlen bei ihr schwelgen, sich an ihren tugendsamen Reden erbauen: ist das nicht für Sie der Gipfel des Glücks? Überlassen Sie die groben Gefühle, die bereits bei Ihnen zum Durchbruch kommen, den Erdensöhnen. Wenn man Sie heute betrachtet, sollte man fast meinen, ich hätte gar so unrecht nicht gehabt, als ich behauptete, die Liebe sei das Werk der Sinne. Ihre eigene Erfahrung bestätigt, daß ich manchmal recht hatte; ich bin nicht böse darüber. Das sei die Strafe für Ihre Ungerechtigkeit. Adieu.

Der Chevalier, Ihr ehemaliger Nebenbuhler, hat sich also

an der Gräfin gerächt, indem er sich an die Marquise, ihre Verwandte, heranmachte. Diese Wahl macht seinem Geschmacke alle Ehre; sie sind beide füreinander wie geschaffen. Ich gäbe was darum, wenn ich wüßte, wohin ihre schöne Passion noch führen wird!

Dreiundfünfzigster Brief

Daß Sie ermatten, überrascht mich nicht, mein Herr. Die Krankheit der Marquise beraubte Sie des Vergnügens, ihre Verwandte zu sehen; Ihr Herz war drei Tage lang in der gleichen Verfassung. Sie sind einfach von Langeweile geplagt. Ihre Kälte gegen die Gräfin nimmt mich ebenfalls nicht wunder. Bei den allergrößten Leidenschaften gibt es Zustände von Lauheit, über die die betreffenden Leute sich selbst am meisten wundern. Das liegt daran, daß das Herz durch immerwährende Erregung endlich ermattet, oder daß es überhaupt nicht unaufhörlich von derselben Liebe ausgefüllt sein kann. Es sind das Momente der Gleichgültigkeit, nach deren Ursachen man vergeblich forschen dürfte. Je lebhafter die Erregung gewesen ist, desto tiefer ist die darauf folgende Ruhe, und diese Ruhe ist weit verhängnisvoller für den Gegenstand der Liebe als Sturm und Erregung. Die Liebe erlischt durch einen zu harten oder zu gleichmäßigen Widerstand. Eine gewöhnliche Frau leistet nur Widerstand, eine intelligente Frau tut mehr, sie wechselt ab in der Art des Widerstandes, und das ist die höchste Kunst. Bei der Gräfin überdies gehen die Pflichten der Freundschaft vor denen gegen den Liebhaber vor; das ist ein weiterer Grund, warum Sie kühler geworden sind. Die Liebe ist ein Gefühl der Eifersucht oder der Tyrannei: es wird erst befriedigt, wenn man all seine Wünsche und Leidenschaften opfert. Sie tun nichts für die Liebe, wenn Sie nicht alles für sie tun. Zieht man ihr die Pflicht, die Freundschaft usw. vor, so glaubt sie schon ein Recht zur Klage zu haben und sinnt auf Rache. Beweis dafür die Artigkeiten, die Sie Frau von *** zu erweisen suchten. Und wenn Sie auch erklärten, nur um so verliebter zur Gräfin zurückgekehrt zu sein, Ihre Verlegenheit, als die Gräfin Sie fragte, ob Sie lange bei Frau von *** geblieben wären, Ihr Bemühen, sie durch eine ausweichende Antwort zu täuschen, der Eifer, womit Sie auch den kleinsten Verdacht zu beseitigen strebten, zeigten mir, daß Sie schuldiger waren als Sie mir sagten oder auch nur ahnten. Die Gräfin weiß, was sie davon zu halten hat. Bemerken Sie nicht, wie sie Sie auf den Chevalier eifersüchtig machen will? Oh, so bald werden Sie nicht wieder in jene Gleichgültigkeit verfallen, von der wir soeben sprachen. Die Eifersucht wird schon für Ihre Beschäftigung sorgen. Und schätzen Sie etwa das Unglück der Marquise gering? Sie werden sie nur zu bald zu sehen bekommen. Die Pocken werden nicht allein ihr Gesicht entstellt haben. Überblickt sie erst ihr ganzes Mißgeschick, wird auch ihre Stimmung darunter leiden. Wie beklage ich die Ärmste! Wie beklage ich all die übrigen Frauen! Wie wird sie die hassen und zerpflücken! Die Gräfin ist ihre beste Freundin; wird sie es lange bleiben? Die Gräfin ist hübsch; ihr Teint läßt alle anderen häßlich erscheinen. Ach, was für Stürme sehe ich voraus!

Vierundfünfzigster Brief

Jene Röte, welche die Windpocken auf dem Gesicht der armen Marquise zurückließen, hat sie wohl scheu gemacht? Ich wundere mich nicht, daß sie sich schon lange nicht mehr zeigt. Wie sollte sie es auch in diesem Zustande? Wäre ihr dieses Unglück nicht passiert, so hätte sie den Chevalier noch wer weiß wie lange schmachten lassen. Nun zweifeln Sie jetzt immer noch daran, daß die Tugend der Frauen von den Umständen abhängt, und daß sie mit dem Stolze abnimmt? Leider fürchte ich, daß es der Gräfin ebenso ergehen wird. Nichts ist für eine Frau gefährlicher als die Schwäche ihrer Freundin, die an sich schon gar zu verführerische Liebe wird es noch mehr durch Ansteckung, wenn ich so sagen darf. Nicht nur aus unserem Herzen schöpft sie Kraft, sie schmiedet auch fortwährend aus allen uns umgebenden Gegenständen neue Waffen gegen die Vernunft. Eine Frauensperson, die schuldig wird, glaubt zu ihrer eigenen Rechtfertigung ein Interesse daran zu haben, ihre Freundin mit in den Abgrund zu ziehen. Ich wundere mich nicht, wenn ihr die Marquise jetzt zuredet. Bisher haben beide denselben Grundsätzen gehuldigt. Wie muß sich nun die Marquise schämen, wenn diese Grundsätze nur die Gräfin vor dem Falle bewahrt haben? Die Marquise hat übrigens jetzt einen Grund mehr als jede andere Frau, zum Falle der Freundin beizutragen. Sie ist häßlich geworden, fühlt daher die Verpflichtung, sich dem Verehrer, um ihn sich zu erhalten, gefälliger zu zeigen. Kann sie es mit ansehen, daß eine andere Frau ihren Verehrer um geringeren Preis fesselt? Das müßte sie als eine demütigende Überlegenheit anerkennen, sie würde zu den seltsamsten Mitteln greifen, um Ihre liebenswürdige Witwe auch dahin zu bringen. Ist es ihr aber erst gelungen, dann fürchte ich, wird sich das Blättchen wenden. Wenn man ebenso hübsch gewesen ist wie eine andere Frau und es nun auf einmal nicht mehr ist, während die andere von Tag zu Tag schöner wird, dann kann man sie nicht länger um sich dulden; das, ich schwör' es Ihnen, geht über die Kraft der verständigsten Frau. Bei uns hört die Freundschaft auf, wo die Rivalität beginnt; ich rede bloß von der Rivalität der Reize, um von der der Gefühle ganz zu schweigen.

Fünfundfünfzigster Brief

Sehen Sie, mein Herr, rechtfertigen die Zänkereien der Marquise nicht meine Prophezeiungen? Ich sehe es mit Bedauern voraus, muß es Ihnen aber sagen. Wie behutsam auch die Gräfin die Eigenliebe der Rekonvaleszentin schonen möge, die Marquise wird es ihr mit Undank lohnen. Es ist gleichsam ein Verhängnis: Alles, was eine hübsche Frau zu einer, die nicht mehr hübsch ist oder es nie war, sagt, schimmert durch das größte Taktgefühl doch wie Mitleid durch und demütigt die, welche man über den Verlust ihrer Reize trösten will. Je mehr sie ihre eigenen Vorzüge vergessen machen möchte, desto mehr wird sie sich ihrer bewußt, so daß die andere merkt, man läßt ihr nur aus Großmut das bißchen subalternen Ruhm. Auch müssen Sie bedenken, Marquis, daß sich die Frauen nie über das Lob täuschen, das sie sich gegenseitig spenden. Und weil die einen unaufrichtig reden, hören die anderen undankbar zu. Selbst wenn die Sprecherin die Schönheit der Hörerin in der redlichsten Überzeugung lobte, würde die letztere, wenn sie wissen will, ob jene die Wahrheit sagt, viel weniger auf ihre Worte als auf ihre Mienen achten. Einer Häßlichen glaubt man und ist ihr ohne weiteres zugetan, einer Hübschen dankt man kühl und mißtraut ihr; eine sehr Hübsche aber haßt man nur noch mehr als früher. Haben zwei Personen miteinander etwas zu verhandeln, so kann, wenn es Weiber sind, sich unmöglich zwischen ihnen eine solide Freundschaft entwickeln. Können zwei Kaufleute, die mit demselben Stoffe handeln, jemals gute Nachbarn werden? Aber man durchschaut bei den Frauen nicht immer die wahre Ursache dieses Mangels an Herzlichkeit. Die scheinbar intimsten Freundinnen entzweien sich oft um nichts und wieder nichts. Glauben Sie, daß etwa Kleinlichkeit der wahre Grund ihres Streites ist? Sie ist oft nur Vorwand oder Anstoß. Man verbirgt das treibende Motiv, wenn es uns Schande machen könnte. Man will nicht zeigen, daß die Schönheit unserer Freundin die Ursache der Entfremdung ist. Dann würde man ja eifersüchtig scheinen und für neidisch gelten; das Vergnügen will man ihr nicht machen; lieber will man ungerecht scheinen. Darum sind zwei hübsche Frauen froh, wenn sie einen Vorwand finden, einander loszuwerden. Sie ergreifen ihn mit einer Lebhaftigkeit, sie verwünschen sich mit einer Herzlichkeit, die beweisen, wie sehr sie sich früher lieb hatten.

Spreche ich aufrichtig genug? Sie sehen, wie weit meine Offenherzigkeit geht. Ich versuche Ihnen von allen eine richtige Vorstellung zu geben, und wäre es auch auf meine Kosten; denn ich fühle mich gewiß nicht frei von den Fehlern, die ich an anderen Frauen tadele. Da ich aber fest überzeugt bin, daß dies alles unter uns bleibt, brauche ich ja einen Streit mit meinen ganzen Geschlechte nicht zu fürchten; es würde sich vielleicht für berechtigt halten, meine Naivität zu tadeln. Die Gräfin indessen ist über all diese Kleinlichkeiten erhaben; sie gesteht ohne weiteres die Wahrheit meiner Ansichten zu. Aber es gibt ja so viel einfältige Weibsbilder!

Sechsundfünfzigster Brief

Vermochte das Beispiel der Marquise bisher nichts über das Herz ihrer Freundin? Man ist im Gegenteil wohl mehr denn je auf der Hut vor Ihnen, und eine kleine Gunst, die Sie sich erstohlen haben, trug Ihnen ernsthafte Vorwürfe ein. Wie sollte sie denn bei dieser Gelegenheit auch unterlassen, Sie an die Versicherung der Achtung und Uneigennützigkeit zu erinnern, die Sie ihr gaben, als Sie Ihre Liebe eingestanden? Das ist halt so der Brauch in ähnlichen Fällen. Aber richten Sie einen Augenblick Ihre Aufmerksamkeit auf unseren seltsamen Gedankengang; derselbe Eifer, den eine Frau für einen Beweis der Nichtachtung hält, solange man mit ihr nicht einig ist, verwandelt sich in ihrer Phantasie in einen Beweis der Liebe und Achtung, sobald alles in Ordnung ist. Hören Sie sich doch die verheirateten Frauen an und alle die, welche, ohne es zu sein, sich doch die gleichen Privilegien gestatten; hören Sie, sage ich, ihnen zu bei ihren heimlichen Klagen über die ungetreuen Gatten oder die kühl gewordenen Liebhaber. Geringschätzung halten sie für die einzige Ursache der Erkaltung. Indessen, unter uns gesagt, was sie nun für einen Mangel an Achtung und Liebe halten, ist doch bei einem Manne nichts anderes als ein Beweis für seine gute Gesundheit. Ich sagte Ihnen ja vor einiger Zeit, daß die Frauen, falls sie aufrichtig sind, zugeben müssen, daß bei ihnen die Liebe noch weit mehr in der Wallung des Blutes besteht. Schauen Sie sich eine Liebende bei Beginn der Leidenschaft an: da ist die Liebe doch ein rein metaphysisches Gefühl, das mit den Sinnen gar nichts zu tun hat. Ähnlich wie jene Philosophen, die trotz aller Qualen nicht zugeben wollten, daß sie Schmerzen litten, wird sie noch lange Märtyrerin des eigenen Systemes sein. Doch hat sich einmal so ein armes Weib berühren lassen, so kann ihr der Liebhaber noch so oft wiederholen, daß Liebe ein metaphysisches und göttliches Gefühl sei, daß sie von schönen Phrasen und geistreichen Gesprächen lebe, daß man sie degradiere, wenn man sie mit materiellen und menschlichen Dingen in Beziehung bringe –, ich stehe Ihnen im Namen aller Frauen ohne Ausnahme dafür: der Redner wird kein Glück mehr haben. Seine Achtung wird man für Schimpf, sein Taktgefühl für Verhöhnung, seine schönen Worte für lächerliche Vorwände nehmen. Man wird ihm keine andere Gnade angedeihen lassen als die, ihn dafür auszuzanken, daß er, weil er wahrscheinlich mit einer anderen weniger taktvoll gewesen ist, sich nun in die traurige Notwendigkeit versetzt sehe, die großen Gefühle vor der offiziellen Geliebten auszukramen; und das Schönste dabei ist, daß die Entschuldigung, die man ihm in den Mund legt, immer dieselbe Ursache hat.

Siebenundfünfzigster Brief

Nein, Marquis, was Sie auch sagen mögen, ich werde Ihnen nicht den Eifer ruhig hingehen lassen, womit Sie das verlangen, was Sie das höchste Glück zu nennen belieben. Werden Sie denn in Ihrer Blindheit nie merken, daß, wenn Sie des Herzens einer Frau sicher sind, es in Ihrem eigenen Interesse liegt, lange die Vorfreude der Niederlage zu genießen? Werden Sie sich denn nie davon überzeugen lassen, daß von allen Gütern es gerade die Annehmlichkeiten der Liebe sind, mit denen man am sparsamsten verfahren muß? Wäre ich ein Mann und hätte ich das Glück, das Herz einer Frau wie der Gräfin zu rühren, wie diskret würde ich dann von meinen Vorteilen Gebrauch machen! Ich würde es mir zur Aufgabe machen, allmählich und langsam eine Stufe nach der anderen zu erklimmen. Ich würde mir eine ganze Masse Freuden zu verschaffen wissen, die den Männern unbekannt sind. Gleich dem Geizigen würde ich unaufhörlich meinen Schatz betrachten, mich an seiner Kostbarkeit weiden, mir zu Gemüte führen, daß er all meine Glückseligkeit ausmacht, mich seines Besitzes freuen, immer bedenken, daß er mein ist, daß ich darüber verfügen kann, und mir vornehmen, ihn nie zu verausgaben. Welche Genugtuung, in den Augen einer liebenswürdigen Frau die Macht zu lesen, die man über sie hat, in jeder ihrer Handlungen etwas Zärtliches zu sehen, zu hören, wie ihre Stimme weich wird, wenn sie mit einem spricht, bei den harmlosesten Liebkosungen sich ihrer Gemütsbewegungen zu erfreuen? Gibt es für einen Liebhaber etwas Herrlicheres, als wiedergeliebt zu werden? Welcher Reiz besteht darin, mit unverhohlener Ungeduld erwartet, mit einer Freude empfangen zu werden, die noch um so schmeichelhafter wird, je mehr man sie verbergen möchte. Man hat das Kleid angezogen, das er am liebsten sieht, man nimmt eine Haltung, einen Ton, ein Gebaren an, das für ihn so schmeichelhaft wie möglich ist. Früher schmückte man sich, um allgemein zu gefallen, jetzt kleidet man sich überhaupt nur noch für ihn; für ihn hat man diese Brillantbrosche, diese Schleife, dieses Armband angelegt, ihm gilt alles, für ihn hat man sich verwandelt, ihn liebt man in sich selbst. Finden Sie in der Liebe etwas Entzückenderes, als wenn die Frau mit ihrem Widerstande Sie zu bitten scheint, ihre Schwäche nicht zu mißbrauchen, und wenn sie Ihnen sogar ihre Tugend verdanken möchte? Mit einem Worte, gibt es etwas Verführerisches als eine vor Erregung halb erstickte Stimme, als jenes Nein, woraus die Geliebte sich selbst einen Vorwurf macht, und dessen Härte, noch ehe man sich darüber beklagt hat, sie durch die zärtlichsten Blicke zu mildern sucht? Wie, es kann Ihnen doch unmöglich daran liegen, dem Zauber so schnell ein Ende zu machen? Ich wenigstens könnte es nicht begreifen. Indessen, wenn man Ihrem Drängen nachgibt, verblassen die Freuden, je leichter sie Ihnen zuteil werden. Es lag nur an Ihnen, sie zu verlängern und zu vermehren, wenn Sie sich Zeit ließen, sie ganz kennenzulernen und zu genießen. Aber Ihr seid nicht zufrieden, solange der Besitz kein vollständiger, leichter und dauerhafter ist, und nachher seid Ihr überrascht über die Gleichgültigkeit, Kälte und Unbeständigkeit Eures Herzens. Habt Ihr nicht alles getan, um Euch an dem geliebten Gegenstand zu sättigen? Ich habe es ja immer gesagt, die Liebe stirbt niemals am Hunger, sondern oft an der Übersättigung. Ich will Ihnen eines Tages anvertrauen, was ich für den Grafen von *** empfunden habe. Sie werden sehen, ob ich das Menschenherz und die wahre Glückseligkeit kenne; Sie werden an meinem Beispiel lernen, daß die Ökonomie der Gefühle und Vergnügungen in der Liebe vielleicht die einzige Metaphysik ist, und Sie werden zugeben müssen, daß Sie sich sehr wenig in Ihrem gegenwärtigen Betragen gegen die Gräfin auf Ihre eigenen Interessen verstehen.

Achtundfünfzigster Brief

Ich Sie beklagen, mein Herr? Ich werde mich wohl hüten, das schwöre ich Ihnen. Sie haben meinen Rat nicht befolgen wollen; wie sollte ich mich darüber ärgern, wenn Sie nun ein bißchen schlecht behandelt werden? Sie glaubten, Sie brauchten die Gräfin nur ein bißchen brüskieren: ihre freie Auffassung der Liebe, ihre Zugänglichkeit, ihre freimütige Verspottung der Platonikerinnen ließen Sie bei ihr weniger Strenge erwarten. Da sehen Sie, wie Sie sich wieder einmal getäuscht haben. Der Schein hat eben getrogen. Daß man so das Vertrauen der Leute täuschen konnte, das schreit nach Rache. Die Gräfin verdient alle Namen, die Sie ihr geben; aber womit habe ich Ihre Ungerechtigkeit verdient? Bin ich verantwortlich, wenn man zu Ihnen hart ist? Sie seien unglücklich, behaupten Sie, weil Sie die Ratschläge befolgt hätten, die ich Ihnen zu Beginn unserer Korrespondenz gab. Habe ich Ihnen nicht schon einmal gesagt, daß alle Wahrheiten relativ sind? Die besten Ratschläge können verhängnisvoll werden, wenn man keinen rechten Gebrauch davon macht. Werden Sie also durch Schaden klug und lernen Sie erst die Frauen ordentlich kennen. Sie sind in einem bei den Männern leider nur allzu verbreiteten Irrtum befangen. Weil die sich immer durch das Äußere verführen lassen, denken sie, eine Frau, deren Tugend nicht immer auf dem Quivive ist, würde leichter herumzukriegen sein als eine Prüde. Keinerlei Erfahrung kann sie eines Besseren belehren. Daher setzen sie sich oft Zurechtweisungen aus, die um so reizvoller sind, je weniger sie sich darauf gefaßt machten. Dann natürlich nehmen sie gleich ihre Zuflucht zu Klagen über die Launenhaftigkeit und Seltsamkeit der Weiber. Alle fragen mit Ihnen: »Warum dieses zweideutige Spiel! Wenn eine Schöne unzugänglich bleiben will, warum mißbraucht sie die Leichtgläubigkeit des Verehrers und trägt ein Benehmen zur Schau, das so wenig ihren Gefühlen entspricht? Warum läßt man sich lieben, wenn man Gegenliebe für überflüssig hält? Das heißt doch bizarr und falsch sein? Heißt doch über alle Gefühle sich lustig machen?«

Ihr täuscht Euch, meine Herren; das heißt nur sich über Eure Eitelkeit lustig machen. Vergebens wollt Ihr uns die Schuld beimessen; Eure Eitelkeit allein ist verletzt, und wenn Ihr von tiefen Empfindungen sprecht, so ist das weiter nichts als eine Beschönigung. Ihr selbst zwingt uns ja, Euch so zu behandeln! Eine Frau, die nur ein bißchen intelligent ist, weiß ganz gut, daß Hoffnung für Euch das festeste Band ist; folglich muß man Euch Hoffnung machen. Wenn sie sich gleich anfangs mit einer Strenge wappnete, die sie unbesiegbar erscheinen ließe, dann fände sie keinen Verehrer mehr. Wie würde sie vereinsamt sein! Wie müßte sie sich schämen! Denn selbst die tugendhafteste Frau ist nicht unempfindlich gegen Verehrung; sie will ebenso wie jede andere, daß man ihr den Hof mache. Da sie aber sehr wohl weiß, daß die Männer, auf die sie rechnet, nur ihren Stolz verletzende Absichten haben, so weiß sie, daß sie es doch einmal nicht ändern kann, die Männer trotzdem, so gut es eben geht, an sich zu fesseln. Und das tut sie eben, indem sie die Hoffnungen nicht vernichtet, die sie niemals zu erfüllen bereit ist. Mit einiger Geschicklichkeit gelingt ihr das auch. Wenn eine Frau also ihre Interessen recht versteht, so verbirgt sie das, was den Männern gleich ein

»Ich liebe Sie« bedeutet. Sie allein, die Frau, hätte Grund, beleidigt zu sein. Doch hat man die Männer einmal durchschaut, so braucht es ja nur ein wenig Eitelkeit, um ihre Pläne zu durchkreuzen. Nicht unser Zorn ist unsere furchtbarste Waffe. Muß eine erst außer sich geraten und wütend werden, um widerstehen zu können, so dokumentiert sie dadurch nur ihre eigene Schwäche. Eine feine Ironie, ein pikanter Spott, eine verächtliche Kälte entmutigt weit mehr. Kein Streit mit den Männern und folglich auch keine Versöhnung. Ein solches Benehmen raubt den Männern alle Chancen.

Die Prüde dagegen geht ganz anders zu Werke. Sieht sie sich der geringsten Gefahr ausgesetzt, so glaubt sie sich nur je nach dem Groll, den sie hervorruft, zur Klugheit verpflichtet. Wem soll das imponieren? Jeder, der ihr in die Karten guckt, sagt sich: »Ich werde nur schlecht behandelt, weil ich unglücklich war in der Wahl des Augenblicks. Nicht meine Keckheit, sondern meine Ungeschicklichkeit wird bestraft. Was man mir heute zum Verbrechen anrechnet, dafür wird man mir morgen Dank wissen. Die Zurechtweisungen sind also nur ein Wink, daß man seine Bemühungen verdoppeln möge, um mehr Nachsicht zu verdienen und ihren Stolz zu entwaffnen. Man will wieder versöhnt werden, und das geschieht, indem man die Beleidigung vergessen macht und um Verzeihung bittet für einen neuen Verstoß.«

Wenn die Frauen nach meinem Rezept handelten, würden die Männer nicht so reden.

Neunundfünfzigster Brief

Hassen möchte ich Sie, Marquis, seitdem ich den beifolgenden Brief der Gräfin erhielt. Lesen Sie, ob Sie es verdienen, so geliebt zu werden:

»Sie sind erst vor acht Tagen abgereist, meine liebe Ninon. Ich weiß nicht, warum Ihr Fernsein mich so beunruhigt. Vielleicht ist der Grund der, daß Ihre liebenswürdige Philosophie mir zu Hilfe kam gegen eine Neigung, die täglich immer heftiger wird und vor deren Folgen ich zittere. Was hilft uns in solchem Falle Tugend, Stolz und Furcht vor der Schande! Welche Macht hat über uns die Phantasie und die Tyrannei der Sinne! Wie grausam ist es, noch genug Vernunft zu behalten, um unsere Schwachheit ganz zu erkennen und doch zu verliebt zu sein, um länger zu widerstehen? Diese Einleitung sagt Ihnen wohl, wie erregt ich bin. Ich kenne mich selbst nicht wieder. Um Himmels willen, erklären Sie mir mein Herz; es ist mir ein Rätsel!

Sie kennen meine Gefühle; Sie wissen, wie widerwärtig mir alles ist, was den Takt einer gescheiten Frau verletzen kann. Meine Grundsätze sind unverändert, aber, o Gott, zu welchen Entdeckungen hat mich die Leidenschaft des Marquis geführt! Ich sehe, meine liebe Freundin, nicht unser Wille entscheidet bei solcher Gelegenheit, nicht unsere Seele läßt uns handeln; denn sie ist nicht mehr frei. Wie demütigend für uns! Sollten tatsächlich die Sinne über uns soviel Macht haben, wie Sie glauben? Was? Sollte man auf die Tugend gar nicht mehr bauen können, sobald der Liebhaber sie aufs Spiel gesetzt hat? Ist unser Zorn, unsere Empörung und sogar unsere Scham nicht mehr imstande, der Verführung Einhalt zu tun? Man wagt sich selbst nicht die Herrschaft der Sinne einzugestehen; man errötet über den Sieg, den sie davontragen, und gibt schließlich nach.

Wie oft habe ich nicht den Marquis zum Erröten gebracht, indem ich jenes Verlangen auf seinen rechten Wert zurückführte, an das er mehr seinen Ruhm als seine Ehre setzt! Aber nichts kann ihn zur Vernunft bringen; im Gegenteil, täglich gibt er sich weniger Mühe, mir seine wahren Absichten zu verbergen; er geht bis zu Handgreiflichkeiten! Welch Zukunftsbild entrollt sich meinen Augen! Ich schmiede hunderterlei Pläne gegen ihn: ich zeige ihm alle Geringschätzung, die seine Gefühle verdienen, ich glaube ihn zu hassen. In seiner Abwesenheit gewinnt meine Vernunft wieder die Herrschaft; dann hoffe ich ihm Trotz bieten zu können. Erscheint er, so denke ich nur daran, ihn zu lieben und ihm zu gefallen. Ich mache mir Vorwürfe wegen meiner Kälte. Er will mich überzeugen, daß Liebe nur durch das Opfer zu beweisen ist, das ich ihm verweigere. Ich bin überzeugt, daß man auch ohne das lieben kann; ich will ihm beweisen, daß er mich beleidigt, und kann doch nicht recht zornig werden über ihn. Er bemerkt es, verdoppelt seine Bemühungen, und all mein Mut, alle Hindernisse, die ich ihm entgegenstelle, können mich kaum vor der Gefahr retten. Ich habe mich gestern sogar wegen meiner Vorsicht getadelt . . . Alle Fähigkeiten meiner Seele scheinen vernichtet. Ich habe Mitleid mit mir selbst. Ich beklage mich oft darüber, daß er mich nicht liebt wie ich ihn, daß er zu mir mehr galant als zärtlich ist, daß er mir weniger aus Liebe als aus Verliebtheit nachstellt. Kurzum, ich sehe in ihm nicht die Leidenschaft, wovon meine Seele erfüllt ist; er rechtfertigt sich schlecht. Indem ich gern der Wahrheit, die ich suche, gewiß sein möchte, beeile ich mich selbst, ihn zu rechtfertigen, oder vielmehr, ich bin ihm dabei behilflich, einen Irrtum zu verlängern und zu befestigen, der mich entzückt. Aber meine Unruhe gewinnt wieder die Oberhand; er wirft mir meine Ungerechtigkeit vor. ›Ach‹, sage ich ihm manchmal, ›ich fürchte immer, Sie wollen an mir Ihr Verführertalent erproben; Ihre Wünsche beschränken sich vielleicht darauf, eine Eroberung zu machen, die Ihnen Ruhm verschaffen soll. Ach, wenn ich früher oder später für meine Schwäche dennoch bestraft werden sollte, könnte ich mir dann wenigstens sagen, daß ich nicht nachgegeben habe, ohne geliebt zu sein. Ich will ja ganz gern das Opfer der Liebe sein; aber welche Schande, wenn ich die Trophäe eines Verführers wäre?‹

Urteilen Sie, meine liebe Ninon, ob man glücklich sein kann bei solchen Aufregungen, und ob ich nicht jener Hilfe bedarf, die mir während Ihres Aufenthaltes in Paris so zunutze kam . . . Leben Sie wohl. Man meldet mir den Marquis, wie fürchte ich mich vor seiner Anwesenheit!«

Sechzigster Brief

Ohne Zweifel würde es sehr spaßig sein, wenn die Bemühungen der Gräfin, eine Metaphysik der Liebe zu begründen, anstatt dessen den Beweis geliefert hätten, daß sie einen ausgesprochenen Hang für die weniger zarten Vergnügungen besitzt. Ich habe Ihnen das gleich bei einmaligem Lesen ihres Briefes und auch bei ihren gestrigen Reden geglaubt. Sie schildert mir die Wonnen der Seele mit einer Sinnlichkeit, die mich argwöhnen läßt, daß sie nicht ganz aufrichtig ist. Doch hüten Sie sich vor Täuschung. Nicht alles, was bei den Frauen starke Sinnlichkeit verrät, ist ein Beweis für ihr Temperament! Sie können zweierlei Temperamente haben. Das Temperament der einen herrscht einzig und allein in der Phantasie und hat mit Sinnlichkeit nichts zu tun, während es bei den anderen ein physisches Bedürfnis ist. Wenn ich Ihnen sage, daß das Temperament der Frauen in der Seele oder in der Phantasie sitzt, so meine ich damit eine ganz besondere Art von Frauen, die aber dennoch existieren, denn ich kenne solche. Sie befinden sich, ich gebe das gern zu, nicht mehr in der ersten Jugend. Sei nun ihr Charakter so geworden durch die Gewohnheit, oder möge er durch ihre Konstitution bedingt sein, sie haben nun einmal ein empfindsames Herz, das keine Leere und Untätigkeit ertragen kann. Ihr Herz braucht ein Objekt für ihre Neigung; seine Veranlagung, von Liebe erfüllt zu sein, ist so stark, daß es absolut eines Gegenstandes bedarf, an dem es sich betätigt. Dieser Hang ist keine eigentliche Liebe; sie lieben nicht diesen oder jenen bestimmten Mann, aber ihr Herz hat ein unwiderstehliches Bedürfnis nach Hingebung, deren Objekt erst dieser oder jener Mann wird. Darum ist es ihnen ziemlich gleichgültig, wer er sei, wenn es überhaupt nur ein Mann ist, sind sie schon zufrieden. Sie brauchen nur den Schatten eines Liebhabers; alles, was sie wünschen, ist, daß er nett genug sei zu ihnen, um Gegenstand ihrer Sorge und Unruhe zu werden; faul und nüchtern genug, um sich mit Chimären zu beschäftigen und ganze Tage mit Gesprächen über die Liebe und die Gefühlsarten zu verbringen; geduldig genug, um all ihr Geschwätz zu vertragen – weiterer Talente bedarf es nicht. Im Notfalle würden sie ihn sogar von der Liebe dispensieren, wenn sich ihre Eitelkeit nicht dagegen sträubte. Sie bedürfen seiner Neigung nicht, um glücklich zu sein, denn alles Glück tragen sie in sich. Also keinen leidenschaftlichen Mann verlangen sie: bloß lieben lassen muß er sich, ganz passiv. Das übrige ist ihre Sache. Daher sind Frauen von derartigem Charakter wahre Juwelen für die Faulen. Doch glauben Sie ja nicht etwa, Marquis, daß diese Frauen, weil sie sich nicht mit den kleinen Sorgen der Liebe beschäftigen, ruhiger seien und dem Liebhaber weniger austeilten. Bilden Sie sich nicht ein, daß sie vorsichtiger oder mäßiger wären als die anderen Frauen, die sich mit realen Dingen befassen. Die Dinge haben in unseren Augen nur den Wert, den unsere Phantasie in die Dinge hineinlegt. Ihr Eifer für solche Kleinigkeiten ist ebensogroß, als wenn es sich um die größten Freuden handelte. Ein ausbleibender Brief, ein ausdrucksloser Blick, eine einfache Unaufmerksamkeit da, wo sie auf eine Gefälligkeit rechneten, sind für sie, was anderen eine Treulosigkeit, eine lange Abwesenheit, eine ausgesprochene Nichtachtung ist. Sie werden ihre Männer, oder wer sonst sie an einer ganz harmlosen Begegnung verhindert, genauso wütend hassen, als wenn man sie mit roher Gewalt verhinderte, ein sehr verdächtiges Stelldichein zu haben. Mit einem Worte, die unbedeutendsten Kleinigkeiten behandeln sie mit einen Eifer und einer Wichtigkeit, als wenn wer weiß was auf dem Spiele stände. Sie sind in der Liebe wie die Frömmlerinnen in der Gesellschaft: nämlich voll tiefer Hingebung für die kleinen Passionen. Und darum gerade scheinen jene Frauen viel zärtlicher und sinnlicher zu sein als die anderen; sie verrichten mit offenkundigem Vergnügen und mit Erregtheit Bagatellen, die die anderen gleichgültig tun, weil diese ihre Sensibilität sich für Vergnügungen aufsparen, die ihrer Konstitution angemessener sind. Ihre Briefe, ihre Unterhaltungen über Premieren, kurz ihr ganzes Benehmen scheint Ihnen mehr Empfindung zu verraten. Der Grund dafür ist sehr einfach. Je weniger Leidenschaft sie in gewisser Hinsicht verausgaben, desto reicher, fruchtbarer ist ihr Fonds an Sensibilität in Kleinigkeiten. Ihre einfachsten Höflichkeiten tragen ein solches Gepräge von Zärtlichkeit, daß man meinen sollte, sie seien außerordentlich sensibel im sinnlichen Genießen. Doch bei genauerer Betrachtung werden Sie höchlichst erstaunt sein, bei ihnen nicht nur eine völlige Gleichgültigkeit, sondern eine direkte Aversion nach dieser Richtung hin zu finden. Sie haben dennoch Temperament; denn wie ich dieses Wort verstehe, bezeichnet es ein dringendes Bedürfnis, eine fast unwiderstehliche Neigung.

Allerdings ist diese Art von Temperament sehr verschieden von dem, was man im allgemeinen darunter versteht. Es ist ein Bedürfnis, aber ein Bedürfnis der Seele; es ist gewissermaßen ein romantisches Gefühl, das ihnen aber zur zweiten Natur geworden ist. Meine Erklärung ist keine erzwungene oder erkünstelte. Wenn diese Frauen sich nicht sinnlichen Vergnügungen hingeben, so liegt es daran, daß sie keinen Hang dazu haben. Und wenn man so etwas Liebe nennen könnte, wenn die Jugend einer derartigen Neigung fähig wäre, so wäre ich versucht zu glauben, die Metaphysik der Liebe sei nicht immer eine Chimäre. Sie müssen danach zugeben, Marquis, wie leicht es ist, sich über unsere Neigungen zu täuschen. Sie werden bald in der Lage sein, an sich selbst zu sehen, ob Sie die Gräfin richtig beurteilt haben. In dem Augenblicke, als Sie sich gestern von mir verabschiedeten, um sie zu besuchen, meinte ich in Ihren Augen gewisse Vorzeichen zu sehen... ich wollte sagen für Ihr Unglück, und Gott weiß, ob Sie zufrieden mit mir gewesen wären.

Einundsechzigster Brief

All Ihre Lorbeeren haben sich also in Zypressen verwandelt? Und weil Sie gar zu lebhaft waren, sind Sie jetzt zu der Rolle eines Mannes verurteilt, der es gar nicht ist. Endlich einen richtigen Moment abzupassen, ohne daß das liebevolle Herz Ihnen nützen kann – welche Demütigung!

Ich begreife Ihre Verzweiflung, aber trotz des Mitleids, das Sie mir einflößen, habe ich furchtbar lachen müssen, als ich die Lektüre des rührenden Berichtes über Ihre traurige Geschichte vernahm. Nie ist mir so etwas Spaßiges vorgekommen wie das Geständnis, das Sie Frau von Sévigné gemacht haben. Ich hätte gerne sehen mögen, was sie für ein Gesicht bei der Schilderung dessen gemacht hat, was sie Ihr Pech nennt, und als Sie ihr versicherten, daß Sie »verhext« sein müßten. Ich hätte hören wollen, wie sie Ihnen sagte, »es freue sie, daß Sie an dem bestraft worden seien, woran Sie sündigten. Da sehen Sie, wie man Sie beklagt. Das Unglück ist nach Ihrer Meinung zumeist in unseren Augen lächerlich. Ich zweifle nicht, daß die Gräfin es mit denselben Augen betrachtet wie wir. Wie wollen Sie es noch wagen, sich vor ihren Augen blicken zu lassen? Glauben Sie mir nur, Sie müssen sich so schnell wie möglich mit den Hexenmeistern wieder aussöhnen, oder noch besser, Sie müssen sich eiligst von Pecquet wiederherstellen lassen. Ich glaub', Sie hatten recht, als Sie sagten, Sie wären wie der gute Äson und Sie hätten nötig, sich in einem Kessel mit seinen Kräutern kochen zu lassen, um sich ein wenig zu erholen.« Der Gedanke verdient Beachtung. Raffen Sie sich, so gut es geht, aus diesem schmachvollen Zustande auf. Nichts ist für uns so reizvoll als schwach zu sein beim baren Verlust; wir verzeihen uns nur die Schwäche, die ein Liebhaber auszunützen versteht. Morgen werde ich wieder in Paris sein. Werde ich Sie dann nicht ebenso übermütig finden, als Sie jetzt gedemütigt sind?

Zweiundsechzigster Brief

Gerade das habe ich ja gefürchtet! Was muß ich von Ihnen erfahren! Nachdem ich mir das Vertrauen der Gräfin erworben hatte, bin ich auf einmal Gegenstand ihrer Eifersucht geworden. Unser Briefwechsel beunruhigt sie; sie sieht nicht ohne Beunruhigung, welchen Einfluß eine andere auf Ihren Geist hat. Ich hatte geglaubt, sie wäre anders als die anderen Frauen. Ich hatte mir eingebildet, da ich keinerlei Ansprüche auf Ihr Herz mache, könnte es auch nie eine Rivalität zwischen uns geben. Aber eine Liebende fürchtet sogar den eigenen Schatten; das Übermaß ihrer Leidenschaft macht sie ungerecht und läßt ihr die Möglichkeit gleich zur Wirklichkeit werden. Ihre Unruhe ist jedoch für mich weniger beleidigend, sobald ich bedenke, daß sie ein neuer Beweis ihrer Neigung zu Ihnen ist. Es täte mir riesig leid, wenn ich Euer Verhältnis im geringsten störte. Da sie nun voraussichtlich von Ihnen als Opfer das Aufgeben unseres Briefwechsels fordern wird, so zögern Sie ja nicht, ihr zu gehorchen. Bei einem Manne Ihres Alters darf die Freundschaft auch nicht einen Augenblick zuungunsten der Liebe in die Waagschale fallen.

Ich schließe indessen nicht, ohne Ihnen zu dem gegenwärtigen Stande Ihrer Angelegenheiten Glück zu wünschen und für Ihre Diskretion meinen Beifall auszusprechen. Ich sah Sie gestern mit der Gräfin in der Oper. Ihre Augen und auch die der Gräfin verrieten mehr, als Sie mir hätten sagen können. Ich weiß nicht, ob Sie es absichtlich taten, aber hinter Ihrem aufmerksamen und respektvollen Betragen bemerkte man eine freudige Gewißheit, die alles verriet. Die Art und Weise, wie man geflissentlich die Augen von Ihnen abwandte, um sie gelegentlich wieder auf Sie zu richten wie auf einen beliebigen anderen Mann, war für jeden sorgfältigen Beobachter ebenfalls sehr charakteristisch. Gestehen Sie es nur offen ein, Sie würden sich ärgern, wenn man es nicht bemerkt hätte.

Dreiundsechzigster Brief

Bedenken Sie, Marquis, daß die Beharrlichkeit, mit der Sie mir trotz ausdrücklichem Verbote weiter schreiben, Sie noch all dem Zorn aussetzen wird, dessen eine eifersüchtige Frau fähig ist. Ich bin trostlos darüber, daß ich die Ruhe zweier Leute störe, zu deren Glücke ich so herzlich gern habe beitragen wollen. Ich will Ihnen indessen nicht verhehlen, daß ich mich innerlich über die Ungerechtigkeit der Gräfin geärgert habe, und ich habe andererseits meine heimliche Freude daran gehabt, als ich sah, wie Ihr Herz zwischen der Freundin und der Macht des Geliebten hin und her schwankte. Ich weiß nicht, was ich Ihnen bei dieser Gelegenheit sagen soll. Sie werden mich ja bald besuchen, dann wollen wir zusammen beratschlagen. Es ist nur ein Trost für mich, daß es der armen Präsidentin nicht anders ergangen ist als mir. Aber ihr Los ist doch von dem meinigen sehr verschieden, da Sie sie schonungslos geopfert haben. Daß Sie ihr gerade an einem so feierlichen Tage, an dem die Marquise bei sich Gesellschaft empfängt, den Laufpaß gaben: daß Sie gerade den Moment wählten, wo die Robberdame sich gewappnet hatte, um mit der Trumpfdame einen Schönheitskampf auszufechten; daß Sie in Ihrer Gegenwart nur für die Rivalin Augen hatten – diesen Schimpf wird man Ihnen nie verzeihen. Ich gebe Ihnen mein Wort, man wird sich grausam rächen.

Vierundsechzigster Brief

Sie fragen mich, ob die äußerste Gunst oder vielmehr der äußerste Fauxpas ein Beweis für die Liebe einer Frau ist. Ja und nein.

Ja, wenn Sie eine Frau lieben, ihre erste Leidenschaft sind und wenn diese Frau Taktgefühl und Tugend besitzt. Doch auch in dem Falle ist dieser Beweis nicht zuverlässiger und schmeichelhafter für Sie als alle anderen Beweise, die sie Ihnen bereits von Ihrer Neigung gegeben hat. Alles, was eine liebende Frau tut, die scheinbar unwichtigsten Dinge, sind ebenso sichere Kennzeichen ihrer Leidenschaft, als jene Gunst, von der die Männer so viel Aufhebens machen. Ja ich behaupte sogar, wenn diese tugendhafte Frau von zartem Naturell ist, beweist die letzte Gunst weniger, als tausend andere Opfer, denen Ihr Männer wenig Bedeutung beimeßt. Denn dann handelt sie mehr in ihrem eigenen Interesse, als in Eurem; es liegt ihr viel zu viel daran, Sie zu erhören, als daß Sie sich rühmen könnten, sie überredet zu haben. Jeder andere hätte denselben Vorzug gehabt. Ich kenne eine Frau, die sich zwei- oder dreimal von ungeliebten Männern besiegen ließ, und der, in den sie verliebt war, hat nie etwas erreichen können*. Es kann also wohl passieren, daß die höchste Gunst nichts für den beweist, der sie erlangt. Im Gegenteil, oft verdankt er den leichten Sieg der geringen Schätzung, die ihm zuteil wird. Nie halten wir uns mehr im Zügel, als vor denen, die wir achten. Seien Sie überzeugt, es gehört eine geradezu stürmische Neigung dazu, wenn sich eine Frau mit jemandem vergißt, dessen Verachtung sie nachher fürchtet. Daher kann Euer sogenannter Triumph manchmal Ursachen haben, die weit entfernt, Euch zum Ruhme zu gereichen, Euch sogar demütigen würden, wenn Ihr sie kenntet.

Man sieht beispielsweise, wie ein Liebhaber brummig wird; man fürchtet, daß er uns im Stiche läßt, um sich einer anderen zuzuwenden, die sich ihm gefälliger erweisen wird. Man will ihn aber nicht verlieren; es ist immer demütigend, sich verlassen zu sehen. Man tut ihm also seinen Willen, weil es kein anderes Mittel gibt, ihn zu behalten: man will sich nichts vorzuwerfen haben. Verläßt er einen trotzdem, so hat man ihn wenigstens ins Unrecht gesetzt, denn, da sich eine Frau durch solche Gunstbezeugungen nur noch anhänglicher zeigt, so meint sie, daß ihr der Mann dafür dankbar sein werde. Welch eine Torheit! Andere werden sich aus anderen Motiven hingeben. Die eine läßt sich durch Neugierde bestimmen; sie will wissen, was die Liebe ist. Eine andere, die von der Natur nicht gerade sehr begünstigt ist, möchte die Leute durch den Reiz des Vergnügens an sich fesseln, eine dritte endlich setzt sich in den Kopf, einen Mann zu haben,

* Als Beispiel dafür kann die Geschichte der Baronin von Luz dienen.

dessen Eroberung ihrer Eitelkeit schmeichelt. Sie wird jedes Opfer bringen. Eine vierte läßt sich durch Mitleid bewegen, durch die günstige Gelegenheit, durch den Wunsch, sich an einem Ungetreuen zu rächen ... und was weiß ich. Das Herz ist etwas so Bizarres, die Gründe, die es bestimmen, sind so seltsam und mannigfaltig, daß man unmöglich die wahren Triebfedern seines Handelns entdecken kann. Wenn wir uns aber Illusionen hingeben, hinsichtlich der Mittel Euch zu fesseln, so täuscht Ihr Männer Euch ebenso häufig über die Beweise unserer Gefühle. Mit etwas mehr Taktgefühl würden die Männer tausend Dinge finden, die mehr beweisen als die deutlichsten Gunstbezeugungen. Ja die Strenge selbst, wenn sie mit Achtung gepaart ist, ist bei klugen Frauen das sicherste Merkmal der Neigung. Halten Sie das nicht etwa für ein Paradoxon: die Frauen bewilligen skrupellos Männern, die ihnen gleichgültig sind, harmlose Gunstbezeugungen, die sie verweigern dem, der sie sensibel gemacht hat. Bei jenen führt nichts zu Konseqenzen, aber die geringste Bagatelle ist von Wichtigkeit bei diesen. Die ersten erlangen manchmal nur etwas, was zu gewähren Brauch ist, die anderen erlangen alles vom Herzen. Welcher Unterschied! Nicht also Gunstbezeugungen an sich beweisen die Liebe, denn uns leiten ja Motive, uns leitet der Geschmack an Dingen, die ja in Wahrheit oft sehr gleichgültig sind.

Ich weiß wirklich nicht, woher ich den Mut nehme, Ihnen so lange und so törichte Briefe zu schreiben. Ich finde in der Unterhaltung mit Ihnen einen heimlichen Reiz, dem ich mißtrauen könnte, wenn ich meines Herzens nicht sehr sicher wäre. Indessen, bedenke ich mir's genauer, so ist dies Herz ja gegenwärtig ohne Affäre, und ich will künftighin vor Ihnen auf der Hut sein. Sie kommen oft auf den Einfall, mir sehr zärtliche Dinge zu sagen, und ich könnte ja mal auf den Einfall kommen, sie zu glauben.

Fünfundsechzigster Brief

Habe ich wirklich recht gehabt mit der Behauptung, Amor sei viel mehr der Gott der Sensationen als der Sentiments? Und sollte die Gräfin es Ihnen wirklich so offen bewiesen haben, wie Sie sagen? Sie, die einstmals so voller Verachtung war für die Freuden der Sinne? Wie, Sie machen ihr den Vorschlag, sich lieber an die simple Freundschaft zu halten und auf die Torheiten der Liebe zu verzichten, und Sie halten sie nicht mehr für zartfühlend genug, um zu merken, was sie bei dem Tausch gewinnen würde? Sie begreifen nicht, was aus ihren großen Gefühlen geworden ist, die zu bekämpfen Sie einst soviel Mühe hatten. Es ist indessen unvergleichlich ruhmvoller, die Rolle der Freundin, als die der Geliebten zu spielen. Sollte sie zu jenen Frauen gehören, die den eitlen Ruhm, Begierden zu erregen, dem kostbaren Vorteile, die Achtung des Liebhabers zu verdienen, vorziehen? In jedem Falle würde eine solche Denkweise nicht übereinstimmen mit den Prinzipien, deren sie anfangs nicht entraten wollte. Die Gräfin, wie fast alle Frauen, betrachtet die Freundschaft nach der Liebe als eine sie degradierende Verschlechterung. Die Frauen werden lieber alles verlieren, als darauf eingehen, denn es kostet sie weit weniger Überwindung, mit dem Liebhaber ganz zu brechen, als kalten Blutes mit ihm einen freundschaftlichen Verkehr beizubehalten. Und es muß ja auch demütigend sein, bei einem Manne anstatt der glühenden Verehrung von früher nur noch simple Achtung zu finden, Hochschätzung anstatt der Zärtlichkeit, Schätzung anstatt Liebe. Scheinen nicht seine ausdruckslosen Augen, sein unbewegtes Herz, seine ewige Hochachtung ihnen zu sagen, daß sie nicht mehr jung und hübsch sind? Kann man sich etwas Beleidigenderes denken für eine Frau, die Ansprüche, ja sogar Rechte hat? Dürfen Sie sich dann noch wundern, wenn Ihr Vorschlag

Zorn und Tränen verursacht hat? Die Gräfin ist eine hübsche Frau und liebt Sie. Ihre Worte haben ihr Herz und ihre Eitelkeit verletzt.

Erinnern Sie sich noch, wie Sie einstmals nur ihr Freund sein wollten? Denken Sie noch daran, wie man Sie als Freund festnageln wollte, als Sie mit den Ansprüchen eines Liebhabers auftraten? Nun, wenn man die Beziehungen zu einer Frau lösen will, muß man, indem man allmählich die Liebe in Freundschaft übergehen läßt, ebenso schonend verfahren, als man es ein halbes Jahr früher tat, wo man die Liebe unter dem Namen einer so wünschenswerten Freundschaft einschmuggeln wollte. Sie können sich deshalb darauf verlassen, daß bei dem gegenwärtigen Stande der Dinge für eine Frau Ihr Vorschlag jetzt ebenso verletzend ist, als er einst schmeichelhaft war. Hätte sie den Mut, so würde man zu Ihnen sagen: »O bitte, mein Herr, machen Sie doch nicht soviel her mit den soliden Eigenschaften, auf die Sie heute so großen Wert legen. Vergessen Sie die und erinnern Sie sich nur daran, daß ich noch liebenswert bin; die Vorzüge der Freundschaft rühren mich nicht. Der Vorrang der Freundschaft vor der Liebe scheint mir gar nicht so sicher wie Ihnen. Ich bin gar nicht erpicht darauf, Ihre Bewunderung zu erregen, ich wäre ganz zufrieden, wenn ich weniger edle Gefühle verdiente anstatt der hundert anderen, die Sie mir entgegenbringen. Meine Wahl ist vielleicht eine schlechte, aber unser Glück war ja so vollkommen, die Liebe hat uns so kostbare Augenblicke gegeben! Warum sollte man das jetzt ändern . . .? Das klingt vielleicht wenig gebildet, aber ich rede ganz offen zu Ihnen: wenn meine Ruhe, wenn mein Leben Ihnen teuer ist, so spreche ich: lieben Sie mich weiter und achten Sie mich nicht so sehr.«

Von Ihrer Liaison mit der Gräfin hörte der Vater, er glaubt, sich darüber ärgern zu müssen, und droht mit Enterbung, wenn sie weiterhin Ihre Besuche empfängt. Die Gräfin aber trotzt allen Drohungen und opfert Ihnen dreißigtausend Frank Rente, Sie aber, in einer Anwandlung von Großmut, ziehen im Gegenteil materielle Interessen denen der Liebe vor. Damit sie ihre Ruhe und ihr Vermögen behalte, wollen Sie ihr keine Besuche mehr machen. Wer wird danach behaupten können, daß Sie ihr nicht in aufrichtiger Liebe zugetan sind? ... Ich, mein Herr, ich werde es behaupten und werde damit den Nagel auf den Kopf treffen. Ihr Zartgefühl ist mir mindestens so verdächtig als der Gräfin: Echte Liebe ist nicht so großmütig; ein sehr verliebter Mann wird alles opfern, in alles willigen für das Glück der Geliebten, nur nicht in eine Trennung für immer. Hier allein würde sein Mut ihn im Stiche lassen. Ein solches Unglück erträgt man nur, wenn man wenig dabei empfindet.

Geben Sie mir eine offene Antwort: wenn man Sie gezwungen hätte, die Gräfin preiszugeben in dem Augenblicke, wo Sie über ihre Tugend zu triumphieren hofften, würden Sie dann für Ihren Verzicht ebenso viele Gründe gefunden haben, als Sie heute vorbringen? In diesem Augenblick würden Sie, ganz erfüllt von Ihrem Unglück, sich der Verzweiflung überlassen haben, Sie würden das Schicksal angeklagt, die Ungerechtigkeit eines grausamen Vaters übertrieben und die Lage Ihrer Geliebten bedauert haben. Nie aber hätten Sie verzichtet; eher den Tod als ein solches Opfer! ...

Denn wenn erst einmal die Liebhaber großmütig werden, dann bedeutet ein Vermögen, eine Krone, ja selbst das Leben nichts für sie, Sie würden die richtigen Maßregeln getroffen haben, den Leuten, die Ihnen schaden konnten, aus den Augen zu gehen. Sie würden versucht haben, den erzürnten Vater zu versöhnen, ohne indessen auf das Vergnügen zu verzichten, die Gräfin heimlich zu sehen. Und welchen Wert hätte nicht diese Heimlichkeit Euren geringsten Nichtigkeiten verliehen? Dieses Hindernis hätte Eurer Liebe nur genützt, hätte Eure Neigung nur verdoppelt; Sie hätten sich geschworen, sie immerdar zu lieben und eher alles gewagt, als daß Sie in eine Trennung gewilligt haben würden.

Wie haben sich die Zeiten geändert? Heut, wo Ihre Eitelkeit befriedigt und Ihre Wünsche erfüllt sind, greifen Sie eifrig nach dem Vorwand für einen ehrenvollen Rückzug. Ihr Edelmut, wenn man Ihnen glauben wollte, geht sogar so weit, daß Sie Ihre Unbeständigkeit als eine Tat, als ein Opfer hinstellen, für das man Ihnen unendlich dankbar sein müßte. Nein, so viel Selbstverleugnung kann man nicht verlangen. Und wir Frauen – da sehen Sie unsere Ungerechtigkeit – fühlen uns stets versucht, solchen Verstand und solchen Mut für Heuchelei zu halten. Ein derartiger Heroismus geht über unsere Kraft, drum ist er uns verdächtig. Sie gehen also bei uns nicht nur der Früchte Ihrer Tapferkeit verlustig, sondern werden obendrein noch für falsch gehalten. Würden Sie nicht besser daran tun, lieber unserem Geschmack zu nahe zu treten, als uns durch ein vollendetes Betragen zu beleidigen? Sie haben, Marquis, unglücklicherweise eine Frau als Vertraute gewählt, die nicht so leicht an Tugenden glaubt. Ich bin auch gar zu sehr daran gewöhnt, daß die Männer unter dieser Flagge Schwächen segeln lassen, die ich im allgemeinen gar nicht sonderlich bewundere. Die Gräfin hat recht, wenn ihr das Opfer verdächtig vorkommt. Auch ich sehe darin, wie sie, nur einen verkappten Wankelmut, einen verschleierten Rückzug. Sprechen wir es also nur ruhig aus: Mein Herr, ein so vernünftiger Mann wie Sie, ist eben nicht lange verliebt. Wie sollten Sie auch es noch sein nach vollen vierzehn Tagen des Glücks?

Siebenundsechzigster Brief

Dem Gewitter, welches die Gräfin bedrohte, ist also die Ruhe gefolgt; sie hat den Vater heimlich besänftigt. Welches Glück, daß sie für die Folge klug ihr Herz zu schonen vermag! Da sehen Sie, wie ganz anders sie handelt als ihre Verwandte. Die seltene Strenge der Gräfin hat Ihre Liebe vermehrt. Die beständige Nachgiebigkeit der Marquise hat den Chevalier nur untreu gemacht. Das ist den Männern gemeinsam: sie lohnen unsere Wohltaten fast immer mit Undank. Dem Übel läßt sich indessen abhelfen, und ich will Ihnen bei dieser Gelegenheit einen Brief mitteilen, den ich von Saint-Evremont vor einigen Tagen erhielt. Sie wissen ja, daß ich mit ihm im Geheimen korrespondiere. Der junge Graf von *** hatte soeben Fräulein *** geheiratet, in die er sterblich verliebt war. Eines Tages klagte er mir, daß das Heiraten und der Besitz des geliebten Gegenstandes fast immer die zärtlichste Liebe verringerte und oft sogar vernichtete. Wir unterhielten uns lange über dieses Thema. Am selben Tage noch schrieb ich an Herrn Saint-Evremont und bat ihn um seine Antwort darauf. Hier die Antwort*.

Brief des Herrn von Saint-Evremont
an das Fräulein von Lenclos

»Meine Ansicht stimmt ganz mit der Ihrigen überein, mein Fräulein. Nicht immer zerstört, wie man glaubt, an sich die Heirat oder der Besitz des geliebten Gegenstandes die Liebe. Die geringe Intelligenz, wovon die Gefühle begleitet werden, der völlige, zu leichte und unaufhörliche Besitz,

---

* Aus diesem Briefe ist hier nur die Stelle angeführt worden, die sich auf das von Fräulein von Lenclos erwähnte Thema bezieht.

das sind die wahren Ursachen, daß man die Liebe so schnell überdrüssig bekommt. Wenn man sich rückhaltlos allen Regungen der Leidenschaft hingibt, so müssen die großen Empfindungen der Seele bald ganz und gar vereinsamen. Das Herz leidet darauf an einer Leere, die es beunruhigt und abkühlt. Umsonst suchen wir außer uns die Ursachen für die Ruhe, die auf den Liebesrausch folgt. Wir sehen nicht, daß wir bei größerer Zurückhaltung ein gleichmäßigeres, dauerhafteres Glück genossen hätten. Analysieren Sie, was in Ihnen vorgeht, wenn Sie Sehnsucht nach etwas haben, und Sie werden finden, daß Ihr Sehnen eigentlich nur Neugierde ist. Neugierde ist die Triebfeder des Herzens. Ist sie befriedigt, verblassen unsere Wünsche. Will man daher einen Gatten, einen Liebhaber fesseln, muß ihm zu wünschen immer etwas übrigbleiben, muß jeder folgende Tag ihm etwas Neues verheißen. Man sorge für Vergnügungen, verschaffe ihm die angenehme Abwechslung der Unbeständigkeit des stetigen Objektes, und ich verbürge mich für seine Beharrlichkeit und Treue. Man befolge die Lehre Montagnes: »Lehren wir«, sagte er, »die Damen sich zur Geltung zu bringen, sich selbst zu achten, uns zu unterhalten und uns eine Gunst nach der anderen zu erweisen: Dann wird jeder bis an sein grämliches Greisenalter nach Wert und Verdienst sein bißchen trauliches Beisammensein finden.«

Ich gebe indessen zu, daß für eine gewöhnliche Frau Ehe oder letzte Gunstbezeugung das Grab der Liebe ist. Dann aber hat weniger der Liebhaber die Schuld als diejenige selbst, die über Erkaltung klagt. Sie schreibt der Verderbnis des Herzens zu, was nur der eigenen Ungeschicklichkeit und ihrem Mangel an Sparsamkeit zur Last fällt. Sie hat an einem Tage verausgabt, was die Begierde hätte dauernd nähren sollen. Sie kann der Neugier des Liebhabers nichts mehr bieten:

sie ist immer dieselbe Natur; er hat nichts mehr von ihr zu hoffen und kennt sie in- und auswendig. Aber einer Frau, wie ich sie mir denke, leuchtet bei der Gewährung der höchsten Gunst die Morgenröte des schönsten Tages; sie steht damit erst am Anfang der herrlichsten Freuden. Ich meine damit die Herzensergießungen, die gegenseitigen Vertraulichkeiten mit ihren entzückenden seelischen Stimmungen, die Naivitäten, die Koseworte, die Leidenschaftlichkeit, die uns Gewißheit gibt, daß wir das Glück ausmachen und die Achtung verdienen der geliebten Person. An jenem Tage entdeckt der zartfühlende Mann unermeßliche Schätze, die man bis dahin sorgfältig vor ihm verborgen hatte. Die Freiheit, die die Frau plötzlich erlangt, löst Gefühle aus, die bisher durch Zwang zurückgehalten waren. Zwar winkt in weiter Ferne der Überdruß, doch grade das läßt sie um so heißer jetzt lieben. Doch noch einmal, ich setze voraus, daß sie klug genug sei, sich in ihrer Neigung zu beherrschen. Denn, um einen Liebhaber zu fesseln, genügt es nicht (im Gegenteil, ist es vielleicht zu viel), wenn man besinnungslos in ihn vernarrt ist. Man muß mit Vorsicht und mit Zurückhaltung zu lieben verstehen, und darum ist das Schamgefühl die geistreiche Erfindung taktvoller Menschen. Sich stürmisch hingeben bis zur Bewußtlosigkeit, das kann nur eine ganz unverständige Geliebte. Das ist überhaupt keine Liebe, das ist nur ein momentanes Lieben, und damit verwöhnt man gleich von Anfang an den Liebhaber. Ich will, daß eine Frau bedachtsamer und zurückhaltender sich benehme. Übermäßige Heißblütigkeit kann sie in meinen Augen nicht entschuldigen. Das Herz ist fast immer ein feuriger Renner, der gebändigt werden muß. Schont man seine Kräfte nicht, so wird seine Lebhaftigkeit bald nur ein vorübergehender Impuls sein. Dieselbe Lauheit, die Sie nach solchen konvulsivischen Erregungen bei dem Liebhaber bemerken, werden Sie auch an sich wahrnehmen, und beide werdet Ihr bald die Notwendigkeit der Trennung empfinden. Man ahnt gar nicht, wieviel Geist zur Liebe und zum Liebesglücke gehört. Bis zum verhängnisvollen »Ja« oder, besser gesagt, bis zu ihrer Niederlage bedarf die Frau keiner Künste, um sich einen Geliebten zu erhalten. Die Neugierde reizt ihn, das Verlangen hält ihn in Spannung, die Hoffnung ermutigt ihn; ist er aber einmal glücklich, so muß die Schöne sich jetzt ebensoviel Mühe geben, ihn festzuhalten, als er sich gab, sie zu besiegen. Der Wunsch, ihn an sich zu fesseln, muß sie erfinderisch machen; es ist mit dem Herzen wie mit den Festungen; seine Einnahme ist weniger schwierig als die Erhaltung seines Besitzes. Es braucht nur Charme, um einen Mann verliebt zu machen; um ihn beständig zu machen, braucht es mehr als das; Geschicklichkeit tut not, ein wenig Dressur, viel Geist und sogar ein klein bißchen Laune und Unberechenbarkeit. Doch leider sind die Frauen, sobald sie nachgegeben haben, zu zärtlich und zuvorkommend. Zum beiderseitigen Wohle wäre es vielleicht notwendig, daß sie, anfangs weniger, später immer widerspenstiger seien. Ich wiederhole, sie werden dem Überdruß nur vorbeugen, wenn sie dem Herzen noch etwas zu wünschen übrig lassen.

Ich höre die Frauen beständig darüber klagen, daß die Gleichgültigkeit von uns Männern immer die Folge ihres zu großen Entgegenkommens sei. Immer wieder erinnern sie uns an die Zeit, wo wir, voller Liebesgefühle, ganze Tage mit ihnen zubrachten. Wie verblendet sie sind! Sie merken nicht, daß es noch in ihrer Macht liegt, die Zeit wieder heraufzubeschwören, deren Erinnerung ihnen so teuer ist! Sie mögen vergessen, was sie einstmals für uns getan haben, dann werden sie nicht in Versuchung kommen, noch mehr tun zu wollen. Und sie mögen auch uns es vergessen machen, dann werden wir weniger verlangen. Sie mögen unser Herz durch neue Schwierigkeiten aufrütteln, damit unsere Unruhe von neuem beginne. Kurzum, sie müssen in uns das Verlangen nach neuen Beweisen der Neigung entfachen, deren Gewißheit in unseren Augen an Wert verliert; dann werden sie nicht mehr so über uns zu klagen haben, und sie selbst auch werden sich glücklicher fühlen. Soll ich ganz offen zu Ihnen reden? Die Dinge würden ein ganz anderes Aussehen bekommen, wenn sich die Frauen beizeiten daran erinnerten, daß es ihre Aufgabe ist, sich immer drängen zu lassen, die unsere dagegen, neue Gunst zu erbitten und zu verdienen; denn, da sie geschaffen sind, zu gewähren, dürfen sie nie anbieten. Wären sie zurückhaltend selbst in der höchsten Leidenschaft, so würden sie sich wohl hüten, sich bedingungslos hinzugeben. Dann würde der Liebhaber immer noch etwas zu fordern und folglich immer noch etwas zu erlangen haben. Ein grenzenloses Entgegenkommen vermindert die verführerischsten Reize und empört sogar schließlich den, der sie begehrt. Das ist ein Erfahrungsgrundsatz. Übersättigung macht uns alle Frauen gleich. Nach der Niederlage unterscheiden sich uns die Häßlichen und die Schönen nur durch die Kunst, womit sie ihr Ansehen zu wahren wissen. Aber was geschieht gemeiniglich? Eine Frau glaubt, sie brauche nur dann noch liebevoll, schmeichelnd, sanft, gleichmäßig, treu sein. Damit hat sie in gewisser Hinsicht ja recht: diese Eigenschaften müssen den Grundzug ihres Charakters bilden, dann wird es ihnen nicht an Achtung fehlen. Wenn aber diese Eigenschaften, so schätzenswert sie an sich sein mögen, nicht eine kleine Nuance von Unberechenbarkeit bekommen, so müssen sie schließlich der Liebe den Garaus machen und statt dessen Ermüdung und Langeweile herbeiführen, die ja ein tödliches Gift für die gesündesten Herzen sind.

Und wissen Sie, warum die Liebhaber so leicht ihres Glük-

Schwache Stunde

kes überdrüssig werden? Wissen Sie, warum man sich gegenseitig so wenig gefällt, nachdem man sich anfangs so sehr gefiel? Weil die beiden interessierten Teile eine gleich falsche Vorstellung haben. Der eine glaubt nichts mehr erlangen, der andere nichts mehr geben zu können. Natürlich verlangsamt notgedrungen der eine seine Verfolgung, während der andere sich nur noch durch solide Eigenschaften Geltung verschaffen zu können glaubt. Man läßt den Verstand, die Achtung an Stelle der Liebe treten. Nun gibt es natürlich nichts Reizvolles mehr im Verkehr, und auch die lieben kleinen Streitigkeiten hören auf, die so notwendig waren, um vor Überdruß zu bewahren.

Doch wenn ich die Eintönigkeit eines galanten Handels durch einige Stürme belebt wissen möchte, so behaupte ich keineswegs, daß man, um glücklich zu sein, sich fortwährend zanken müsse. Ich wünsche bloß, daß alle Auseinandersetzungen aus der Liebe selbst entstehen. Die Schöne soll nicht vergessen, daß sie sich nur durch gütige Zurückhaltung die ihr gebührende Achtung bewahren kann und daß sie durch gar zu große Reizbarkeit die Liebe zu einer Quelle der Sorge macht, die ihr ganzes Leben vergiftet. Sie soll nicht durch peinliche Treue den Liebhaber so in Sicherheit wiegen, daß er nach dieser Richtung nichts mehr zu fürchten hat: Sie hüte sich auch vor unerschütterlicher Milde und Gleichmäßigkeit: eine Frau darf nicht die Schwäche haben, dem geliebten Manne alles zu verzeihen. Die Erfahrung lehrt es nur allzuhäufig: die Frauen verlieren den Liebhaber oder das Herz des Gatten durch zu große Langmut und Willfährigkeit. Wie ungeschickt! Indem sie ihnen jedes Opfer bringen, verhätscheln sie die Männer und ernten doch nur Undank. So viel Edelmut schlägt zu ihrem eigenen Schaden aus, denn die Männer gewöhnen sich schnell daran, eine bloße Gnade für Recht anzusehen.

Man kann täglich beobachten, wie Frauen mit eisernem

Zepter regieren, die Männer als Sklaven behandeln und sie durch Herrschsucht erniedrigen. Nun wohl, das grade sind die Frauen, welche am längsten geliebt werden. Ich kann es einer klugen und gebildeten Person nachfühlen, wenn sie sich daran kein Beispiel nimmt: solch militärische Schroffheit widerstrebt der guten Sitte und beeinträchtigt den Anstand, der selbst noch tugendfremden Dingen Reiz verleihen kann. Doch wenn jene kluge Frau die Schroffheit der anderen um einige Nuancen mildert, dann wird sie grade das Richtige treffen, um einen Liebhaber sich zu erhalten. Wir Männer sind Sklaven, die infolge zu guter Behandlung leicht frech werden; wir müssen oft behandelt werden wie Sklaven der neuen Welt. Unser inneres Rechtsgefühl sagt uns, daß manchmal die Hand des Machthabers mit Recht auf uns lastet, und dann sind wir ihm noch dankbar dafür.

Ich fasse also noch einmal kurz alles zusammen: Im Reiche der Liebe müssen die Damen herrschen; von ihnen sollen wir unser Heil erwarten. Und dieses Heil wird auch von ihnen kommen, wenn sie mit Intelligenz unsere Herzen zu lenken, ihre eigene Begierde zu zügeln und ihr Ansehen, ohne es zu mißbrauchen und ohne sich etwas zu vergeben, zu wahren verstehen.«

Achtundsechzigster Brief

Und nun hier meine Ansicht über den Brief, den ich Ihnen gestern sandte. Will eine Frau sich die Ratschläge des Herrn von Saint-Evremont zunutze machen, so muß sie, ohne selbst sehr verliebt zu sein, eine große Leidenschaft erweckt haben. Ich glaube es gibt sogar Charaktere, denen die Anwendung seiner Maxime gefährlich werden könnte. Wir können uns später darüber eingehender unterhalten. Doch nun zu Ihnen.

Mein Schweigen ist Ihnen also aufgefallen? . . . Wenn ich
acht Tage lang nichts von mir hören ließ, so geschah es, weil
ich Sie glücklich wußte. Dieser Gedanke beruhigte mich. Ich
dachte, der Liebe müßte ihr gutes Recht werden. Da ihre
Herrschaft sowieso nicht lange dauert, und da Freundschaft
mit Liebe ja eigentlich nichts zu schaffen hat, so wartete ich in
Geduld ab, bis eine Unterbrechung der Freuden Ihnen die
Lektüre meiner Briefe gestatten würde. Wissen Sie, was ich
inzwischen gemacht habe? Ich machte mir den Spaß, all die
kommenden Ereignisse vorauszusagen. Ich habe den Zwist
der Gräfin mit ihrer Rivalin vorausgesehen, ich habe geahnt,
daß er mit einem völligen Bruche enden würde, ich habe mir
gleich gedacht, daß die Marquise nicht die Partei jener ergreifen, sondern sich der Sache dieser annehmen würde. Die
Robberdame ist nicht ganz so hübsch als ihre Rivalin; das ist
ein entscheidender Grund, sich für sie zu erklären und ihr zu
helfen. Was mußte die Folge davon sein? Die beiden Frauen
mußten sich entzweien. Großer Gott, was für Umwälzungen
in so kurzer Zeit! Nur in Ihrem Glücke hat sich nichts geändert. Sie verlieben sich alle Tage mehr in die nette Gräfin.
Glauben Sie mir, eine Frau von ihrem Werte und mit einem so
interessanten Gesicht kann nur gewinnen, wenn sie sich näher
zu erkennen gibt. Sie ersehen daraus, daß ich nicht rachsüch-
tig bin und selbst denen Gerechtigkeit widerfahren lasse, die
sie mir verweigern. Möge also nichts Ihre Hochschätzung für
die Gräfin beeinträchtigen. Ich gebe zu, Sie haben den Beweis
ihrer Neigung erhalten, den Sie so leidenschaftlich wünsch-
ten, doch darum verdient sie nicht geringer geachtet zu werden. Sie muß im Gegenteil in Ihren Augen an Achtung gewinnen, je mehr Sie die Überzeugung haben, daß Sie ihr Herz
allein besitzen. Ich kann nicht umhin, es auszusprechen: Die
Männer sind sehr ungerecht, wenn sie einer Frau ihre Achtung versagen zu müssen glauben, weil sie ihnen zu sehr zuge-

tan war. Ist es nicht entsetzlich grausam, wenn man uns noch verhöhnt wegen des Schmerzes, den uns ihre Sinnesänderung verursacht? Sind sie unserer überdrüssig, so sollten sie uns doch wenigstens nie verletzen! Wenn wir schuldig sind, so möge nicht der sich zu unserem Richter aufwerfen, der unseren Fehltritt veranlaßte und Nutzen davon hatte! Nicht unsere Niederlage an sich darf uns verächtlich machen in Euren Augen. Nur wie wir uns gewehrt und hingegeben haben, nur das darf den Maßstab bilden für Eure Achtung und Verachtung.

Neunundsechzigster Brief

Ja, Marquis, ein Mann in Ihrem Alter, besonders wenn er ein Militär ist, gerät oft in schlechte Gesellschaft. Ich weiß, daß es ihn manchmal zu den Göttinnen hinzieht, von denen Sie sprechen. Aber bei Ihrer Herzensverfassung können Ihnen Heroinen der Kulissen nicht gefährlich werden. Indessen, das verstimmt die Gräfin: ihre Eifersucht wundert mich nicht. Da haben Sie unsere Metaphysikerinnen, und nun sehen Sie, was auf Ihre Offenheit zu geben ist. Alle sagen Ihnen: »Ich wünsche nur Ihr Herz und Ihre Achtung; das übrige gehört verächtlichen Weibern; ich begreife nicht, wie man überhaupt bei einer Leidenschaft an so etwas denken kann; wie entsetzlich für ein zartfühlendes Herz . . .!« Doch nimmt man sie beim Wort und trägt man woanders hin, was sie zu verachten scheinen, dann setzt es gleich Eifersuchtsszenen und Vorwürfe. Die Gräfin ist grade so, und ihre Klagen wirken befremdend. Denn was nimmt man ihr denn im Grunde? Die Schönen, um die es sich hier handelt, sind doch wahrhaftig keine Schwärmerinnen des Gefühls, und nur um das Gesicht, wenn man ihr glauben will, war es der Gräfin zu tun! O Natur! O Natur!

Doch grade darin sind die Frauen nicht völlig einig mit sich selbst. Sie geben sich Mühe, die Mädchen vom Theater zu verachten, aber sie fürchten sie zu sehr, um nur Verachtung für sie zu haben. Und ist diese Furcht nicht auch begründet? Seid ihr Männer für die Ungezwungenheit ihres Verkehrs nicht weit empfänglicher als für den Umgang mit einer vernünftigen Frau, die nur Ordnung, Anstand und Gleichmäßigkeit zu bieten hat? Bei jenen sind die Männer ganz in ihrem Elemente, bei diesen müssen sie sich zusammennehmen, auf sich achten und repräsentieren. Man hat mir einige solche Damen geschildert; manche von ihnen dürften sehr wohl imstande sein, Euch gegen die geliebteste Mätresse eine Untreue begehen zu lassen. Aber bei einem verständigen Manne kann so eine Treulosigkeit, wenn es überhaupt eine ist, nicht von Dauer sein. Sie sind wohl fähig, eine Begierde zu erregen, doch nie eine echte Leidenschaft einzuflößen. Das ist ein viel zu pikantes Ragout, um es zur Alltagsspeise zu machen.

Wenn die Mädchen von der Oper im Geist oder Gemüt die Möglichkeit in sich trügen, Euch auf die Dauer so zu amüsieren, wie sie es bei der ersten Bekanntschaft tun, dann würden sie zu gefährlich sein. Wenn sie nur ein bißchen schwätzen und sich artig benehmen können, so ist es unmöglich, daß sie Euch anfangs nicht gefallen. Ihr seid mitunter so wenig taktvoll! Die Ungezwungenheit ihrer Unterhaltung, ihr lebhaftes Geplauder, ihre Windbeuteleien, all das versetzt Euch in eine behagliche Stimmung; eine lebhafte, närrische Freude bemächtigt sich Eurer, die Stunden mit ihnen kommen Euch vor wie Augenblicke. Doch zu Eurem Glücke haben sie nicht genügend Fond, um ihre unterhaltsame Rolle lange zu spielen. Da es ihnen allen an Erziehung und Bildung fehlt, haben sie bald den engen Kreis durchlaufen, den sie zu beschreiben hatten. Dieselben Scherze, dieselben Anekdoten, dieselben Nachäffereien kommen immer wieder, und selten lacht man zweimal über die gleiche Sache. Besonders wenn man sowieso schon für Spaßmacher nicht viel übrig hat.

Die Gräfin möge also ganz ruhig sein. Ich kenne Sie zur Genüge, um ihr dafür zu stehen, daß sie diese Weiber nicht zu fürchten hat; es gibt in der Gesellschaft gefährlichere Rivalinnen, nämlich die galanten Frauen. Es sind dies zweideutige Wesen in der Gesellschaft: sie stehen etwa in der Mitte zwischen den klugen Frauen und jenen Damen, von welchen ich soeben sprach. Sie leben unter den Ersteren und unterscheiden sich von den Letzteren nur durch das Äußere. Mehr sinnlich als zärtlich, werden sie dadurch verführerisch, daß sie den unzartesten Gefühlen ein leidenschaftliches Gepräge zu geben wissen, welches man für Liebe halten kann. Erfinderisch in der Kunst, Zärtlichkeit zu heucheln, wo sie es nur auf das Vergnügen abgesehen haben, machen sie Euch weis, daß sie sich hingeben aus Neigung für Euch und aus Achtung vor Eurem Werte. Und wenn Ihr nicht von Anfang an wißt, daß es galante Damen sind, so könnt Ihr unmöglich die feine, differenzierte Nuance zwischen ihren wahren Beweggründen und wirklicher Herzensneigung unterscheiden. Ihr nehmt dann für überschäumende Leidenschaft, was nur Sinnentaumel ist. Ihr glaubt geliebt zu werden, weil Ihr selbst liebenswürdig seid; und Ihr werdet doch nur geliebt, weil Ihr eben Männer seid. Das sind die Frauen, die ich an Stelle der Gräfin fürchten würde. Die Präsidentin gehört in jene Kategorie; sie hat noch Frische und Reiz; sie befindet sich in jenem Alter, in dem wir die jungen Männer gern in die Gesellschaft einführen und ihnen den ersten Unterricht in Galanterie erteilen. Das interessante und entgegenkommende Wesen, das Sie bei ihr bemerken, wird seine Wirkung nicht verfehlen. Nehmen Sie sich vor ihr in acht; ich warne Sie! Wenn man auch solche Frauen verachtet, man läßt sich doch manchmal mit ihnen ein: sie besitzen sogar das

Geheimnis, Euch mehr Torheiten begehen zu lassen als alle anderen.

Siebzigster Brief

Ich, Marquis, sollte erstaunt sein über die Scherereien, die Ihnen Ihre Präsidentin schon wieder gemacht hat? . . . Dazu kenne ich die Frauen zu gut. Zweifeln Sie nicht einen Augenblick, daß sie versuchen wird, Sie mit der raffiniertesten Koketterie der Gräfin abspenstig zu machen. Vielleicht hat sie Sie gern, aber das braucht Ihrer Eigenliebe noch nicht besonders zu schmeicheln: ihr Hauptmotiv ist unbedingt die Rachsucht; ihre Eitelkeit hat ein Interesse daran, daß die bevorzugte Rivalin bestraft werde. So etwas verzeiht keine Frau der anderen. Wenn der, der die Veranlassung zum Streite bildet, nicht auch sogleich der Gegenstand ihres Hasses wird, so liegt das daran, daß sie ihn als Werkzeug des Grolles gebrauchen. Übrigens haben Sie bei der Rivalin der Gräfin grade das gefunden, was Sie von dieser als Unterpfand der Liebe verlangten. Man bietet Ihnen im voraus den Lohn für die zu leistenden Dienste, auf die man später verzichten wird. Ich fürchte, Sie könnten unzart genug sein, das Anerbieten anzunehmen. Es steht eben auf dem Herzen aller Männer geschrieben: »Der Gefälligsten!«

Müßten Sie sich nicht schämen, wenn Sie auch nur den geringsten Vorwurf von seiten der Gräfin verdienten: Welche Frau scheinen Sie denn ihr vorzuziehen? Eine Frau ohne Takt, ohne Liebe, eine Frau, die sich nur durch ihre Sinnlichkeit leiten läßt; mehr eitel als empfänglich, mehr lebhaft als zärtlich, liebt und sucht sie nur in Ihnen die Jugend und alle damit zusammenhängenden Vorteile.

Sie fühlen den ganzen Wert ihrer Rivalin, Sie kennen ihre eigene Verblendung, all Ihr Unrecht ihr gegenüber; Sie geben zu, ein Ungeheuer von Undankbarkeit zu sein, und dennoch können Sie es nicht über sich gewinnen, ihr zu verzeihen. Wahrhaftig, Marquis, ich verstehe Sie nicht mehr. Frau von Sévigné hat recht*, wenn sie sagt, daß ihr Sohn zwar seine Pflichten kennt und sehr gut darüber zu sprechen versteht, aber sich von seinen Leidenschaften fortreißen läßt: Drum sei er »zwar nicht um den Kopf, wohl aber ums Herz verrückt«. Der einzige Trost der Gräfin ist, daß die Zeit nicht mehr fern sein dürfte, wo Sie ihr ermöglichen werden, nicht mehr die Vorwürfe ihres Vaters in bezug auf Sie zu verdienen . . . Aber ist es nicht lächerlich von mir, wenn ich Sie zur Beständigkeit ermahne, nachdem ich Ihnen eine ganz entgegengesetzte Moral gepredigt habe? Noch dazu jetzt, wo es beschlossene Sache ist, daß Sie nicht mehr lieben und »ums Herz verrückt sind«? Meine Ermahnungen zugunsten der Gräfin werden mich noch schließlich in den Verdacht der Heuchelei bringen . . . Ich gebe es also auf, Ihnen fortan davon zu sprechen, und überlasse Sie Ihrem schlimmen Geschick. Soll ich etwa Ihnen gegenüber in den Ton eines Schulmeisters verfallen? Gewiß nicht: wir würden beide zuviel dabei verlieren. Ich würde mich dabei nur langweilen und Sie doch nicht zur Raison bringen.

Einundsiebzigster Brief

Wie, Sie wissen noch nicht, daß es manchmal weit schwieriger ist, eine Mätresse loszuwerden als sie zu bekommen? . . . Nun erfahren Sie es an sich selber. Ihr Überdruß bei der Robberdame überrascht mich nur insofern, als er sich nicht schon früher eingestellt hat. Sie kennen ihren Charakter und vermögen dennoch zu glauben, daß die Verzweiflung über Ihre täg-

* Siehe Brief der Frau von Sévigné.

lich zunehmende Gleichgültigkeit auf eine wirkliche Leidenschaft zurückzuführen sei? Sie lassen sich also immer noch durch ihre Kunststückchen narren? Ich bewundere und bedaure zugleich Ihre Verblendung. Doch sollte nicht auch ein wenig Eitelkeit Sie in Ihrer Illusion bestärken? Wahrhaftig, das wäre eine seltsame Eitelkeit, die sich damit brüstet, von einer solchen Frau geliebt zu werden. Aber die Männer sind ja so eitel, daß ihnen die Liebe einer ausgesprochenen Kurtisane schmeicheln kann. Lassen Sie sich nur die Augen öffnen: Wenn man eine Frau von dem Charakter Ihrer Schönen aufgibt, so denkt sie in ihrem Schmerze nur an ihr eigenes Interesse. Sie will Euch durch ihre Tränen, durch ihre Verzweiflung durchaus davon überzeugen, daß der Verlust Eures Herzens den Gipfelpunkt ihres Unglücks bedeute, daß niemand sie dafür entschädigen könne. Lauter falsche Gefühle! Nicht eine betrübte Geliebte spricht aus ihr, sondern eine eitle, die verzweifelt ist, weil ihr eine andere den Rang abgelaufen hat, die sich ärgert, weil ihre Reize keine Macht mehr ausüben, die unruhig ist, weil man sobald für sie Ersatz fand, die gern gefühlvoll und eines besseren Loses würdig scheinen möchte. Mit einem Worte, sie wird durch folgenden Satz des Herrn D. L. R. F. treffend gekennzeichnet: »Die Frauen beweinen ihre Liebhaber nicht sowohl, weil sie sie gern haben, als vielmehr, weil sie dadurch der Liebe würdiger scheinen wollen.« D. . . . hat ganz recht, wenn er ihrer Gefühle spottet: sie muß sich wirklich sehr sonderbare Begriffe von Ihnen machen, wenn sie Ihnen auf solche Weise zu imponieren hoffte. Wollen Sie sie ganz kennenlernen? Der Chevalier ist augenblicklich frei; bringen Sie ihn dazu, daß er Ihre Stelle vertritt. Sie werden mir schon in Ihrem übernächsten Briefe mitteilen, wie leicht sie sich über ihren Verlust hat trösten lassen.

Zweiundsiebzigster Brief

Ja, Marquis, sind Sie denn noch nicht genügend von Ihrer Liebe zu der Gräfin kuriert, um kaltblütig ihre Gleichgültigkeit und ihr Betragen mit anzusehen? Die Männer sind doch zu bizarr: sie wollen bei der Frau immer noch Interesse erregen, während sie bei der Trennung sich die erdenklichste Mühe gegeben haben, aus ihrer Geringschätzung keinen Hehl zu machen. Sagen Sie mir bloß, was liegt Ihnen an der Liebe oder dem Haß einer Frau, die Sie nicht mehr gern haben? Ihre Eifersucht auf den Nachfolger ist so unvernünftig, daß ich darüber laut lachen mußte. Ist es nicht ganz einfach und natürlich, wenn sich eine Frau über Ihren Verlust tröstet und einen Mann erhört, der besser als Sie den Wert ihres Herzens zu schätzen weiß? Mit welchem Recht, bitte, beklagen Sie sich? Prüfen Sie Ihr Gewissen und gestehen Sie, daß Frau von Sévigné die Wahrheit gesagt hat: »Sie sind ums Herz verrückt«, mein lieber Marquis.

Das einzige Interesse, was ich Ihnen fortan noch für die Gräfin zu haben gestatte, ist, daß Sie sie hindern, die Torheit zu begehen, die sie, wie man sagt, vorhaben soll: ihre angebliche Absicht, den alten Baron von *** zu heiraten, würde sie in ein und dieselbe Reihe mit gewissen Frauen stellen, die beim rechten Namen zu nennen ich bloß nicht boshaft genug bin. Es gibt Frauen, die sich niemals beherrschen können und lauter verzweifelte Schritte unternehmen. Nehmen wir zum Beispiel unsere Heldin: Während ihrer Ehe hielt sie die Tugend für unvereinbar mit den Vergnügungen der besseren Gesellschaft; sie wurde eine Prüde und begrub sich lebendig. Als sie nachher frei wurde, bildete sie sich ein, diese ihre Tugend könnte nur unter der Maske der Koketterie aufrechterhalten werden; sie wurde also, um den Verlockungen der Liebe zu entgehen, eine Modedame. Und weil nun ihre Sinne geweckt wurden, fing sie rasch an, für Solidität und Freundschaft zu schwärmen. Da sie jetzt aber merkte, daß ihre Freundschaft für einen jungen Mann ihrem guten Rufe schaden könne, und da dieser Freund sie obendrein im Stiche läßt, glaubt sie alles vergessen zu machen, indem sie einen Greis heiratet. Kaum aber werden ihr die Augen geöffnet sein über diese letzte Torheit, dann sollen Sie einmal sehen, nimmt sie einen jungen Militär zum Geliebten. Das sind die Frauen, die mit den besten Absichten von der Welt aus richtiger Überlegung ebenso viele Dummheiten begehen wie andere aus Leichtsinn.

Infolgedessen ist mir Ihr Vorschlag sehr spaßig erschienen. Ich begreife, daß es ganz angenehm wäre, Ihnen in der Rache gegen Ihre Ungetreue behilflich zu sein. Geschehe es nur aus Ärger und der Kuriosität halber, so dürften wir uns schon lieben. Aber gewöhnlich gehen solche Streiche schlecht aus. Amor ist ein Verräter, der einen schon verwundet, auch wenn man bloß mit ihm spielen möchte. Also, Marquis, wahren sie Ihr Herz; ich würde mir ein Gewissen daraus machen, unseren Briefwechsel zu einem so wertvollen Resultate führen zu lassen. Außerdem langweilen mich die Fadheiten der Männer, und ich will fortan nur noch Freude haben. Man hat immer ein Hühnchen zu rupfen mit einem Liebhaber. Ich beginne den Wert der Ruhe zu schätzen und will sie genießen. Trotzdem komme ich noch einmal auf Ihren Vorschlag zurück. Es wäre sehr merkwürdig, wenn Sie sich in den Kopf setzten, daß Sie des Trostes bedürfen und daß Sie in Ihrer Lage der Hilfe bedürfen, weil der Graf *** verreist ist. Geben Sie die Hoffnung auf: meine Freunde genügen mir, und wenn Sie weiter dazu gerechnet werden wollen, so lassen Sie sich ja nicht einfallen, mir noch ferner die Cour zu schneiden, sonst . . . adieu, Marquis.

Nun, werden Sie ein andermal an meine Prophezeiungen glauben? Was hatte ich Ihnen gesagt? Ist der Chevalier auf

Schwierigkeiten gestoßen, als er Ihre Penelope bereden wollte? Diese untröstliche Frau, die sich einen Dolch ins Herz stoßen wollte, gibt Ihnen also einen Nachfolger, liebt ihn, gibt ihm Beweise davon und wird bereits schon wieder verschmäht: Heißt das nicht schnell handeln? Wie denken Sie darüber?

Dreiundsiebzigster Brief

Sofort gebe ich die Partie auf, wenn Sie noch länger in demselben Tone mit mir reden! Welch ein Dämon ist in Sie gefahren, daß Sie die Abwesenden ersetzen wollen? Kann man jemanden so plagen, wie Sie es gestern abend taten? Ich weiß nicht, wie Sie es anstellten, aber so gern ich mich auch über Ihre Worte geärgert hätte, ich konnte Ihnen nicht zürnen. Ich weiß nicht, wohin das führen soll. Eins jedoch ist sicher: Sie können sich noch so große Mühe geben, ich will und werde Sie nie lieben. Jawohl, mein Herr, niemals! Es ist ja doch auch wahrhaftig zu sonderbar: einer Frau einreden zu wollen, daß sie traurig sei und daß sie des Trostes bedürfe, wenn das durchaus nicht der Fall ist, und wenn sie Ihrer Hilfe keineswegs bedarf. Sie tyrannisieren einen ja geradezu! Überlegen Sie sich doch bitte einmal, was Sie sich für Torheiten in den Kopf setzen! Sagen Sie bloß, wäre es passend, wenn ich die Stelle meiner ehemaligen Freundin einnähme? Soll eine Frau, die Ihr Mentor war, die Mutterstelle an Ihnen vertrat, Ihre Geliebte werden? Da Sie so schnell eine junge, hübsche Frau aufgegeben haben, was würden Sie erst mit einem so alten Mädchen machen?* Vielleicht wollen Sie nur durch eine Eroberung versuchen zu erfahren, ob mir die Liebe in der Praxis dasselbe ist wie in der Theorie. Sie können sich die Mühe der

* Sie war damals ungefähr 56 Jahre alt.

Verführung ersparen; ich will Ihre Neugierde sofort befriedigen.

Sie wissen, daß wir alle miteinander kaum je nach unseren Grundsätzen handeln, und daß wir, wenn wir Ratschläge erteilen, wie ein Orakel sprechen, aber in eigener Sache wie die Narren handeln. Nun, genau dieselbe Erfahrung würden Sie bei einem galanten Handel mit mir machen. Alles, was ich Ihnen über die Liebe und die Frauen gesagt habe, gibt Ihnen keinerlei Vorstellung davon, wie ich mich gegebenen Falles benehmen würde. Es ist eben ein großer Unterschied, ob man für sich oder für andere fühlt, spricht und denkt. Sie würden also bei mir noch viel Seltsames erleben, was Ihnen mißfallen dürfte. Mein Herz ist nicht zu leiten wie das der anderen Frauen. Würden Sie sie alle kennen, Sie würden darum noch lange nicht Ninon kennen, und, glauben Sie mir, was Sie Neues an mir entdecken, würde Sie kaum entschädigen für die Mühe, die Sie sich gaben, mir zu gefallen. Was haben Sie davon, wenn Sie den Preis für meine Eroberung übertreiben? Lassen Sie es sich gesagt sein: Sie stürzen sich wirklich in überflüssige Unkosten; ich bin nicht imstande, Ihre Hoffnungen einzulösen: Bleiben Sie in glänzenderer Liebeslaufbahn. Der Hof bietet Ihnen tausend schönere Frauen, bei denen Sie nicht wie bei mir Gefahr laufen, Geist haben zu müssen und sich mit Philosophie langweilen zu lassen. Trotzdem werde ich nicht umhin können, Sie heute zu empfangen, da Sie mir Ihren Besuch ankündigen. Ich erwarte Sie also heute abend. Beklagen Sie sich immer noch? Da haben Sie ein Rendezvous in aller Form. Doch möge Sie diese Nachgiebigkeit darüber belehren, daß ich Sie nicht allzusehr fürchte und ich von Ihren Schmeicheleien nur das glauben werde, was ich für gut halte. Sie sehen doch ein, daß ich mir in dieser Hinsicht nichts weismachen lasse. Ich kenne die Männer ja so gut . . .

Vierundsiebzigster Brief

Sie sollen einen Brief zu lesen bekommen, der Ihnen, mein Herr, ebensoviel Vergnügen machen wird, als er mir bereitete, obgleich ich nicht ganz einverstanden bin mit den Gefühlen, die man darin bei mir für Sie voraussetzt.

Brief der Gräfin an das Fräulein von Lenclos.

»Würden Sie je von mir einen solchen Brief erwartet haben, meine liebe Ninon? Nachdem ich Ihnen alle Veranlassung zur Klage gegeben hatte, war es kaum anzunehmen, daß wir uns eines Tages wieder aussöhnen könnten. Aber es ist das Los aller, die Sie einmal kennenlernten, daß Sie Ihre Freunde bleiben möchten; ich darf mich wohl immer noch dazu rechnen, und Sie sind zu gescheit, um nicht alle meine Ungerechtigkeiten auf Rechnung meiner damaligen närrischen Liebe zu setzen. Nun bin ich so gründlich davon geheilt, daß ich nicht mehr ähnliche Verirrungen zu fürchten brauche. Mein Verstand ist heute klar genug, um mich mit Gleichmut die Absicht des Marquis ertragen zu lassen: Ich könnte sogar im Notfalle die Vertraute seiner Liebe zu einer anderen werden, und, wenn Sie mich, wie ich hoffe, wieder Ihrer Freundschaft würdigen, bin ich fast sicher, zu diesem Ziele zu gelangen. Man braucht sich darüber nicht länger zu täuschen. Ihr liebt Euch beide, teure Freundin, ohne daß Ihr es selbst zu wissen scheint. Gar manche hat einen wunderbaren Instinkt für das Spiel der Leidenschaften, die ihr eigenes Herz nicht kennt. Aber ich bin weit entfernt davon, Ihnen vorwerfen zu wollen, daß ich das Herz des Marquis verlor. Ich habe es Ihnen nur als Verbrechen angerechnet, solange ich selbst noch keine nachdenkliche Frau war. Ich glaubte damals Ihren Worten noch nicht, daß die Liebe ein Spiel der Laune und des Zufalls wäre.

Sie haben mich gelehrt, sie auf ihren rechten Wert zurückzuführen. Ein Gefühl sollte vor allen den ersten Platz in meinem Herzen haben, das der Freundschaft, und in dieser Hinsicht will ich mir Sie zum Muster nehmen. Unter solchen Umständen können wir dann alle drei lange noch vereint bleiben.«

Haben Sie bei der Lektüre dieses Briefes bemerkt, Marquis, wie teuer uns die werden können, die uns Kränkungen ersparen? Ich weiß nicht, warum ich mich so über den Brief der Gräfin gefreut habe. Ich lasse sofort anspannen, um zu ihr zu fahren und sie zu umarmen.

Fünfundsiebzigster Brief

Wenn Sie sich nicht in acht nehmen, Marquis, so werde ich Ihnen erzählen, was eine sehr häßliche, aber sehr geistreiche Frau eines Tages zu einem unserer Bekannten gesagt hat. Er spielte sich bei ihr als den Leidenschaftlichen auf, er wurde sogar, ich weiß eigentlich nicht warum, sehr zudringlich. »Herr Chevalier«, sagte sie zu ihm, »bedenken Sie, was Sie tun, wenn Sie mich noch länger bitten, dann werde ich mich ergeben.« Ich bin fast versucht, Ihnen dasselbe anzudrohen. Denn wissen Sie auch, was Sie mit Ihren ewigen Liebesbeteuerungen für eine Verpflichtung auf sich nehmen? Halten Sie sich für fähig, soviel Liebe zu geben, als notwendig ist, um es dem gleichzutun, den ich verlieren könnte? Bis jetzt haben Sie ja nur das Beispiel der frivolen Neigungen, der gewöhnlichen Amouren vor Augen gehabt: sollte es Ninon vorbehalten sein, Sie zu lehren, was die wahre Liebe ist? Viel weniger Herzen, als man glauben sollte, sind ihrer fähig. Wieviel Leute degradieren sie, indem sie glauben, sie zu kennen? Habe ich nicht selbst bis jetzt dazugehört? Welche Lästerung, eine Sinneslust, einen instinktiven Trieb, einen koketten oder eitlen Handel dafür zu halten! Wissen Sie, was ich für Liebe halte, wenn ich in eigener Sache davon rede? Ein hohes, heftiges, großes, tatenfähiges Gefühl, das einen entflammt und fortreißt, das den Charakter umwandelt und einen von seinem früheren Ich so verschieden macht, als man es von anderen ist. Es ist die süße Übereinstimmung zweier Seelen, die sich anziehen und miteinander verschmelzen, jenes glückliche Einvernehmen zweier Herzen, jene Hingebung an den Gegenstand der Neigung, welche die Seele mit einer Freudigkeit erfüllt, die das höchste Glück ausmacht. Sie haben nur erst die Liebe der Jugend empfunden, nämlich jene, die aus Wallungen des Blutes entsteht und die nur nach dem Genusse trachtet. Von dieser habe ich Ihnen auch nur bisher gesprochen. Waren Sie imstande, sich auch noch eine andere vorzustellen? Es gibt noch eine andere, die, obgleich im Grunde die gleiche, doch tausendmal den Vorzug verdient infolge der Zartheit, mit der sie sich äußert. Doch davon werde ich Ihnen erst sprechen, wenn ich sehe, daß Sie würdig sind, sie kennenzulernen.

Sechsundsiebzigster Brief

Nein, ich bin durchaus nicht zur Verräterin an der Wahrheit geworden, als ich Ihnen neulich von einer ganz anderen Liebe sprach als meiner heutigen. Ein jedes Alter sieht sie mit anderen Augen an; ich will Ihnen nach und nach von der Liebe sprechen, die Ihrem Alter ziemt. Ich habe Sie auch nicht getäuscht, als ich Ihnen von den Frauen sprach. Was ich Ihnen darüber sagte, das ist im allgemeinen wahr, aber es kann Ausnahmen geben. Gestatten Sie, daß ich mich als Beispiel anführe, und Sie werden sehen, wie verschieden die Charaktere sind und wie ich im besonderen von meinesgleichen abweiche. Bei Ihnen ist die Liebe in den einzelnen Phasen eine fast willkürliche. Sie entschließen sich zu lieben, scheinen die Hingebung an eine überwältigende Neigung zu fürchten, wollen nur stufenweise lieben, je nach Maßgabe der Leidenschaft, die man Ihnen entgegenbringt; mit einem Worte, Sie schämen sich Ihres empfänglichen Herzens. Warum das? Weil Ihre Liebe eine gewöhnliche, Ihre Seele schüchtern und Ihr Charakter schwach ist. Sie wagen sich nicht zu geben, wie Sie sind. Ist das Liebe? Sind das Ihrer würdige Herzen? Wie anders das Meinige! Glauben Sie, daß es auf das Ihrige wartete, um sich zu entscheiden? Bilden Sie sich ein, daß meine Leidenschaft sich nach der Ihrigen richten würde oder daß die Meinung oder das Beispiel der anderen auf meine Gefühle Einfluß haben könnte? Wie schlecht würden Sie mich dann kennen! Bei mir ist die Liebe hochherzig, überwallend, stürmisch und besonders freimütig; sie ist mehr zart, mehr sinnlich als ausschweifend, doch sie ist zu lebhaft, um die Regeln der Galanterie zu kennen. Man hat behauptet, die Frauen seien impulsiver in ihren Neigungen als die Männer und ihre Leidenschaften wären viel lebhafter. Nun, ich würde noch extremer sein, ich würde die Liebe bis zum Fanatismus treiben. Der größten Extravaganzen fähig, würde ich unfehlbar Anstoß erregen bei Ihnen, der Sie ja nur höchst manierlich zu lieben gewohnt sind, bei dem die Liebe erst durch den Verstand hindurchgeht und dem Denken untergeordnet ist. Kurz, bei Ihnen ist Liebe die pure Koketterie, und Sie nehmen andrerseits Galanterie und Sinnlichkeit für Gefühle. Glauben Sie, ich würde Sie durch künstlichen Widerstand entflammen? Zu solchen Mitteln nehmen Frauen ihre Zuflucht, die selbst mehr Liebe erregen als geben wollen. Ich würde Sie gleich von Anfang an lieben und es Ihnen sagen. Ich würde Sie auch weit weniger durch ein Geständnis als durch das Übermaß meiner Leidenschaft in Erstaunen setzen, und Sie würden ohne Zweifel gleich dem Kavalier, von dem ich Ihnen gestern erzählte, bald bereuen, daß Sie so schnell zum Ziele kommen.

Siebenundsiebzigster Brief

Wenn man Sie reden hört, mein Herr, bin ich auf einmal eine ausgesprochene Platonikerin, und meine letzten Briefe wären ein Beweis für die Unbeständigkeit meiner Gefühle oder für einen eklatanten Widerspruch . . . Wie schnell Sie mich verurteilen! Reden wir doch mal ein vernünftiges Wort miteinander. Habe ich Ihnen nicht bereits gesagt, daß es verschiedene Arten der Seele gibt, oder vielmehr, daß sich mit diesem Namen sehr viele Verhältnisse schmückten, die gar nichts damit zu tun hätten? Habe ich aber von der Schilderung der Liebe, die ich einzuflößen und zu fühlen wünschte, etwa formell die Vergnügungen der Sinne ausgeschlossen? Ich glaube nicht, und das würde mir auch wenig genützt haben. Ich gab bloß der Liebe den Vorzug, die sich mit Zartgefühl kundtut, die mehr auf seelische Genüsse als auf alles andere bedacht ist, die aber nichtsdestoweniger auf dieselbe in meinen ersten Briefen bereits erwähnte Ursache zurückzuführen ist. Soll ich mit Ihnen übrigens ganz offen darüber reden? Sie sollen sehen, wie sehr die augenblickliche Lage, in der man sich befindet, auf die Art und Weise unseres Urteils von Einfluß ist. Ich bin fest davon überzeugt, daß in der Liebe die Sinne nur so große Macht haben, weil ihnen die Männer zur Hilfe kommen; und wenn eine Frau das Glück hätte, einem Manne zu begegnen, der ebenso zartfühlend wäre wie sie, so zweifle ich keinen Augenblick, daß sie der Versuchung widerstehen würde. Nicht etwa als wollte ich hier unserem Geschlechte vor dem Eurigen den Vorzug geben, aber ich glaube, Eure Herzen sind für die Wünsche, unsere für die Gefühle geschaffen. Mehr empfindlich für das rohe Vergnügen als für den verfeinerten Genuß, lassen sich die Männer von ihren Sinnen leiten, während wir für die Wonnen der Seele bestimmt sind. Ihr Glück ist begrenzt: Da ihr Hoffen und Harren nur auf ein bestimmtes Ziel gerichtet ist, so ist, wenn sie es erreicht haben, auch ihr Herz befriedigt. Und von dieser Befriedigung bis zur Übersättigung ist's nur ein Schritt. Doch die Glückseligkeit, die einer zartfühlenden Frau wartet, ist ohne Grenzen. Einzig und allein auf das Glück, zu lieben und geliebt zu werden, bedacht, hat sie die vollkommene Vereinigung, hat sie den intimen Gleichklang der Herzen zum Ziel. Immer erfüllt von der Person des Geliebten, immer mit seinem Bilde und seinem Werte beschäftigt, genießt sie alle Freuden der Seele, jene süße Unruhe, jene zarten Regungen, die das Herz in eine so angenehme Stimmung versetzen. Welches Verhängnis hieß die Männer ihren Ruhm darin suchen, für diese hohen Freuden weniger empfänglich scheinen zu wollen! Eine falsche Eitelkeit, die sie oft für Sehnsucht halten, treibt sie oft, ein Gut zu erhaschen, das dem verächtlichsten Wesen ebenso erreichbar ist als ihnen. Ist das der wahre Zauber der Liebe? Ist das jene friedliche Wonne, welche die Harmonie gegenseitiger Empfindungen hervorbringt? Ihr Glück zu genießen, muß man Sinne, unsere Liebe zu lieben, muß man eine Seele haben. Wie weit entfernt bin ich zu glauben, daß die Freuden der Sinne die einzigen oder auch nur die wohltuendsten seien, die zwei zarte Herzen genießen könnten! Wieviel tausendmal bessere bietet ihnen die Liebe! Aber diese Liebe ist eben nur den Seelen vorbehalten, die den Vorzug haben, ihren Wert zu erkennen. Der Liebhaber, wie ich ihn verstehe, ist entzückt, daß er von seiner Geliebten wieder geliebt wird, ist überzeugt, daß kein anderer seine Stelle vertreten könnte, gibt sich den zärtlichsten Gefühlsäußerungen hin; sein Herz öffnet sich der Heiterkeit und dem Vertrauen, er scheint in dem geliebten Wesen aufzugehen. Die Freude, ihr von all seinen Gefühlen erzählen zu dürfen, seine erheuchelte, von ihm selbst verurteilte und dennoch so gern zur Schau getragene Unruhe, die keinen anderen Zweck hat, als von ihr verscheucht zu werden: alles das macht unaussprechlich glücklich; alle diese Aufregungen versetzen die Seele in eine entzückende Begeisterung. Auf so süßen Rausch folgt manchmal die wonnevollste Ruhe. Dann ist die von ihrem Glücke gleichsam bedrückte und ganz dem Empfinden hingegebene Seele fähiger, in sich selbst hineinzuschauen. Still versinkt sie in die eigene Seligkeit, von der sie berauscht ist. Großer Gott, welch eine Stille! Fest hält man sich umschlungen, die Augen voll zärtlichem Schimmer, die Hände ineinander gepreßt, und die geringste Geste schildert in beredter Sprache, welche Bewegung im Inneren vorgeht. Die Bedeutsamkeit dieses Schweigens würde durch irgendein Wort nur abgeschwächt werden.

Das ist für mich die Liebe par excellence. Das ist das Heroische, das Erhabene jener Leidenschaft. Das nenne ich den exquisitesten Genuß, und die heftigsten Freuden der Sinne lassen sich nicht damit vergleichen, sobald sie Selbstzweck sind ... Nun, Marquis, halten Sie sich für fähig, so zu lieben und für würdig, so geliebt zu werden?

Achtundsiebzigster Brief

Wohin also mußten all meine schönen Abhandlungen gegen die Liebe führen? Wenn es wahr wäre, daß meine Neigung für Sie so lebhaft ist, als ich es Ihnen gestern sagte, hätte ich es Ihnen dann mitteilen dürfen? Welchen Charme wendeten Sie auf, um mich so zu erweichen, ohne daß ich irgend etwas ahnte? Was, ich habe Ihnen gesagt, daß ich Sie liebe? Ich habe es mit soviel Wärme gesagt, daß, wenn Sie Ohren hätten zu hören... Aber Sie haben nichts davon geglaubt. Kann eine Frau, die Ihnen, wie ich einst, von Liebe sprach, Ihnen der Liebe noch fähig erscheinen? Nein, gewiß nicht. Sie werden mich eher für eine Verrückte als für eine leidenschaftliche Liebhaberin gehalten haben. Aber warum fürchtete ich so sehr, daß Sie sich von mir diese falsche Vorstellung gemacht haben? Ach, wenn Sie sie sich wirklich gemacht hätten, würde ich verzweifelt sein. Glauben Sie nur, meine Zärtlichkeit ist echt, aufrichtig und groß. Möchten meine Augen Ihnen sagen, was bei diesen Worten in mir vorgeht, vielleicht werden Sie mich dann auch lieben müssen. Wie bin ich Ihnen dankbar! Sie haben meinem Herzen Empfinden und Leben wiedergegeben. Es verschmachtete im Theoretisieren, während es für die zärtlichsten Gefühle bestimmt war. Geboren zum Lieben und zu allen Leidenschaften der Liebe, verlor ich mit ihrer Prüfung all die schönen Augenblicke, die ich hätte benutzen sollen, sie zu fühlen. Oh, wie hat sie sich an mir gerächt! Und wie teuer ist mir auch wiederum ihre Rache! Wie groß war mein Irrtum; indem ich sie zu analysieren suchte, indem ich mich bemühte, sie herabzusetzen, glaubte ich mich Amors Pfeilen zu entziehen. Hieß das nicht, sich erst recht mit ihr befassen? Ich erfüllte mein Geschick, indem ich es vermeiden wollte. Wie habe ich nicht die Liebe gelästert! Ach, Marquis, ich wurde dafür bestraft; ich merkte es an der ungeheuren Gemütserregung, in der ich mich befinde.

Wie war ich verblendet! Ich zog einige Aufklärungen, einige Raisonnements dem Glücke einer lebendigen Leidenschaft vor. Ja, ich will das Verbrechen sühnen, indem ich der Liebe dieses Herz weihe, das ohne Zweifel ihr Werk und ihr Reich war, und worin sie fortan sich auch heimisch fühlen soll. Alles war glanzlos in meinen Augen: meine Seele war jenem entzückenden Rausche unzugänglich, den allein eine heftige Leidenschaft uns verschaffen kann. Amor, ich fühle dein göttliches Rasen: meine Unruhe, meine Erregung, alles kündet mir deine Gegenwart. Heut geht eine neue Sonne über mir auf. Alles lebt, alles ist beseelt, alles scheint mir von meiner Leidenschaft zu reden, alles fordert mich auf, sie liebzuhaben. Das Feuer, das mich verzehrt, gibt meinem Herzen, gibt allen Fähigkeiten meiner Seele einen Schwung, eine Tatkraft, die sich auf all meine Affekte ausdehnt. Seit ich Sie liebe, sind mir meine Freunde noch teurer, ich liebe mich selbst mehr: der Schall meiner Theorie und meiner Laune scheint mir noch rührender, und der meiner eigenen Stimme harmonischer. Will ich ein Stück spielen, packt mich Leidenschaft und Begeisterung, eine innere Bewegung zwingt mich, innezuhalten. Dann folgt ein tiefes wonnevolles Träumen meiner Gemütsbewegung. Sie sind meinen Augen gegenwärtig, ich sehe Sie, spreche mit Ihnen, sage Ihnen, daß ich Sie liebe, und es kommt mir vor, als sagte ich es Ihnen viel zärtlicher, als wenn Sie wirklich bei mir wären. Bald ist meine Einbildungskraft Ihnen günstig, bald ungünstig. Ich wünsche mir Glück und bereue zu gleicher Zeit; ich sehne mich nach Ihnen und möchte vor Ihnen fliehen; ich schreibe an Sie und zerreiße meine Briefe, ich lese die Ihrigen immer und immer wieder durch; sie scheinen mir bald galant, bald zärtlich, selten leidenschaftlich und immer zu kurz. Ich schaue in den Spiegel, ich befrage meine Frauen über meine Reize. Kurzum, ich liebe Sie, ich bin toll, und ich weiß nicht, was aus mir werden soll, wenn Sie mir heut abend nicht Wort halten. Nun, erkennen Sie an dieser Sprache Ninon wieder, die einstmals so ganz anders zu Ihnen sprach? . . . Jetzt lacht die Gräfin über mich; jetzt spielt sie die Rolle der Vertrauten, die ich so lange ihr gegenüber gespielt habe. Das ist bereits die zweite Umwälzung, die mir bei meinem gesellschaftlichen Verkehr passiert.

Sie erinnern sich; nachdem Frau von Maintenon meine Vertraute gewesen war, wurde ich die ihrige, als sie mir den Herrn von Villariceaux weggenommen hatte*.

Neunundsiebzigster Brief

Nachdem ich Ihnen wiederholt geschrieben, daß ich Sie liebe, bis zur Raserei liebe, bliebe mir keine Rettung übrig, wenn ich wie die anderen Frauen liebte. Aber es ist nur das Schicksal mäßiger Leidenschaften, daß sie in dem Gegenstande der Liebe Gleichgültigkeit hervorrufen. Wir haben nichts zu tun mit jenen schwachen Seelen, die sich gegenseitig die Liebe zum Vorwurf machen und ihr ein Ende bereiten, sobald sie von gleichem Verlangen entbrannt sind. Nicht, indem ich Ihnen mein Verlangen verhehle, sondern, im Gegenteil, durch die Heftigkeit meiner Leidenschaft, durch die Empfänglichkeit meiner Seele will ich Ihr Herz anrufen, anfeuern und anketten. Ich sehe indessen bei Ihnen nicht dieselbe Begeisterung, die ich empfinde, und wenn mir diese meine Leidenschaft nicht teuer wäre, so würde ich sie tausendmal am Tage verwünschen. Meine zärtlichen, lebhaften Gefühle lassen mir die Ihrigen so schwach und lau erscheinen, daß Ihre Liebe in meinen Augen wie Gleichgültigkeit aussieht, wie sehr Sie ihr auch den Anstrich einer Leidenschaft geben möchten. Ich kann Sie nur bedauern, wenn Sie nicht sensibel sind. Ach, wie beneidenswert muß Ihnen mein Los sein! Wie viele Freuden entgehen Ihnen! Sie ahnen ja kaum, was Glückseligkeit ist! Welche Genugtuung wäre es für mich, wenn es mir glückte, Ihr Herz einer ebenso heftigen, tiefen Liebe fähig zu machen, wie das meinige sie fühlt! Ich würde

* Siehe Einleitung.

glauben, Ihnen ein neues Dasein zu geben. Nur Illusion und Begeisterung können uns wahrhaft glücklich machen. Was bedeuten andere Freuden? Sie hängen zu sehr mit dem Verstande zusammen und können daher keinen großen Reiz haben. Kann es für mich etwas Schmeichelhafteres geben, als Ihnen Seligkeiten verschafft zu haben, die Sie ohne mich nie genossen hätten? Nichts ist süßer, als wenn man die zufriedenen Blicke des Geliebten sieht und sich sagen darf: »Sein Glück, seine Freuden sind mein Werk.« Man würde es ihm gern erlassen, zärtlich zu sein, wofern er nur glücklich wäre.

Achtzigster Brief

Ich möchte Sie gern verliebt glauben, aber es gelingt mir nicht. Ich allein bin offenbar an Ihrer Lauheit schuld. Ich werde Ihnen nicht in der richtigen Weise gesagt haben: »Ich liebe Sie.« Ich war vielleicht, als ich es sagte, mehr stürmisch als zärtlich. Meine von einem verzehrenden Feuer glühenden Augen werden Sie mehr gewundert als gerührt haben. Sie werden meine Erregung für Verlangen, den Enthusiasmus meiner Seele für Tollheit des Temperaments gehalten haben. Großer Gott, wie wäre ich unglücklich, wenn Sie sich durch meine ewigen Warnungen vor den Frauen allmählich daran gewöhnt hätten, die Beweise einer echten Leidenschaft für ein kokettes Spiel zu halten. Aber ich täusche mich: auf meine Leidenschaftlichkeit folgte die zärtlichste Ruhe; das muß Sie ja überzeugt haben. Oder sollten Sie etwa diese Veränderung für Gleichgültigkeit genommen haben oder gar für Reue, daß ich zu weit ging? Ich und bereuen, daß ich Sie liebe! Bedauern, daß ich es eingestand! Der bloße Verdacht einer solchen Schwäche wäre schon eine Beleidigung für mich. Eine andere könnte sich vielleicht Vorwürfe machen, so zu reden, wie ich es tue, weil sie darin eine Erniedrigung sehen dürfte; ich aber würde mir etwas zu vergeben glauben, wenn ich mich meiner Leidenschaft nicht zu rühmen wagte und in den Wallungen meines Herzens um die Meinung anderer Leute kümmerte. Nein, ich will nur durch mich selbst oder vielmehr durch Sie glücklich oder unglücklich sein. Was bedeutet mir die ganze Welt, wenn nur Sie mich lieben. Aber, obwohl frei von der eitlen Furcht, die meine Schwestern quält, bin ich doch nicht ruhig. Ein Dämon, mächtiger und grausamer, quält und ängstigt mich. Es ist die Ungewißheit, ob ich wieder geliebt werde, es ist die Befürchtung, daß ich Sie nicht so liebe, wie Sie es wünschen. Wollen Sie nicht kommen und mich beruhigen in meiner Aufregung? Ich weiß nicht, wie es zugeht: Sie haben mir gegenüber immer unrecht, wenn Sie abwesend sind; doch das geht nicht allein Ihnen so, sondern meiner ganzen Umgebung. Es liegt an mir selbst; alles ist dunkel und düster um mich. Doch kaum sind Sie da, da lacht die Sonne, und der Tag wird schön. Meine Seele schwebt Ihnen entgegen, sie verklärt mein Äußeres, spricht aus meinem Munde, glänzt in meinen Augen; sie ruft die Ihrige an, forscht sie aus, fragt, ob sie meine Freude teilt. Mit einem Worte, Ihre Gegenwart ist für mich, was der Welt die Morgenröte ist.

Einundachtzigster Brief

Ist es recht von Ihnen, Sie Undankbarer, mich für meine Schwäche zu strafen? Ihnen verdanke ich sie doch, Ihnen gilt sie. Wie, Sie ließen mich dafür büßen? Was habe ich Ihnen denn getan, um von Ihnen gestern abend beim Ball so höflich kühl behandelt zu werden? Hab' ich das um Sie verdient? Wenn ich wenigstens in diesem grausamen Zeremoniell die geringste Zärtlichkeit, die leiseste Auszeichnung bemerkt hätte. Aber nein, Sie zeigten mir die gleiche Rücksicht, dieselbe Gleichgültigkeit wie den anderen Frauen. Ja, der Respekt selbst wird für mich Beleidigung, sobald er die Liebe nicht fördert. Verbergen Sie doch besser Ihre Kälte aus Mitleid für meinen Zustand; täuschen Sie mich immerhin, aber täuschen Sie mich geschickter. Machen Sie nicht, daß ich zu gleicher Zeit die Tollheit meiner Liebe und die Schande, einen absichtlich Undankbaren zu lieben, mir vorwerfen muß. Ist Ihnen mein Herz gleichgültig, so schonen Sie wenigstens meine Eitelkeit ... Doch was sage ich? Liebten Sie mich mehr, zeigten Sie mehr Eifer für mich, so würde ich ja die Genugtuung haben, mich auch tatsächlich mehr geliebt zu glauben. Wäre es dann aber auch von mir noch so edelmütig als jetzt, wo Sie so wenig empfänglich sind? ... Nein, wie ungerecht ich doch bin! Sie lieben mich ja, und wenn Sie es verbergen, so tun Sie es mit Rücksicht auf meine Schwäche. Sie hätten mir doch auch nicht den geringsten Beweis für Ihre Gefühle geben können, ohne daß ich nicht irgendeine Unvorsichtigkeit begangen haben würde. Das kleinste Zeichen einer Bevorzugung von Ihrer Seite hätte mich ja verraten, und wir hatten das größte Interesse daran, daß man nichts merkte. Ach, wie glücklich sind Sie – oder soll ich sagen: unglücklich –, daß Sie solcher Vorsicht fähig sind! Vielleicht sind Sie beides zugleich.

Doch welch ein Widerspruch zwischen dem, was ich schreibe und dem, was ich damals dachte. Weit entfernt davon, mich zu beklagen, gratuliere ich mir zu Ihrer Klugheit und Mäßigung. Ich rechnete es mir heimlich als Verdienst an, daß Sie so wenig Eifer für mich zeigten. Und hieß das dann nicht auch, sich gegenseitig in einer neuen Sprache sagen, daß wir uns liebten? Habe ich Ihnen nicht selbst schon dafür Beweise ähnlicher Art gegeben? Bei solchen Gelegenheiten mußten mein Schweigen, meine Zurückhaltung, sogar meine

Kälte als Zeichen meiner Gefühle gelten. Man meint, Zuvorkommenheit, Besorgnis, Aufmerksamkeit seien Beweise der Liebe. Gewiß, sie sind es auch. Aber was bedeutet das alles im Vergleich zu dem Zwange, den man sich auferlegt, wenn man diese Beweise unterdrücken muß? Ist es denn so einfach, wenn man gleichgültig behandeln oder im Gedränge verlieren muß den, dem unser Herz in inniger Liebe zugetan ist? Was ist doch Amor für ein großer Zauberer! Selbst die Dinge, die ihm scheinbar hinderlich sind, weiß er zu seinem Vorteile auszubeuten. Soll ich Ihnen nach alledem einen Vorwurf aus Ihrer Klugheit machen und mich über Ihre schonende Behandlung beklagen! Das wäre höchst unvernünftig. Ja, Sie lieben mich, denn Sie haben es fertiggebracht, es mir zu zeigen, da, wo es hätte mir schaden können. Oh, wer wüßte besser als ich, was solche Opfer für Überwindung kosten? Wer sie dennoch bringt, der verdient es, so wie Sie geliebt zu werden.

Ich bin sicher, Sie werden schließlich Ninon, die einstmals als große Herzenskennerin nur von Moral und Metaphysik sprach, nicht für dumm halten. Vielleicht glauben Sie, es sei nur ein Vorrecht der Männer, mit ihren Prinzipien in Widerspruch zu geraten, philosophische Erörterungen anzustellen und dabei wahnsinnig verliebt zu sein. Ich habe einen männlichen Verstand und ein weibliches Herz; ich philosophiere und liebe, ich vereine in mir Minerva und Amor, mit einem Worte, ich bin ein galanter Mann und befinde mich wohl dabei.

Zweiundachtzigster Brief

Nein, ich spiele durchaus nicht die Grausame, aber ich besitze Stolz und gestehe offen, daß mir gestern abend Ihr Benehmen mißfiel. Es war weniger die Absicht, die mich verletzte, als vielmehr die Art, wie Sie dabei zu Werke gingen. Da solche Dinge, wie Sie auch persönlich darüber denken mögen, ein Beweis meiner Liebe zu Ihnen sein müssen, so will ich auch, daß man ihnen die Beachtung schenke, die, wenn sie ihnen vielleicht auch nicht zukommt, so doch dem Werte entspricht, welchen ich ihnen beimesse. Nie werden Sie es erleben, daß ich Ihnen als Grund für meine Weigerung eine angebliche Abneigung vorschütze, an die Sie ja doch nicht glauben würden. Aber ich weiß, die Bewilligung höchster Gunst ist das Grab der Liebe, und meine wie Ihre Liebe sind mir zu kostbar, als daß sie durch meine Schuld ein jähes Ende nehmen sollten. Ja, zweifeln Sie nicht, die Furcht vor diesem Ausgang wirkt auf mich genauso, wie auf andere Frauen die sogenannte Tugend. Gebe Gott, daß diese Furcht über mich mehr Macht habe als auf jene ein bloßes Hirngespinst. Ich habe ein hübsches Gesicht, Talente, man findet Geist in mir, ich habe Kunst und Wissenschaft lieb, ebenso wie Sie; ich besitze erlesene Freunde, habe einen reizenden Verkehr, dessen Bedeutung Sie gewiß nicht unterschätzen. Das alles will ich geltend machen, um meine und Ihre Liebe zu nähren, zu mehren und dauerhaft zu machen. Hüten Sie sich, eine andere Gunst von mir zu verlangen. Wie ich nun einmal denke, würde Ihnen eine momentane Schwäche meinerseits teuer zu stehen kommen. Nützen Sie einen solchen Moment aus, so würde ich auf Rache sinnen. – Bei anderen Frauen, ich weiß es wohl, erwirbt man sich mit einer Gunst das Recht auf weitere, bedeutungsvollere Gunstbezeugungen. Aber verlassen Sie sich darauf, bei mir würde es ein Motiv werden, Ihnen fernerhin auch die geringste zu versagen. Wer wie ich den Wert einer heftigen Leidenschaft kennt, wird nie darein willigen, sie abzuschwächen. Das tun aber unfehlbar die Gunstbezeugungen. Soweit wissen Sie also, was Sie von mir zu hoffen haben. Solange ich Ihnen nichts bewillige, werde ich Ihnen immer etwas zu geben haben, und Sie werden immer etwas zu hoffen haben. Wollen Sie, Grausamer, mich denn der zartesten Liebesfreude berauben, dann könnte ich mir nicht mehr sagen: »Ich besitze ein Gut, das man noch nicht besitzt; in meiner Macht liegt es, ihn zum glücklichsten der Menschen zu machen. Aber dieses kostbare Kleinod! Ihm verleiht nur die Hoffnung, es zu besitzen, seinen Wert; es entschwindet, sobald man es zu eigen hat. Wahren wir also dieses Kleinod zu seinem und meinem Glück . . .« Fange ich aber erst an, darüber nachzudenken, so lassen mich all die schönen Prinzipien im Stich. Sie beklagen sich, daß ich zornig gegen Sie wurde. Kann ich mich denn kalten Blutes Ihrer erwehren? Wenn man so wie Sie geliebt wird, braucht einen der Groll der Geliebten nicht zu beunruhigen: alles, selbst ihre Strenge, selbst ihre Beleidigungen sind Beweise ihrer Leidenschaft. Aber ich sehe, Sie haben mein Benehmen nicht so gedeutet. Zwei Tage lang habe ich Sie nicht zu sehen bekommen. Ach, vielleicht suchen Sie augenblicklich nach Gründen, mich weniger zu lieben. Das wäre ungerecht und grausam von Ihnen. Doch nein, Sie sind nicht abwesend. Ich setzte mich gestern auf denselben Stuhl, wo Sie mir so leidenschaftliche Dinge sagten, daß ich im Zweifel war, wer von uns beiden am meisten liebte. Ich hörte Ihre Stimme, ich sah Ihre Augen, denen die Liebe einen so schönen Ausdruck verlieh, ich fühlte, wie Ihre Hand die meinige umklammerte, ich fand soviel Grazie und Charme in Ihrem Benehmen . . . Gott, wie bin ich glücklich, daß Sie nicht ahnten, wie mir zumute war.

Dreiundachtzigster Brief

Grausamer, Sie wollen mich also dafür büßen lassen, daß ich alles tue, um mir Ihre Liebe zu erhalten. Wie, Sie wissen, daß ich verzweifelt bin, wenn Sie einen Augenblick fern sind, und Sie haben sich trotzdem zwei volle Tage nicht sehen lassen? Nein, ich kann Ihnen meine Trostlosigkeit nicht beschreiben. Ich weiß ja, ich kann nicht mein ganzes Leben lang immer bei Ihnen sein, aber diese Trennungen sind nicht nötig. Sie haben sich manchmal selbst darüber beklagt, und dann empfand ich sie als weniger grausam. Anders die Abwesenheit, die ich Ihnen heute zum Vorwurf mache. Sie halten sich absichtlich fern und bloß zu dem Zwecke, um mich zur Verzweiflung zu bringen. Sie Barbar Sie! Will ich Sie denn durch meine Sprödigkeit beleidigen? Sie beschweren sich über schlechte Behandlung; ja haben Sie mich denn nicht mehr lieb? Haben Sie sich denn mir bloß genähert, weil ich ein Weib bin, einzig und allein, weil Sie Wünsche haben? Also nicht deshalb, weil ich eine ganz bestimmte Frau bin, weil meine Seele, mein Charakter, meine Liebe Sie glücklicher machen kann als die jeder anderen Frau? Sie machen keinen Unterschied zwischen mir und dem dümmsten, gemeinsten Geschöpfe. Wie ungerecht und taktlos Sie sind! Ich will Sie ja hier durchaus nicht zu romanhaften Gefühlen erziehen. Wer wüßte besser denn ich, daß all unsere seelischen Vorgänge gar menschlich sind? Wenn das von Ihnen geforderte Opfer bloß der Beweis meines völligen Vertrauens und die Belohnung für erprobte Dienste wäre, warum sollte ich es Ihnen verweigern? Aber daß Sie, weil Sie die Schwachheit des Weibes kennen, sich alles erlauben zu dürfen glauben und noch dazu ohne Schonung, das heißt doch eine Nichtachtung bezeugen, über die jede zartfühlende Seele empört sein muß. Trotzdem, Marquis, wenn Sie noch der Beweise für meine Liebe bedürften und wenn die heut verlang-

ten Beweise an sich mehr bewiesen als alle Ihnen bislang gegebenen, so würden Sie mir nach dieser Richtung hin vielleicht
nur allzuwenig vorzuwerfen haben. Da ich aber voraussehe,
daß ich durch Anwendung dieses Mittels Sie nicht nur nicht
behalten, sondern sogar unrettbar verlieren würde, so kann
ich mich nicht entschließen, zu tun, was Sie Ihr Glück nennen. Eine andere würde vielleicht durch solche Gunst Ihnen
ihre Liebe zu beweisen glauben, ich will Ihnen die meinige
durch das Gegenteil beweisen. Aber welcher Beweis scheint
Ihnen mehr überzeugend? Die anderen Frauen, indem sie Ihnen diesen Gefallen tun, denken nur an ihr eigenes Vergnügen; ich aber hoffe, Sie durch ein Opfer, durch einen für mich
selbst harten Widerstand von meiner Liebe zu überzeugen.
Kurzum, ich werde alles tun, um mir die Gefühle zu erhalten,
die meine höchste Glückseligkeit ausmachen. Was sagte ich?
Glückseligkeit? Ach, sagen wir lieber das Elend meines Lebens. Habe ich, seitdem ich Sie liebe, auch nur eine ruhige
Minute gehabt? Habe ich eine einzige Sekunde des Glücks
genossen, ohne sie durch die heftigste Pein zu erkaufen? Sie
sagen, Sie besuchten mich, sooft es ginge. Sie kämen gern
überallhin, wo ich wäre, bedenken Sie aber auch, daß dies nur
ein Augenblick ist im Vergleich zu der vielen Zeit, die wir fern
voneinander verbringen? Was habe ich Ihnen getan, daß Sie
durchaus meinen Tod wollen? Denn ohne Zweifel ist es Ihre
Absicht, daß ich im Sterben liege, wenn Sie wiederkommen.
Im Namen der heißesten Liebe, erbarmen Sie sich meiner!
Schmerz und Verzweiflung stehen auf meinem Gesichte geschrieben; ich sehe totenbleich aus. Ach, kommen Sie heute
lieber nicht, Sie würden mich entsetzlich finden. Doch
warum über meine Häßlichkeit klagen? Warum sie Ihnen verbergen? Ich würde mich selbst darüber wundern, wenn ich
nicht häßlich geworden wäre, habe ich Sie doch zwei Tage
lang nicht gesehen. Ach, ehe ich Sie dadurch noch lange von

mir fernhalte, kommen Sie lieber, Sie Grausamer, kommen Sie, und Sie werden sehen, was Sie angerichtet haben.

Vierundachtzigster Brief

Es gibt seltsame Krankheiten, Marquis; ich weiß nicht, ob sie Ihnen bekannt sind. Nie erweckt solch ein Kranker mehr Hoffnung auf Genesung als kurz vor seinem Tode. Genauso verhält es sich mit der Tugend eines liebenden Weibes; das sollte ich gestern abend an mir selbst erfahren. Man hat mit gutem Fug und Recht behauptet, daß, um zu überzeugen, man vor allem selbst von seiner Sache überzeugt sein müsse. Ich wundere mich nicht mehr, wenn meine Beredsamkeit so wenig Erfolg hatte. Was bringt mit ihrem Zauber die Liebe nicht alles zuwege! Bevor Sie kamen, war ich fest zum Widerstande entschlossen, und in dem Augenblicke, wo ich so unvernünftig mit Ihnen sprach, fürchtete ich am meisten, daß Sie sich durch meine Verstellungen könnten rühren lassen. Ich erinnere mich sogar, daß ich in dem Momente, wo ich Sie zum Nachgeben bereit sah, schnell jenes Wort sprach, das mit meiner Moral so ganz und gar nicht im Einklange stand. Sie wählten das bessere Teil, Marquis, Sie gaben die Vortrefflichkeit meiner Grundsätze zu, verdoppelten aber Ihren Eifer. Wie gut Sie einer philosophierenden Frau zu antworten wissen. Ich kenne kein besseres Mittel als das, dessen Sie sich bedienten . . . Sie Kecker, erinnern Sie sich noch, wie wütend ich wurde? Ach, Sie sind ein Ungeheuer und verdienten, daß . . . Aber ich will nicht länger böse sein. Alle derartigen Zornesausbrüche enden so ganz anders als mit Haß! Apropos: Wissen Sie auch, daß Sie entzückend waren gestern abend? Sie gingen mit einer triumphierenden Genugtuung fort, die mich bezauberte. Und heute morgen schon schrieben Sie mir

Spaziergang

so stürmisch, daß ich ganz begeistert war. Ich hoffe, das Glück zu haben, daß Ihr Erfolg Sie nur noch verliebter machen wird.

Fünfundachtzigster Brief

Ich muß doch ein ganz verächtliches Geschöpf in Ihren Augen sein, da Sie mich täuschen wollen. Oder was soll ich sonst von Ihrer Seele denken? Sie verstellen sich, Sie bauen auf meine Leichtgläubigkeit. Oh, geben Sie sich keinen eitlen Hoffnungen hin. Die Augen einer Liebenden lassen sich nicht täuschen. Wenn Zuvorkommenheit, Achtung, zärtliches Benehmen nicht vom Herzen kommen, so kann das wohl den Blicken Gleichgültiger entgehen, nimmermehr aber den hellblickenden Augen der Liebe. Warum erniedrigen Sie sich zur Heuchelei? Überlassen Sie das den schwachen Seelen, den zweideutigen Charakteren. Wenn Sie mich nicht mehr lieben, so werde ich ohne Zweifel sehr unglücklich darüber sein, aber ich ziehe mir Ihre Gleichgültigkeit tausendmal einer erkünstelten und erzwungenen Liebe vor. Die wahre Liebe tut sich zwanglos kund; ja selbst, wenn man sie absichtlich verbergen will, wird sie deutlicher als durch Ihre Bemühungen, sie zu heucheln. Warum soll man nicht den Mut haben, sich zu geben, wie man wirklich ist? In Ihrem eigenen Interesse rate ich Ihnen: verstellen Sie sich nicht. Stehen Sie mir gleichgültig gegenüber oder haben Sie nur wenig für mich übrig, dann wagen Sie auch, so zu scheinen. Doch wie immer Sie sein mögen, ich werde Sie darum nicht weniger gern haben. Bedenken Sie nur, wie wenig es Ihrer würdig ist, zur Verstellung oder Übertreibung Ihre Zuflucht zu nehmen.

Ach, ich bin nur allzu geneigt zu glauben, was Sie mir sagen, was Sie mir einreden wollen! Doch bald wiederum nimmt mir dann die Überlegung alle Illusionen, und ich werde die Unglücklichste der Frauen. Etwas ganz anderes als das, was Sie meinen, gibt mir den Glauben an Ihre Leidenschaft und raubt mir ihn wieder. Wissen Sie, was Eindruck auf mich macht? Nicht etwa Ihre Bemühungen, mir zu gefallen – ich mißtraue allem, was Sie absichtlich tun – aus Ihren gleichgültigsten und unabsichtlichsten Handlungen schöpfe ich meine Beweise. Glauben Sie zum Beispiel, daß heute morgen Ihre Erzählung, wie Sie sich gestern auf der Jagd amüsiert hätten, besonders schmeichelhaft für mich war? Ich hatte an dem Vergnügen nicht teilgenommen, und Sie gaben sich ihm trotzdem mit einer Freude hin, schilderten es mir mit einer Befriedigung, die gradezu beleidigend sein mußte für die, welche sich für Ihr Glück unentbehrlicher glaubte als sie es ist. Und Sie kommen trotzdem und sagen mir, daß Sie mich lieben und daß mein Herz Ihnen alles Übrige ersetzt! Ach, wenn Rehböcke Sie zu begeistern vermögen, wie leicht fällt es Ihnen dann, jemanden zu vergessen, der nur für Sie lebt, der nur an Sie denkt und der sich jedes Vergnügen zum Vorwurf machen würde, von dem Sie nicht Ursache, Ziel oder Veranlassung sind. Eine andere würde Ihnen vielleicht sagen, sie sei glücklich, und das würde ihr genügen. Falscher Edelmut! Ich liebe Sie ein wenig auch um meiner selbst willen, und alle Ihre Freuden, sobald sie sich nicht irgendwie auf mich beziehen, werden mir stets eine Qual sein. Wie wenig aufrichtig ich in diesem Augenblicke bin! Ach, möchte doch der Himmel meine Seligkeit schmälern, und dafür die Ihrige vermehren!

Sechsundachtzigster Brief

Es ist vollbracht, Marquis; Sie sollen sehen, ich werde nie mehr zweifeln an Ihren Gefühlen; gestern kam ich zu der Einsicht, daß Sie mich lieben, wie ich geliebt zu werden wünsche.

Sie haben mir endlich den Beweis geliefert, den ich für den wertvollsten halte. Sie treten ein, während ich schreibe; ich will Ihnen die paar Worte verbergen, die ich hingekritzelt habe. Diese Geheimnistuerei erregt Ihre Neugierde. Sie verlangen Aufklärung, ich weigere mich; Sie bestehen auf Ihrem Verlangen, ich bleibe bei meiner Weigerung; der Zorn reißt Sie fort, Sie machen mir tausend Vorwürfe, denen bald Beleidigungen folgen; Sie zerbrechen vor Wut mein Tintenfaß, entreißen mir den Briefbogen und, ohne es zu wollen, zerfetzen Sie ihn in Stücke... Ich hätte Sie mit einem einzigen Worte beruhigen können, da Sie ja der Adressat waren, aber Ihr Zorn reizte mich zu sehr, um ihm schon ein Ende zu machen. Ich sehe Sie noch in einem Lehnstuhl sitzen, von dem schwärzesten Verdachte gepeinigt; auf einmal erheben Sie sich schnell, werfen mir einen entsetzlichen Blick zu und gehen unter Verwünschungen und Flüchen hinaus... Nie erschienen Sie mir so reizvoll, nie sagten Sie mir etwas, das mich so sehr von Ihrer Liebe, von Ihrer rasenden Liebe überzeugt hätte. Mit welcher Gier beobachtete mein Herz Ihr ganzes *Tun*! Als wie süß empfand es Ihre Beleidigungen! In dem Augenblicke, wo Sie mir schworen, daß ich ein Ungeheuer sei in Ihren Augen, empfand ich, daß Sie mich einst durch die gegenteilige Behauptung weniger von Ihrer Leidenschaft überzeugt haben. Kaum waren Sie draußen, da beeilte ich mich, die Papierschnitzel und die Scherben des Tintenfasses aufzulesen. Ein Eroberer zerstampft nicht mit so viel Freude die Wälle, die er soeben zerschossen hat, als ich Freude empfand bei der Betrachtung der kostbaren Beweise Ihres Zornes oder vielmehr Ihrer Liebe. Wenn Sie mir jemals untreu werden sollten, so will ich diese Zeugen anrufen, die Sie daran erinnern sollen, was Sie einst für mich empfanden. Ach, Sie brauchen sich diese Erregung nicht vorzuwerfen; ich würde mich nicht geliebt glauben, wenn man mich mit Maß liebte... Wie entzückend war der finstere Blick, mit dem Sie das Zimmer verließen, ich glaubte den Gott des Krieges zu sehen, wie er Venus seine Liebe gestand, und zwar in einem Tone, der bei jeder anderen als ich Furcht und Entsetzen erregt haben würde. Wie glücklich bin ich doch! Endlich habe ich eine erhabene, stolze Seele angetroffen, ein heftiges, eifersüchtiges, trotziges Herze: Ich bin geliebt, wie ich es zu sein wünsche.

Siebenundachtzigster Brief

Nein, Treuloser, Sie lieben mich nicht; seit gestern weiß ich es bestimmt... Ich kokettiere mit dem Grafen von ***, ich rühme sein Gesicht, seinen Wuchs, seinen Geist, ich stehe oft bei ihm und bemerke in Ihrem Gesicht nicht die geringste Erregung! Sie sehen kaltblütig eine scheinbare Untreue mit an und sind nicht aufgebracht darüber? Sie fürchten also nicht, daß Sie mich verlieren könnten? Waren Sie nicht trotzdem gegen mich ebenso aufmerksam und zuvorkommend, als wenn Sie kein Recht gehabt hätten, sich anders zu benehmen? Kein Wort des Ärgers von Ihrer Seite, nicht der leiseste Vorwurf... ich bin wütend auf Sie. Und als wir dann allein im Garten waren, kam nicht die geringste Klage von Ihren Lippen. Sie schenkten mir Blumen mit jener zufriedenen Miene, die vollkommenste Seelenruhe verrät. Sie machten sogar ein so freundliches Gesicht, daß ich nicht begreife, warum Sie mir nicht selbst das angebotene Bukett ansteckten. Ha, wie eifrig hätte ich Ihnen solche Gunst verweigert, wenn Sie auf die Idee gekommen wären! Besaßen Sie doch sogar die Grausamkeit, als der Graf mich um jenes wohlriechende Wasser bat, das ich bei Tische gerühmt hatte, nach ihm davon zu nehmen, und es noch ebenso ausgezeichnet zu finden, als wenn er keines genommen hätte? Sie sehen, es ist mir nichts entgangen. Und Sie kommen noch und sagen mir, daß Sie mich lieb haben! Ich würde glauben, Sie zu beschimpfen, wenn ich Sie noch für verliebt hielte; ich tue Ihnen weniger Unrecht, indem ich Sie für leidenschaftslos halte, als indem ich Ihnen eine zweideutige, weibliche, temperamentlose Passion zutraue. Die Passionen dieser Art gehören nur feigen Herzen und unedlen Seelen an. Welche Genugtuung hätte es mir gewährt, wenn Sie eine finstere Unruhe gezeigt hätten, als Sie wahrnahmen, daß ich Gefallen an dem Grafen finde; wenn Sie sich gekränkt hätten, wenn Sie mir pikante und ironische Dinge gesagt hätten, mit einem Worte, wenn es den Anschein gehabt hätte, als wollten sie sich mit jener jungen Witwe, die neben Ihnen saß, an mir rächen. Doch Sie geruhten ja kaum, sie zu beachten, als ob sie nicht entzückend gewesen wäre und als ob ich nicht eine so liebenswürdige Rivalin verdiente. Ist Ihre Nichtachtung für mich nicht deutlich genug, ist Ihr Benehmen nicht hinreichend beleidigend? Können Sie mir offener zeigen, daß Sie mich nicht lieben? Ach, wie wenig habe ich doch mit Ihnen gemein! Sie werfen auch nicht einen Blick auf eine andere Frau, die mich beunruhigen könnte. Mit welcher Neugierde suchte ich nicht den Grad des Gefallens zu erraten, das Sie an ihr fänden. Erweisen Sie anderen Frauen die geringste Höflichkeit, ohne daß ich ängstlich darum besorgt wäre, ob Sie gegen die eine oder andere nicht etwa um eine Nuance zuvorkommender wären? Sagen Ihnen andere Frauen etwas Schmeichelhaftes oder Gleichgültiges, ohne daß ich ängstlich forsche, wie weit Sie empfänglich dafür sind? Ich glaube, das ist Liebe, und solange Ihre Gefühle von den meinigen so stark abweichen, müssen Sie zugeben, daß Sie mich nicht lieben und daß ich auch aufhören muß, Sie gern zu haben . . . Kosten Sie mich nicht bereits genug Angst und Unruhe? Wäre ich nicht berechtigt, Ihnen daraus einen Vorwurf zu machen? Wie weit bin ich davon entfernt! Ihnen schmollen, mich über Sie ärgern, mich über Sie beklagen, heißt das nicht immer noch, mich mit Ihnen befassen? Heißt es nicht immer noch, Sie lieben? Nein, die Tränen, die Sie verursachen, würde ich nicht für die vollkommenste Seelenruhe, für die reizvollsten Vergnügungen hingeben... Werden Sie heute abend nicht kommen und meinem Herzen die Ruhe wiedergeben?

Achtundachtzigster Brief

Ich und eifersüchtig, Marquis? Oh, da täuschen Sie sich aber gehörig. Worauf sollte ich es denn sein? Mein Gott! Haben Sie mich denn je geliebt? Wie sollte ich denn die von Ihnen getroffene Wahl mißbilligen? Diejenige, die Sie mir vorziehen, verdient in zu vieler Hinsicht den Vorzug, als daß ich ihr nicht weichen sollte. Eine andere an meiner Stelle würde ein ironisches Loblied auf sie anstimmen, das hundertmal schlimmer wäre als eine wohlbegründete Satire. Gott bewahre mich, daß ich ihr Gutes nachsage; das würde Ihnen doch nur wie Verdruß vorkommen, und Sie würden mein Urteil für falsche Großmut halten, was ich durchaus nicht beabsichtige. Handeln Sie also ruhig weiter wie es Ihnen gut dünkt. Eins ist sicher: Weit entfernt davon, mich über Ihr Benehmen zu beklagen, fühle ich mich Ihnen im Gegenteil zu größtem Danke verpflichtet: Ihr Betragen hat mir die Augen geöffnet, ich glaubte für Sie die heißeste Leidenschaft zu empfinden; ich hatte mich getäuscht, das sehe ich an dem geringen Verdruß, den mir Ihre Untreue bereitet. Doch immerhin, wie hatten Sie es nur angestellt, mich so überaus zärtlich zu stimmen? Ganz gewiß rechtfertigt nichts die Gefühle, die ich zu haben glaubte, ich war sehr gütig, ich bildete mir dummerweise ein, daß Sie den Wert dieser Gefühle zu schätzen und von der Koketterie meiner Rivalin zu unterscheiden wissen würden. Wie töricht ist man doch, zu glauben, daß ein solches Maß von Liebe wiederum viel Gegenliebe erregen müsse, wie kindlich ist es, bei den Männern soviel Einsicht vorauszusetzen. In der Tat, ist es Ihnen denn möglich, einem Mädchen vom Theater oder einem so berühmten Mädchen wie der Chammelé zu widerstehen? Welchen Ruhm muß Euch Männern eine solche Eroberung verleihen? Ist es denn denkbar, daß man um dieses Vorteils willen nicht alles opfert! Aber Sie sollen sehen, ob ich eifersüchtig bin; fortan nehme ich mir meine Rivalin zum Muster; ich will mich ganz nach dem Beispiel ihrer Vollkommenheit umwandeln und versuchen, ihr an Grazie gleichzukommen. Bald wird meine Stimme nicht mehr natürlich klingen, ich werde den Ton einer unglücklichen und leidenschaftlichen Prinzessin annehmen; an Stelle der Empfindung soll bei mir die Dressur, an Stelle der Offenheit die Künstelei, an Stelle des Stolzes gemeine Schmeichelei treten. Ein bißchen Rosa und ein bißchen Weiß und tausend andere nette Scherze sollen die Fehler verbessern, welche die Natur an mir gelassen hat. An Stelle meiner großen schwarzen mandelförmigen Augen will ich fortan kleine und rundliche haben wie sie. Anstatt meines weißen Teints, den Sie fad finden könnten, werde ich die Haut meiner Rivalin annehmen, jene Haut, die Sie offenbar für das schönste Braun der Welt halten. Danach werde ich ihr vielleicht die Eroberung Ihres Herzens streitig machen können, wenigstens werden wir mit gleichen Waffen kämpfen. O Gott, wie geistreich und majestätisch kamen mir die Dinge vor, die sie Ihnen sagte! Ich glaubte immer Berenice mit Titus sprechen zu hören . . . darum sahen Sie auch so zufrieden aus. Und es wäre ja gar nicht wunderbar, wenn sie Geist besäße! Sie hatte die Absicht, Ihnen zu gefallen und mich herauszufordern. Übrigens sind Sie ja so liebenswürdig, daß Sie die größte Idiotin für sehr geistreich halten würden. Nun, fing ich nicht bereits an, ihren schmeichelhaften Ton wunderbar nachzuahmen? Sie würden entzückt sein, sähen Sie meine Augen voll der Würde einer Heroine, meine durch tausend harmonische Kadenzen verschönte Stimme. Diesem majestätischen Benehmen lasse ich dann das zärtlichste Schmachten folgen, eine sanfte Lässigkeit breitet sich über meine ganze Person aus. Ich falle einer meiner Vertrauten in die Arme und, um Ihnen noch mehr zu sagen, ich spiele meine Rolle so gut, als ob mir wirklich schlecht wäre. Mit einem Worte, ich werde Ihnen anbetungswürdig vorkommen, so ähnlich werde ich sein der geistreichen, der unvergleichlichen Chammelé. Indessen, der Graf sagte mir gestern, ich gefiele ihm sehr, so wie ich bin. Er kommt heute abend, während Sie in der Komödie sein werden, und da es immer demütigend ist, ein wenn auch noch so vollkommenes Beispiel nachzuahmen, da ich außerdem die Eitelkeit besitze, mich so wie ich bin für ganz passabel zu halten, so werde ich mir mit ihm keinen Zwang auferlegen, und ich werde, wenn Sie es mir gütigst erlauben, ich selbst sein... geruhen Sie übrigens zu beachten, welche Gefahr Sie laufen; ich zweifle durchaus nicht, daß Sie sehr schnell Erfolg haben werden, und ich zittere für Sie. Sie verstehen mich hoffentlich! Bei diesen Schönen hat man zwar keine Sprödigkeit, wohl aber Nachgiebigkeit zu fürchten.

Neunundachtzigster Brief

Wie unaufrichtig ich gestern war! Ich heuchelte Gleichgültigkeit und raste im Innern. Undankbarer, was verdienten Sie für Vorwürfe, wenn Sie mich wegen eines solchen Subjektes auch nur im geringsten beunruhigen! Nein, ich glaubte Sie nie in die Chammelé verliebt, ich habe Ihre Koketterie für eine flüchtige Laune gehalten; dafür bürgte mir Ihre Einsicht.

Aber mußte ich mich nicht darüber ärgern, daß Sie, um mich eifersüchtig zu machen, eine solche Wahl trafen? Sie hätten ein reizvolles Weib wählen müssen. Dann hätte wenigstens Ihre Ungerechtigkeit mir bewiesen, wie hoch Sie mich bewerten; aber die Chammelé mir als Rivalin zu geben . . .! Nichts ist beleidigender für eine Liebende, deren Besitz ganz anders eingeschätzt werden muß als der einer Koketten*. Trotzdem glaube ich mich gegen die Raserei der Eifersucht gefeit. Ich glaube zuverlässig, daß keine Frau auf der ganzen Welt fähig ist, Sie so wie ich zu lieben und Ihren ganzen Wert zu erkennen. Würde eine andre so wie ich bemerken, was Ihre Augen Ausdrucksvolles, Ihre Gedanken Feines und Ihre Gefühle Zartes haben? Ach, gestehen Sie nur: Wenn unsere Seelen sich nicht bereits gefunden hätten, sie müßten sich beständig suchen. Im Augenblick höchster Seligkeit, wenn sie vorher überhaupt welche hätten empfinden können, würde ihnen immer noch etwas gefehlt haben. Diese Übereinstimmung, diese Sympathie, dieses Vertrauen, das uns einigt, würden Sie es anderwärts haben finden können? . . . Wie verwünschte ich von ganzem Herzen den Herrn des Hauses, der uns zum Diner eingeladen hatte! Wie haßte ich alle diejenigen, die mit bei der Gesellschaft waren, Herrn Racine mit eingeschlossen! Ihm verdankten wir die Gegenwart des Gegenstandes Ihrer Anbetung. Wie oft dachte ich daran, daß ich gleichsam in Vorahnung des mir drohenden Unglücks mich geweigert hatte, Sie zu begleiten! Wie ärgerte ich mich über mich selber, weil ich nicht reizvoll genug wäre, Sie an Ihrer Koketterie zu verhindern. Aber zu meiner Schande muß ich es gestehen, mein Haß gegen all diese Leute schien nur meine Liebe für Sie noch zu vermehren. In dem Augenblick, als Sie besonders eifrig

* Man hat dieses Wort hier an Stelle eines anderen, stärkeren Ausdrucks gesetzt, der im Manuskripte stand.

mit meiner Rivalin sprachen, womit, glauben Sie wohl, war ich da beschäftigt? Ich machte den Grafen darauf aufmerksam, wie verführerisch Sie aussahen; ich billigte die Neigung der Chammelé und rühmte Ihr edles Antlitz, Ihre weiche Stimme, Ihre von den Grazien geformten Bewegungen, Ihre lebhaften, witzigen Antworten, die alles in heitere Laune versetzten und um deretwillen man Sie lieb haben muß. Aber ich kann nicht ohne Bewegung an all dies zurückdenken, und diese Bewegung sagt mir, daß meine Gefühle für Sie noch die gleichen sind.

Neunzigster Brief

Früher, Marquis, würde ich mein Leben hingegeben haben, um Ihnen den geringsten Kummer zu ersparen. Wie ist das heute anders geworden! Jetzt bin ich hart. Es war für mich die höchste Genugtuung, als ich Sie heute vormittag in Schmerz und Verzweiflung über unsere bevorstehende Trennung sah. Wie angenehm waren mir die Tränen, die Sie vergossen um meinetwillen! Soll ich mich schelten, daß Sie mir Vergnügen bereiten? Nein, Ihr eigner Schmerz war Ihnen kostbar. Wie falsch, einen weinenden Liebhaber für unglücklich zu halten! Seine Tränen, sein Schmerz beweisen ja, daß er Liebe fühlt, und kann man unglücklich sein, wenn man sich ihren Gemütsbewegungen überläßt? Wie sie auch immer sein mögen, sie gewähren tausend geheime Reize. Wenn man zartsinnig liebt, gefällt man sich darin, seinen Kummer zu haben, seiner Traurigkeit immer neue Nahrung zu geben und sich über sich selbst und den Gegenstand der Liebe mit bewußter Ungerechtigkeit zu beklagen. Es gibt Augenblicke, wo ich Sie bereits allen Gefahren des Krieges ausgesetzt sehe. Heute früh stellte ich mir vor, wie ich Ihren Verlust beweinen würde; ich machte mir einen Lebensplan, worin alle Etappen des

Schmerzes gekennzeichnet waren. Ich erhoffte nach Ihrem Verluste keine andere Süßigkeit mehr als die stille Genugtuung, Sie betrauern und fortan Ihr Andenken in Ehren halten zu dürfen. Alles übrige sollte mir gleichgültig sein. Bald denke ich darüber nach, wie ich mich in Ihrer Abwesenheit langweilen werde, bald schaue ich mir die geographischen Karten an; dann glaube ich Sie zu sehen, sobald ich die Orte kennen werde, durch die Sie ziehen. Ich bilde mir ein, wenn ich die Augen auf die Stelle hefte, wo Sie sich grade befinden, dann werden Sie weniger in Gefahr sein; meine Blicke sollen Sie beschützen. Ein andermal wieder seh ich Sie im Triumphzuge, und es kommt mir vor, als ob ein Strahl Ihres Ruhmes auf mich fällt. Der Gedanke an Ihr Glück macht mich eitel. Teilt man nicht alles mit dem, den man liebt? Kurz, es gibt Momente, wo man nicht weiß, was größer ist: mein Haß gegen die Engländer* oder die Freude, Sie an der Spitze des Adels der Bretagne zu sehen.

Einundneunzigster Brief

Was für ein Schicksal hat doch eine liebende Frau! Kaum hat sie sich über einen Kummer beruhigt, da erwächst ihr schon ein neuer. Kaum höre ich auf, für Ihr Leben zu zittern, da untergräbt auch schon die Furcht vor Ihrer Treulosigkeit die Möglichkeit zu neuer Lebensfreude in mir. Wollen Sie mich denn zur Verzweiflung bringen? Noch haben Sie meinen Argwohn bezüglich der Chammelé nicht völlig beseitigt, da eilen Sie schon wieder zu ihr und geben ihr ganz öffentlich Beweise Ihrer Gefühle. Folgten Sie ihr nicht gestern in ihre Loge, ins

---

* Man sprach damals davon, daß die Engländer an der Küste der Bretagne landen wollten. Vgl. die Briefe der Frau von Sévigné.

Foyer, auf die Bühne? Bin ich etwa nicht davon unterrichtet, daß Sie Briefe von ihr bekommen? Und Sie wollen noch, daß ich Ihren Schwüren traue? Geben Sie die Hoffnung auf! Ich habe Ihnen nur noch eins zu sagen: Lassen Sie sich nie mehr von mir sehen, ohne die verhängnisvollen Briefe mitzubringen. Ich verlange dieses Opfer von Ihnen, und wenn Sie es mir zu bringen zögern sollten, so will ich Sie nie wiedersehen.

Zweiundneunzigster Brief

Ohne Zweifel, mein Herr, wäre es besser gewesen, meinem Drängen zu widerstehen und mir die Briefe meiner Rivalin zu verweigern, als sie mir zu geben und wieder wegzunehmen. Ich weiß, was ich davon zu denken habe. Bis dahin hatte ich gehofft, Sie auf andere Wege zu bringen. Nun verachte ich die Liebe nur noch mehr als zuvor, und Ihr Betragen läßt kaum noch Raum für den Respekt, den vernünftige Leute füreinander behalten müssen. Die Unbeständigkeit und die Widersprüche in Ihrem Benehmen bestärken mich in dem Urteil, das ich mir über Sie gebildet habe. Ja, Sie sind ein unberechenbarer, ein unbeschreiblicher Mensch. Es lohnt nicht der Mühe, Ihnen zu zeigen, wie verzweifelt ich über Ihre Untreue bin. Ich breche mit Ihnen für immer!

Dreiundneunzigster Brief

Was für ein Dämon ist in Sie gefahren, daß Sie kamen, meine Einsamkeit zu stören? Ich lebte zufrieden auf dem Lande. Kaum sind Sie da, fliegt Ihnen mein feiges Herz auch schon entgegen. All meine Entschlüsse werden zunichte. Sie sollten mir völlig gleichgültig sein, und kaum sehe ich Sie, da sagt

Ihnen sogleich meine Verlegenheit, meine Unruhe, wie teuer Sie mir noch sind! Doch was haben Sie, Undankbarer, getan in den vierzehn Tagen, wo ich Sie nicht sah! Sie haben sich mit einer anderen als mir befaßt, während Sie der einzige Gegenstand meines Denkens waren. Ach, heute fühle ich es; das Land und mein Garten hatten für mich solchen Reiz, weil ich mich hier so zwanglos meinen süßen Träumen hingeben kann. Da ich Ihre Gegenwart nicht genießen kann, wollte ich wenigstens von der Erinnerung an Sie nicht abgelenkt werden. Jetzt, wo ich darin einwilligte, Sie wiederzusehen, sind mir alle Orte, wo Sie nicht weilen, unerträglich. Paris allein dünkt mir ein entzückender Aufenthalt! Ich eile morgen dahin . . . Doch sollte nicht etwa die Glückseligkeit, die ich mir verspreche, durch irgendeine neue Bitternis getrübt werden? Sollten Ihre Versicherungen nur den Zweck gehabt haben, mich noch einmal das Opfer einer Laune werden zu lassen? Wenn ich meinem Verstande und den Briefen der Gräfin glauben darf, hätte ich von Ihrem Leichtsinn alles zu fürchten. Doch nein, ich fürchte nichts mehr. Trotzdem aber glauben Sie ja nicht, daß ich jetzt eine bessere Meinung von Ihnen hätte: vierzehn Tage guter Behandlung mußten genügen, um Ihnen den Geschmack an meiner Rivalin zu verderben. Ich kenne die Männer; nie kehren sie zärtlicher zurück, als wenn man eine flüchtige kleine Untreue verziehen hat. Machen Sie also von den Vorrechten Ihres Geschlechtes Gebrauch und tilgen Sie den letzten Rest von Bitterkeit, die ich noch gegen Sie im Herzen fühle. Kann man nach solchen Stürmen, wie wir sie miteinander durchgemacht haben, einer vollkommenen Versöhnung sicher sein?

Vierundneunzigster Brief

Hatte ich es Ihnen nicht vorausgesagt, Marquis: ich bin, wenn ich liebe, die merkwürdigste Frau. Ich liebe eben nicht wie alle anderen. Sie haben gesehen, daß vor meiner Niederlage ich Ihnen gewissermaßen den Hof gemacht habe. Man hätte meinen können, ich wollte sie durchaus in mich verliebt machen. Bei mir ist eben alles umgekehrt: Sie haben sich vielleicht gedacht, damit wäre nun die Sache erledigt und Sie würden bei mir Gehorsam, Hingebung und Zuvorkommenheit finden. Ich weiß, so machen es wohl die anderen Frauen, doch ich bin eben anders, und wenn Herr von Saint-Evremont in dem Briefe*, den ich Ihnen mitteilte, mich zum Muster genommen hätte, so hätte er meinen Charakter nicht treffender zeichnen können. Ich wiederhole es: Wenn man sich eine schwache Stunde von mir zunutze gemacht hat, so gibt das noch lange kein Anrecht darauf, eine zweite Gunst zu erwarten; im Gegenteil, es ist für mich eine Mahnung, auf der Hut zu sein. Sie werfen mir vor, kokett zu sein: ja ich bin es, aber nur Ihnen gegenüber, zum Unterschiede von einer gewöhnlichen Kokette, die gleich mehreren gefallen will. Eine Kokette ist affektiert, ich gebe mich so natürlich wie ich bin. Wer mich zu haben glaubt, dem entschlüpf' ich wieder. Stolz, natürliche Unbeständigkeit, Lebhaftigkeit machen mich ungleich, ungerecht, streitsüchtig; und ich würde mich ärgern, wäre ich anders. Vernunft langweilt mich tödlich, dazu habe ich Zeit genug, wenn ich alt sein werde. Lassen Sie mich also wie ich bin. Kommen Sie schnell zu mir; ich bin übermütig wie eine kleine Range; Sie werden mich entzückend finden . . . Doch halt, ich weiß nicht, ob man mich nicht in einer Stunde nach dem Bois de Vincennes abholen wird . . . Doch kommen

* Siehe Brief 67.

258

Sie nur ruhig; bin ich schon weg, werden Sie's ja merken. Das Schlimmste ist, Sie brummen dann, und das wäre ja noch kein großes Unglück... Ich werde aus Versehen mein Bild auf dem Toilettentisch liegen lassen, und der Himmel mag wissen, ob Sie sich entschädigt glauben dadurch, daß Ihnen der Zufall einen so guten Dienst erwies.

Fünfundneunzigster Brief

Ja, Marquis, jetzt bin ich es, die Schelte verdient. Drei Tage lang haben wir uns durch meine Schuld nicht gesehen. Zweimal kam ich nicht zu dem Rendezvous, das ich Ihnen gegeben hatte. Aber was sollte ich tun? Madame de la Sablière ließ mir sagen, daß sie krank ist und bat mich dringend um meinen Besuch. Da läßt sich kein Rendezvous innehalten. Hatte ich Ihnen nicht gesagt, Sie hätten keine anderen Nebenbuhler zu fürchten als meine Freunde? Freilich war meine gestrige Entschuldigung nicht so stichhaltig als die heutige: ich hätte um die Zeit, wo Sie mir Ihren Besuch angekündigt hatten, zu Hause bleiben müssen. Doch Sie werden sicherlich meine Gründe billigen. Ich hatte bei Frau von *** einen Kleiderstoff gesehen von der schönsten Farbe, die Sie sich denken können. Ich wollte durchaus ein solches Kleid haben; also mußte ich sofort nach dem Geschäft eilen, sonst hätte man mir den Rest des Stückes vor der Nase weggeschnappt. Es gibt hiergegen keinen vernünftigen Einwand. Heute morgen beim Toilettemachen hatte ich lästigen Besuch, und ich gestehe, daß ich ihn aus purer Bosheit nicht wegschickte; Sie kamen mit einer so kalten Miene herein, redeten zu mir so sonderbare Worte, daß ich die Geduld verlor, und dafür wollte ich Sie bestrafen. Jetzt werden Sie zweifellos tausend Eide schwören, daß Sie mich nicht mehr lieben wollen und, unter uns, Sie würden gut daran tun, diesmal Wort zu halten; ich lasse Sie ja ohnehin kleine Freuden gar zu teuer erkaufen. Wie viele Frauen boten Ihnen nicht die gleichen weit billiger an. Zu Ihrem Glück hörte ich Sie oft sagen, daß zwischen Frauen und Frauen ein Unterschied wäre. Das beruhigt mich und darum will ich, daß Sie mich heut abend besuchen und mich für Ihre gestrige Kälte um Verzeihung bitten. Es steht Ihnen wirklich gut, wenn Sie gekränkt sind, und Sie verdienen so behandelt zu werden, wie es bald geschehen wird. Sie sollen erfahren, mein Herr, daß es mir erlaubt ist, Launen zu haben, und daß ich nicht begreife, daß Sie sie schlecht finden.

Sechsundneunzigster Brief

Wie schlecht doch die Liebenden zu unterscheiden wissen, was ihrem Glücke förderlich oder störend ist! Solange Sie mir Grund zur Unruhe gaben, befand sich mein Herz in einer Aufregung, die ich für einen ganz unerträglichen Zustand hielt. Heute, wo ein tiefer Frieden unseren Liebeshandel sanft und ruhig macht, fühle ich Momente der Lauheit, die tausendmal unangenehmer sind als die Aufregungen, worüber ich einstmals klagte. Ich denke über meine Empfindung nach, analysiere sie, aber keine Philosophie hilft mir seit einiger Zeit über meinen Zustand hinweg. Anfangs hielt ich meine Melancholie für eine angenehme Mattigkeit, aber es schaudert mich manchmal, wenn ich denke, daß mein Zustand fast an Gleichgültigkeit grenzt. Und Sie scheinen mir auch nicht mehr so verliebt; es ist länger als ein Monat her, daß Sie keinen Streit mit mir gehabt haben; alles ist Ihnen egal, nie sind Sie mißgelaunt, nie ungeduldig, Sie sind voller Rücksichten und ohne jegliche Leidenschaftlichkeit. Ach, Marquis, welche Zukunft hab' ich vor Augen! Wir können indessen noch von Glück sagen, wenn unsere Liebe gleichzeitig aufhört! Wissen Sie was, treffen wir ein Abkommen; täuschen wir uns nicht und gestehen wir es uns offen ein. Sollten wir dann eines Tages aufhören, ein Liebespaar zu sein, so bleiben wir wenigstens gute Freunde.

Siebenundneunzigster Brief

Es ist soweit, Marquis, und ohne Umschweife muß ich Ihnen mein Herz eröffnen. Sie wissen, Aufrichtigkeit war immer die hervorstechende Eigenschaft meines Charakters; hier haben Sie einen neuen Beweis dafür. Als wir uns bei allem, was Liebenden heilig ist, einander schworen, daß nur der Tod uns trennen sollte, und daß wir uns ewig lieben würden, waren unsere Eide, die meinigen wenigstens, echt. Nie habe ich gutgläubiger Wort zu halten gehofft. Meine Danksagungen, daß Sie in meinem Herzen die Lust zur Liebe wieder geweckt hätten, waren durchaus ehrlich gemeint. Man muß staunen über die Bizarrerie des Menschenherzens und die Widersprüche, deren es fähig ist. Heute schreibe ich nur, um Ihnen ebenso ehrlich zu versichern, daß jene Liebe, die niemals enden sollte, nicht mehr in mir vorhanden ist. Ich muß Ihnen alles sagen: Ihre Bereitwilligkeit, mir Ruhe und Freiheit wieder zu geben, erfüllten mich mit heißem Danke. Indessen, ich gestehe, daß mich dieser Wandel am meisten geärgert. Ich habe während Ihres Aufenthaltes in Fontainebleau reiflich darüber nachgedacht, ob diese Neigung, der ich so kostbare Augenblicke verdanke, wirklich in mir erloschen wäre. Ach, meine Nachforschungen haben mir mein Unglück nur bestätigt. Und nun sollen Sie sehen, wie weit meine Gewissenhaftigkeit geht. Heute, wo Ihre Rückkehr nahe bevorsteht, fühle ich, daß diese Neigung, die sechs Monate lang all mein ganzes

Glück ausmachte, mir zur Qual werden würde, wenn ich Sie nicht von meiner Sinnesänderung unterrichtete, die um so bedauerlicher für mich ist, als ich besser denn irgendwer den Wert einer Leidenschaft zu schätzen weiß. Ich bin also bei dieser Gelegenheit am meisten zu beklagen; das einzige, was meine Pein lindern könnte, ist der Gedanke, daß Sie nicht sowohl über den Verlust meines Herzens traurig sein werden, als Sie bedauern werden, mich geliebt zu haben. Sie werden sich schämen, daß ich Sie zuerst verlassen habe. Ich habe wohl empfunden, wie nahe diese kleine Demütigung einem Manne gehen muß, der immer das Privilegium für sich in Anspruch genommen hat, zuerst untreu zu werden. Aber ich bin edelmütig und habe auf ein Mittel gesonnen, wie Sie Ihren wohlbegründeten Ruhm aufrechterhalten können. Sobald Sie nach Paris zurückkehren, kommen Sie wie gewöhnlich zu mir. Bis zu Ihrer Abreise nach der Bretagne sollen Sie öffentlich von mir die gewohnten Auszeichnungen erhalten und der glückliche Umstand Ihrer Reise wird Ihren Ruf retten.

Das einzige, worum ich Sie bitte, ist, daß Sie mich von den Stelldicheins dispensieren. Was sollten die auch noch für einen Zweck haben? Etwa beweisen, daß ich unrecht habe Ihnen gegenüber? Das gebe ich jetzt schon zu, wenn anders wider Willen gleichgültig werden, schuldig sein heißt. Fürchten Sie hier nicht den geringsten Vorwurf, ich habe keinerlei Interesse daran, Ihnen einen zu machen. Wahr aber ist, daß ich, sei es aus Laune oder Vernunft, Sie jetzt durchaus nicht mehr lieben kann, während ich Sie einst durchaus lieben mußte. Was ich an Liebe für Sie fühlte, habe ich Ihnen gegeben; es ist nicht meine Schuld, wenn ich dies Gefühl in meinem Herzen nicht von neuem entfachen kann. Vergebens habe ich mir alles ins Gedächtnis zurückgerufen, was zugunsten meiner ehemaligen Schwärmerei sprach; vergebens habe ich mir vorgestellt, was an meiner Sinnesänderung mir zur Schande gereichen könnte. Ich sah ein, daß ich nur noch unglücklicher wäre und Sie nicht mehr liebte. Doch bei dieser Gelegenheit wollte ich nicht gegen die Rechtlichkeit verstoßen, die ich mir stets zum Prinzip gemacht habe. Sollte ich die Liebhaberinnen gewöhnlichen Schlages nachahmen? Sollte ich planmäßig einen Mann hintergehen, der mir vielleicht noch aufrichtig zugetan ist? Sollte ich mit einer beständigen Lüge herumlaufen und mich in eine peinliche Lage bringen, um eine wirkliche Zärtlichkeit zu heucheln, die ich nicht mehr besaß? Sollte ich mich aber den Gewissensbissen aussetzen, ihn den Regungen echter Liebe folgen zu sehen, während ich, nur scheinbar zärtlich und glücklich, in Wirklichkeit aber falsch und gleichgültig, weder an seiner Liebe noch an meiner Verstellung Freude haben würde?

Kann ich überhaupt so gut heucheln, daß man den Betrug nicht gleich merken würde? Die Augen der Liebe sehen hell: die zärtlichsten Liebkosungen, die leidenschaftlichsten Worte, wenn sie nicht wirklich von Herzen kommen, machen nicht lange Eindruck. Ein Liebhaber merkt bald das Schiefe daran, es kränkt ihn, getäuscht worden zu sein, und er mißachtet schließlich den Urheber der Täuschung. Jene liebenswürdigen Zwistigkeiten, die, wenn die Liebe auf beiden Seiten gleich ist, eben aus dieser Liebe selbst entstehen und sie nur noch erhöhen, jene leichten Gewitter, auf welche die Freude folgte, jene erquickenden Gewitter, die nur die Vorbedeutung schöner Tage waren, werden bald die Vorläufer eines Bruches und die Quellen einer gärenden Unzufriedenheit, die zum Ausbruch kommen wird. Bei den nun folgenden Auseinandersetzungen tritt Mißlaunigkeit an Stelle des Gefühls, und die Liebenden können sich noch glücklich schätzen, wenn die Auseinandersetzungen nicht mit Kränkungen enden. Da man seine Kühle nur zu rechtfertigen sucht, verzeiht man sich nichts; man ist streng, ungerecht, bizarr. Das, was einst Veranlassung gab zu zärtlichen Klagen, verursacht jetzt nur noch bittere Vorwürfe; was einstmals zur Versöhnung führte, beschleunigt jetzt nur noch mehr die Entfremdung. Ich sehe es mit Schmerz, mein lieber Marquis, und Sie fühlen es mit mir: wir würden all diesen Unannehmlichkeiten ausgesetzt sein; von Tag zu Tag würde mein Unrecht größer werden, und ich würde um so unglücklicher sein, als ich trotz der Erkenntnis meines Unrechts keine Möglichkeit zur Besserung sehen würde.

Anstatt mich daher Illusionen hinzugeben und Sie zu täuschen, hielt ich es meiner und Ihrer für würdiger, uns offen auszusprechen. Wenn es wahr ist, warum sollte man dann nicht ebenso freimütig und vertrauensvoll sagen: »Ich liebe Sie nicht mehr«, wie man einst sagte: »Ich liebe Sie«? Wie, gibt es denn keine natürliche Pause zwischen Liebe und einem Bruch? Müssen zwei Liebende Streit und schlechtes Betragen immer mit Heuchelei zu Ende führen? Um diese Unzuträglichkeiten zu vermeiden, habe ich Ihnen mein Herz öffnen wollen, das nie der Heuchelei fähig war, dessen einziger Besitzer Sie gewesen sind, solange seine Neigung für Sie bestand, und das sich Ihrer unwürdig glaubte, wenn es auch nur einen Augenblick fähig wäre, sie zu täuschen. Bleiben wir also gute Freunde! Bei Ihrer Rückkehr kommen Sie manchmal zu mir, und dann wollen wir mit der Gräfin alle drei über die Torheiten lachen, die unsere Herzen begangen haben, und wir wollen uns darüber klarwerden, daß mein Herz immer treu geblieben ist dem, was ich über Liebe gedacht habe.

Achtundneunzigster Brief

Herr von Sévigné an das Fräulein von Lenclos*

Ja, schöne Ninon, seit Ihrem Briefe glaube ich an Vorahnungen und an geheime Wechselwirkungen. Man kann sich nicht besser entgegenkommen, als wir es getan haben. Denken Sie nur, wie einfältig ich bin: ich zögerte, Ihnen von einer Sinnesänderung Mitteilung zu machen, die, wie ich glaubte, Sie betrüben könnte. Ich bin nicht glücklich in der Erfindung von Systemen des Zartgefühls. Hatte ich mir doch vorgestellt, daß, da mein Hofieren Ihnen angenehm war, ich Sie lieber im Genusse einer schmeichelhaften Illusion lassen müßte, als daß ich Ihnen diese Illusion rauben dürfte. Ihr Brief hat mir soeben gezeigt, daß dies ein Irrtum von mir war. Übrigens, welche Torheit! Ich bedachte nicht, daß wir uns schon ganze sechs Monate liebten, und daß man es weiß. Wie hätte ich mich lächerlich gemacht, wenn Sie mich nicht gütigst benachrichtigt hätten, in welch schiefe Lage ich kommen konnte. Unfehlbar würde irgend jemand unserer Liebe eine Grabschrift verfaßt haben, und ich bebe noch vor Zorn, wenn ich an dieses drohende Unglück denke. Machen Sie sich keine Vorwürfe mehr. Ist man verantwortlich für die schlechten Streiche, die einem das Herz spielt? Sie und Gewissensbisse in der Liebe? . . . Wahrhaftig, ich fange an zu glauben, daß Sie noch einige Schwächen Ihres Geschlechtes beibehalten haben. Man liebt jemand sechs Monate, man liebt ihn allein, man liebt ihn leidenschaftlich, man ist sogar so taktvoll, ihn nicht zu betrügen; man bedauert sogar, daß man ihn nicht mehr liebt: was kann er mehr verlangen? Um so schlimmer für

* Man hat unter den Briefen des Fräulein von Lenclos diesen Entwurf zu der Antwort des Marquis von Sévigné gefunden. Das Publikum dürfte gern Kenntnis davon nehmen.

ihn, wenn er sich nicht ein Herz zu erhalten vermochte, das er besaß. Müßte man dann nicht auch eine Frau bestrafen, weil sie dem Liebhaber nicht mehr gefällt? Das wäre doch gewiß eine himmelschreiende Ungerechtigkeit. Und ist denn die Treue etwa eine so leichte Last, wenn man vor einer dreimonatlichen Trennung steht? Wenn den Liebhaber dagegen nicht ein althergebrachtes Recht schützte, hielte man dann vielleicht die Idee eines solchen Vorkommnisses aufrecht? Setzt seine Abwesenheit seinem Unrechte nicht die Krone auf? Drei Monate ohne zu lieben . . . wenn man weiß, was der Augenblick wert ist, kann man dann seine schönsten Tage damit verbringen, ein Porträt zu betrachten, über einen Brief in Ekstase zu geraten und von Hirngespinsten zu leben? Da ist es doch hundertmal besser, sich freundschaftlich auseinanderzusetzen und der Gesellschaft ein Papier zurückzugeben, das für sie unnütz wird, sobald es nicht mehr zirkuliert. Man gibt sich gegenseitig die Freiheit wieder und denkt nur daran, neue Ketten zu schmieden. Ich hörte einmal eine sehr hübsche Oper, die ausgezeichnet auf unser Thema paßte; aber ich will Sie damit nicht belästigen und lieber auf den gegenwärtigen Stand unserer Angelegenheiten zurückkommen. Es ist also eine abgemachte Sache, daß wir deswegen einander nicht böse sind. Ich bin entzückt darüber, doch eins beunruhigt mich noch; das darf Sie nicht wunder nehmen bei einem Manne, der auf sein Ansehen bedacht ist. Ich kann mir nicht vorstellen, daß Sie mich aufgegeben haben aus purem Überdruß an meiner Person. Jedenfalls würde Ihnen ein ähnlicher Grund mehr zum Schaden gereichen als mir. Ohne eitel zu sein, glaube ich ein besseres Schicksal zu verdienen. Ich will also zu Ihrer und meiner Ehre annehmen, daß ein anderer in Ihrem Herzen meine Stelle eingenommen hat. Doch wer ist dieser andere? Sollten Sie mir etwa einen meiner unwürdigen Nachfolger gegeben haben? Sollte ich den Schmerz erleben, in der

Ninon schreibt die Briefe

Gesellschaft sagen zu hören: »Was, dieser Mann, dessen Ruf bei den Frauen ein so wohlbegründeter war, hat nicht den Vergleich mit dem Herrn Soundso aushalten können? So leicht war er zu ersetzen? Ninon kennt sich mit den Männern aus: der Marquis wird wohl schuld sein; sollte man etwa irrtümlich von ihm eine so gute Meinung gehabt haben?« Sie begreifen, daß solche Redensarten mir peinlich wären, und ich glaube auch eine so harte Behandlung um Sie nicht verdient zu haben. Ich verlasse mich also ganz auf Ihre Rechtlichkeit. Übrigens, ich habe diesen Nachfolger offengestanden vorausgeahnt, und Sie werden mir die kleine Bosheit nicht verargen: Ich sehe, die Frauen heucheln selbst dann, wenn sie ehrlich zu sein glauben. Denn wenn Sie mir die ganze Wahrheit hätten sagen wollen, so hätten Sie mir nicht nur anvertrauen dürfen, daß ich Ihnen gleichgültig geworden bin, sondern auch, daß eine neue Leidenschaft Sie erfaßt hat.

Ich weiß nicht, ob ich nicht indiskret bin, aber da ich einmal A gesagt habe, will ich auch B sagen. Es gibt einen liebenswürdigen jungen Mann, mit dem Sie die schönsten Gespräche über die Liebe geführt haben. Schauen Sie, wie seltsam die Liebenden sind. Hundertmal mußte ich daran denken, daß Sie im allgemeinen das Menschenherz gut kennen, bloß das Ihrige nicht. Ich habe mir eingebildet – und darüber muß ich meiner herzlich lachen –, daß man selten ohne besonderes Interesse eine Erziehung übernimmt, die doch immerhin Mühe macht. Es ist ja auch ganz natürlich, daß man die Früchte der gehabten Plackereien ernten will. Schließlich hat man doch nicht für andere ein Herz zur Liebe herangebildet? Pardon, wenn ich ein Geheimnis durchschauen sollte, in das Sie mich freiwillig nicht eingeweiht haben würden. Doch wenn ich das Richtige traf, so müssen Sie zugeben, daß Sie mir zu größtem Danke verpflichtet sind, seien Sie sich nun Ihrer Gefühle für den jungen Grafen von *** bewußt gewesen oder nicht. Waren Sie es, nun so habe ich Ihnen einen Dienst erwiesen, indem ich mich nicht beklage, sondern Ihnen im Gegenteil noch Glück wünsche; wußten Sie es aber nicht, so schulden Sie mir Anerkennung, da ich Ihnen Ihr eigenes Herz offenbart und Sie auf die Regungen einer neuen Leidenschaft aufmerksam gemacht habe, ohne welche Sie sich kein Glück vorstellen können. Darum, reizende Ninon, glaube ich, meine Beziehungen zu Ihnen auf die anständigste und edelste Weise gelöst zu haben. Wenn es alle Liebespaare so machen wie wir, würden sie sich vielen Kummer ersparen.

Inhalt

Zu dieser Ausgabe

insel taschenbuch 1173
Briefe der Ninon de Lenclos

Der Text folgt der Ausgabe: Briefe der Ninon de Lenclos. Mit 10
Radierungen von Karl Walser. Deutsche Übertragung von Lothar
Schmidt. Verlag Bruno Cassirer, Berlin o. J. [1906]. Die Reproduk-
tion der Radierungen von Karl Walser erfolgt mit freundlicher Ge-
nehmigung des Nachlasses von Karl Walser im Museum Neuhaus,
Biel (Fondation Charles Neuhaus).

Französische, spanische, italienische Literatur
im insel taschenbuch

152/2/7.88

152/3/7.88

Französische, spanische, italienische Literatur
im insel taschenbuch

152/5/7.88

Französische, spanische, italienische Literatur
im insel taschenbuch

152/6/7.88